# 金牌
## 班组长职业化
## 成长体系

沈怀金◎著

黄河出版传媒集团
阳光出版社

图书在版编目（CIP）数据

　金牌班组长职业化成长体系 / 沈怀金著. -- 银川：
阳光出版社，2023.12
　ISBN 978-7-5525-7163-9

　Ⅰ. ①金… Ⅱ. ①沈… Ⅲ. ①班组管理 Ⅳ.
①F406.6

中国国家版本馆CIP数据核字（2023）第242054号

JINPAI BANZUZHANG ZHIYEHUA CHENGZHANG TIXI

**金牌班组长职业化成长体系**　　　　　　　　　　沈怀金　著

责任编辑　郑晨阳　徐文佳
封面设计　候　泰
责任印制　岳建宁
策　　划　东方巨名
统　　筹　赛　娜

黄河出版传媒集团　阳光出版社　出版发行

出 版 人　薛文斌
地　　址　宁夏银川市北京东路139号出版大厦（750001）
网　　址　http：//www.ygchbs.com
网上书店　http：//shop129132959.taobao.com
电子信箱　yangguangchubanshe@163.com
邮购电话　0951-5047283
经　　销　全国新华书店
印刷装订　运河（唐山）印务有限公司
印刷委托书号　（宁）0027783

开　　本　710 mm×1000 mm　1/16
印　　张　22.25
字　　数　350千字
版　　次　2023年12月第1版
印　　次　2023年12月第1次印刷
书　　号　ISBN 978-7-5525-7163-9
定　　价　85.00元

# 前言 | PREFACE

　　班组是企业经营活动的基层组织，是企业一切工作的落脚点，加强班组建设是企业任何时期都具有直接意义的一项改善工作，更是一项长期的战略举措。可以说，班组是企业的细胞、是价值的体现、是品牌的保证、是管理的基础。

　　发挥基层管理作用，班组长是关键！班组长不仅是直接带兵打仗的人，更是公司战略和规章的落实者。号称"兵头将尾"的班组长，在组织中发挥着承上启下的作用，既是一线的直接指挥者和组织者，又是业务的多面手和技术骨干，政策再好也需要一批懂管理的班组长组织开展工作，否则企业战略和规章很难落到实处。

　　本书基于班组长的岗位特性，将班组长的两个职业化成长阶段归纳为"固本稳基和成就卓越"，内容强调：进阶成长式、指导手册式，知识体系性和全面性。全书分为"自我管理优化、团队管理优化、工作实务优化、精益现场管理、全员保全和安全生产、融合系统"等六大部分，详情如下图所示。

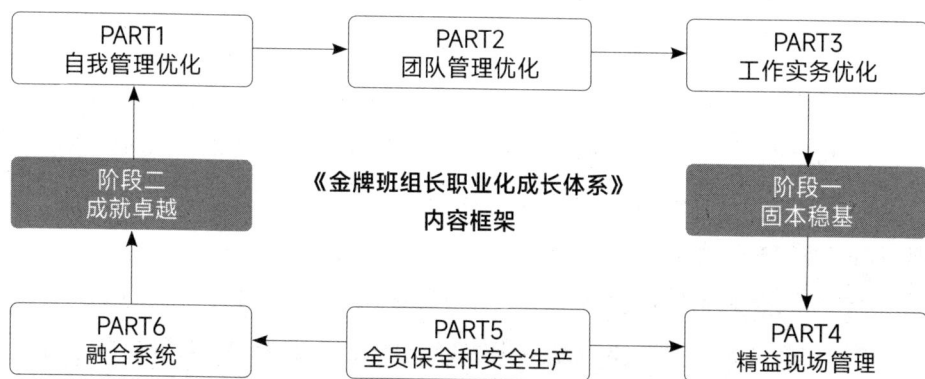

▲ 《金牌班组长职业化成长体系》内容框架示意图

## 阶段一：固本稳基

万丈高楼平地起，基础和根本决定着班组长的高度和深度。本阶段诠释了一名合格班组长所必备的"管人理事"之自我管理优化、团队管理优化、工作实务优化等三大课题。

PART1：自我管理优化。作为基层管理者，班组长首先应清楚自身立场、明确岗位职责和技能、树立正确的管理角色。正所谓"正人先正己"，想要当好一名金牌班组长，应将自我管理放在第一位。

PART2：团队管理优化。基层工作本质是团队协作，成功的班组绝非仅靠班组长就能做到。基层执行力提升思维和方法、基层工作教导该如何高效进行、学习型班组和创新型班组建设该如何开展等都是基层团队管理的必备课题。

PART3：工作实务优化。如果说自我管理和团队管理重在"管人"，那本部分内容就是"理事"。班组工作针对的就是一件件实实在在的事务，如果事务的管理过程一塌糊涂，那么结果定会一团糟。为此，深入研究班组管理事务的各个环节，使之高效地达成结果将是十分必要的管理课题。

## 阶段二：成就卓越

本阶段涵盖了一名优秀班组长所需的精益现场管理、安全保全和安全生产、融合系统三大优化课题。

PART4：精益现场管理。当实现第一阶段固本稳基后，本部分开始进行精益现场管理。为什么将精益管理放在第四步，而不是放在第一步呢？因为金牌班组长的塑造一定要成体系，精益管理是建立在基础之上的优化行动，管理不能本末倒置，打好基础再进行具备成效的"精益管理"效果更佳。

实践证明，彻底的5S（Seiri 整理、Seiton 整顿、Seiso 清扫、Seiketsu 清洁、Shitsuke 素养）活动是一切改善的基础，班组长如何掌握切实的5S治理技法、如何识别浪费和有效消除等将是这部分的主要管理课题。

PART5：全员保全和安全生产。基于相同的预防哲学管理理念，我们将"TPM和安全生产班组级管理精要"进行了系统整合编制，并纳入本阶段的独立管理模块。

"TPM"（Total Productive Maintenance，全员生产保全）课题是优秀班组长

的必备管理职能。何谓"TPM"、如何进行自主保全、重点改善如何展开、设备维护的重点是什么；管生产必须管安全，如何提升安全生产意识、如何规范现场安全生产行为等将是本部分的重点管理课题。

PART6：融合系统。实际工作中班组长经常需要面对系统性管理课题，金牌班组长应具备一定的系统管理能力。在融合系统模块，我们需要学习的内容有：知悉敏捷制造架构，熟知订单信息流、物资供应流、工艺标准流、过程控制流等基本运作规则，理解基层班组单元的系统意义；关于柔性计划和多职能组织协调的管理精要；系统性思考问题和卓越方法的应用等，掌握系统高阶管理技术，成为一名金牌班组长。

本书主要适用于生产型企业一线管理干部的问题解决、技能提升、系统成长等综合指导，亦适用于所有生产管理者进行知识普及、系统归纳、能力梳理、关键补充等综合参考。书中案例均为真实案例，为保护个人隐私，已对单位和称谓等信息采取了隐晦处理。由于水平有限，不足之处敬请广大读者谅解，并欢迎社会各界朋友们予以指正。

沈怀金

2023 年 1 月写于北京

# 目录 | CONTENTS

## PART1 自我管理优化

# PART2　团队管理优化

# PART3　工作实务优化

# PART4　精益现场管理

# PART5　全员保全和安全生产

# PART6　融合系统

# PART1 自我管理优化

- 新时期班组管理的价值定位
- 新时期班组管理导向与要点解析
- 金牌班组长全新管理赋能

正人先正己，《金牌班组长职业化成长体系》从自我管理优化开始，本部分需要学习三大核心课题。

**第一章　新时期班组管理的价值定位**

章节内容包含：有意识、有认识，才会重视；管理者不理解基层班组功能、不认可班组管理价值、不重视基层班组管理是导致企业班组管理混乱的源头。

—— 系统全面地诠释班组功能和管理价值，只有重视才能成就。

**第二章　新时期班组管理导向与要点解析**

章节内容包含：班组管理如此重要，我们该如何管好？简单粗暴可以吗？基层班组管理特性强、管理内容牵涉多，该从哪些要点切入？

—— 一切有价值的行动展开前必须明确其导向和要点，只有导向正确才能最终成功。

**第三章　金牌班组长全新管理赋能**

章节内容包含：班组长岗位的重要性及自我认知管理体系构建。

—— 金牌班组长的岗位立场、主要管理职权、本领技能、职业使命、角色认知等多方面。

第一章

# 新时期班组管理的价值定位

**本章要点荟萃**

- 班组是企业达成目标的关键组织——生产型企业百分之百的价值是由班组实现的。

- 质量、交期、成本、安全、士气、效益——六大管理业绩指标的获取关键都在生产一线。

- "五段品保"——60% 以上的产品质量管理精力都在一线班组。

- "火车一响、黄金万两"——60% 以上的人员、固定资产、组织内部发生活动等都在一线班组。

- "文件一大堆、上面一层灰、工作无法推"——落实管理体系、实现管理水平的提高等重点应在于一线班组。

- 价值定位——班组是企业的细胞、班组是价值的体现、班组是产品的保证、班组是管理的基础。

重视班组管理才能把班组建设好，才能成就金牌班组长。部分企业不重视基层班组管理，看不到班组管理价值，我们有必要系统地诠释班组管理价值。

# 第一节 班组概念与功能价值

## 一、班组的概念

班组即按组织功能的要求所划分的基层作业单元。如图 1-1 所示，常见企业中的班组大体可以分为四种类型。

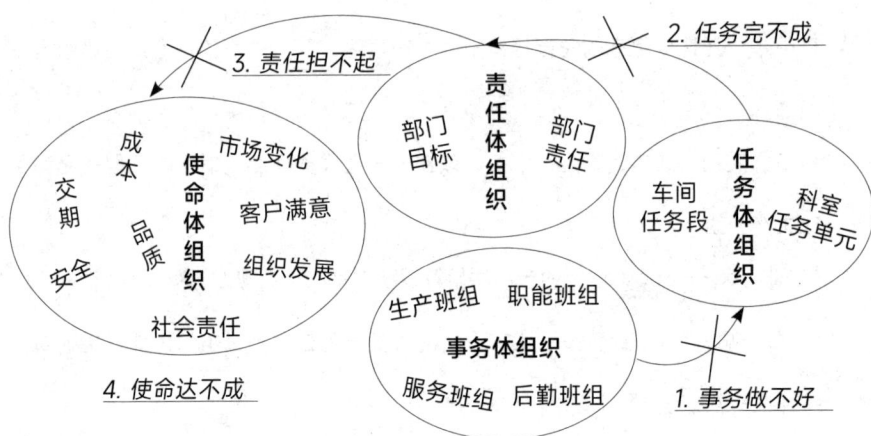

▲ 图 1-1 班组的概念和组织功能

### 1. 生产班组
企业中具体执行主营业务（交付给客户的服务或产品）实现的单元。

### 2. 服务班组
为保证生产任务的正常进行而提供服务的班组，如维修保障服务等。

### 3. 职能班组

行使具体职能事务的班组，如质量检验、化验、安全监督、检查等。

### 4. 后勤班组

提供后勤保障的班组。

## 二、班组的功能价值

班组是企业达成目标的关键，如图 1-1 所示。

### 1. 班组是"事务体"

无论何种类型的班组都有一个共性，用一个班组就是一个"事务体"来形容十分恰当。简单来说，班组即执行具体事务的集体或团体。

### 2. 车间、工段、科室是"任务体"

班组之上的行政组织大多数都是"车间、工段、科室"，如生产一车间、生产二车间、过程质量控制室、第一工段等。由此可以得出：车间、工段、科室是承接某一任务的集体或团体。某一"任务体"亦由多个"事务体"构成。

### 3. 部门是"责任体"

部门是实现某一范围管理目标，体现某一功能职责的集体或团体。例如，完成生产制造的生产部、完成人力资源管理工作的人力资源部。多个"任务体"就形成了一个部门"责任体"。

### 4. 企业是"使命体"

企业每时每刻都在经营多方面的使命目标，例如，成本、交货周期、品质、安全、社会责任、客户满意度、市场变化的有效应对、组织的良性发展等，每一家企业我们都称其为"使命型组织体"，它亦由多个"责任体"而成就。

综上，若事务体管不好（班组）、任务体不能完成任务（车间）、责任不能体现（部门）、使命无法达成（企业）。为此，班组（事务体）的功能非常重要。归根结底，还是要具体到每一件事务上，使命再重要、责任再明确、任务再精细，事务搞不定，一切白费。

班组管理是企业百分百的价值工程，"生产型企业百分百的价值是由班组最终实现的"。

# 第二节　班组管理价值解析

## 一、从管理效益产出角度

在向管理要效益的时代，我们每时每刻都在关心："质量要保证、交期要准时、成本要可控、安全事故要杜绝、团队士气要高、综合效益要好。"我们不妨做一个保守统计：如图 1-2 所示，即生产型企业中 60% 以上的人员、固定资产、内部活动等都在生产一线。如果不重视一线班组的管理，就意味着企业 60% 以上的资源效能没有发挥出来或者还有很大的挖掘空间，所以企业"质量、交期、成本、安全、士气、效益"等管理效益的有效获取关键都在一线班组。

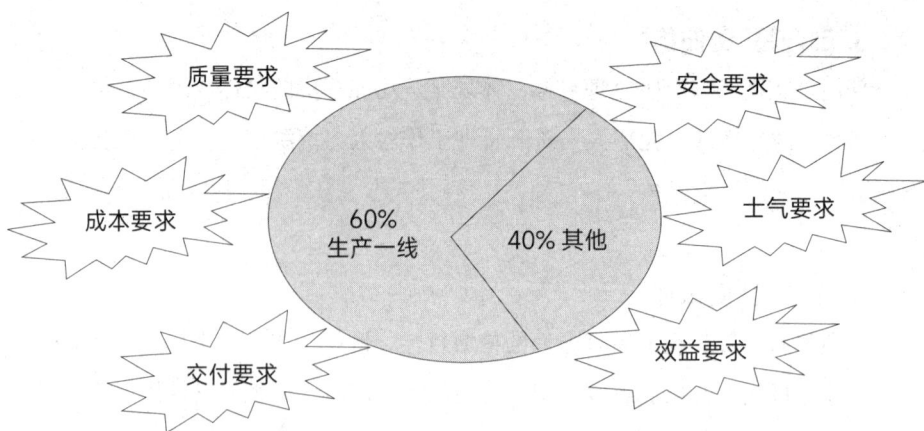

▲ 图 1-2　企业资源投入和效益产出比例

## 二、从产品质量保证角度

品质即品牌。每一个成功的团队都在追求品质，如图1-3所示，全过程中至少有三段与一线班组有直接关系，即品质是计划安排出来的，这属于一线主管干部履行的管理职责；品质是生产制造出来的，这是生产班组员工的日常工作；品质是检验控制出来的，这属于品控班组一线员工的日常工作。为此，重视一线班组的品质管理才能真正有效地控制产品质量、确保品质结果。

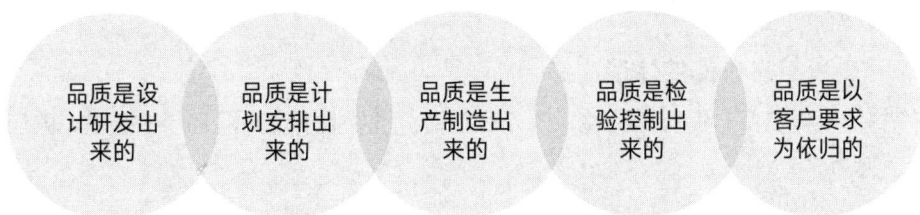

| 品质是设计研发出来的 | 品质是计划安排出来的 | 品质是生产制造出来的 | 品质是检验控制出来的 | 品质是以客户要求为依归的 |

▲ 图1-3 控制产品质量的"五段品保"

## 三、从管理水平提升角度

管理提升的重点在于执行落地。如图1-4，标准化管理绝不是"文件一大堆、上面一层灰、工作无法推"，编写再多的标准文件（制度、流程、作业指导书等）却不能被执行，是产生不了管理结果的，也是没有意义的浪费活动。总结大多数现实案例，我认为任何管理提升活动应将重心放在是否能有效执行上，因为绝大多数事务都是依靠班组执行的。为此，我们应重视一线班组的执行落地，才能使管理活动产出价值，真正提高企业的管理水平。

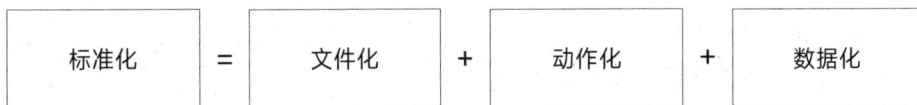

| 标准化 | = | 文件化 | + | 动作化 | + | 数据化 |

▲ 图1-4 标准化"三化"示意图

## 四、班组的管理价值总结

综上所述，关于企业班组的管理价值可以从以下几个方面进行诠释。

### 1. 班组是企业的细胞

把企业比喻成一个生命体，班组就是最小的细胞单元。细胞出问题，躯干就坏死；躯干坏死，生命就终结。班组会影响一个企业的存亡！我们必须保证班组这个细胞的健康度和鲜活力。

### 2. 班组是价值的体现

使命再宏伟、责任再明确、任务再精细，事务搞不定，没有产生结果，就谈不上价值。

### 3. 班组是产品的保证

产品设计得再精美、图纸画得再漂亮，计划组织不善、生产制造不良、检验控制缺失等，造成产品最终生产不出来、卖不出去，都是白费。

### 4. 班组是管理的基础

一线班组管理失控，企业整体管理效益是发挥不出来的；管理方案、各类管理标准文件等一线员工看不懂、不执行，这样的管理活动是无法落地的，也是没有实际用途的。为此，实现生产管理效益和管理要求关键都在生产一线。

无论处于何种时期、企业面临何种环境、工作处于何种阶段，我们都要在战略实现层面、组织功能层面、管理效益层面等清晰定位一线的核心价值，从而重视班组的建设。

随着务实化发展需求越来越普遍，许多成功企业和优秀管理者将更多的管理精力和资源倾注于一线组织，越来越重视一线的管理实效，这也直接说明班组的管理价值对企业来讲越来越重要了。

第二章

# 新时期班组管理导向与要点解析

**本章要点荟萃**

- 新时期班组管理的六大特性——结构小、管理全、工作细、任务实、群众性、科学性。

- 管理是一种回归而不是附加和压迫——利用"科学的方法和人性的尊重"唤醒人们的良知。

- 解析"以人为本的基层管理重点"——以人的现状为根本、以人的想法为根本、以人的追求为根本。

- 构建"特色基层组织环境"——硬件环境、软件环境、人文环境。

- 不断提高"职业化素养"——一个人在做一件事时表现出来的一种状态和态度。

班组管理如此重要,我们该如何管好?简单粗暴可以吗?基层班组管理特性强、管理内容牵涉多,该从哪些要点切入?是我们要思考的。

# 第一节 班组管理特性和管理认知导向

## 一、现代班组管理的六大特性

班组对于企业经营发展、管理效益如此重要，我们该如何去管？我们先从分析现代班组管理的"六大特性"进行揭晓。

### 1. 结构小

站在形态构造角度来比喻，班组"结构小"。一方面，班组是企业若干细胞式、不可再划分的最小组织单元；另一方面，班组是从计划制订到结果完成，全过程中若干的、具体的"事务体"。

### 2. 管理全

班组虽然结构小，但是管理事务全面。在生产班组中成本、交货周期、品质、安全、士气、效益、工作纪律、管理要求等都得管，形象直观地体现了"麻雀虽小但五脏俱全"。

### 3. 工作细

班组是执行单位，若想产生好的执行结果，必须"清晰规划、周到协调、细分步骤、细分时间、细分人头、细分产品、细分要求、细分监督频次……"每个环节都要体现细节，不可有一丝马虎，否则可能步步受损，结果白费。

### 4. 任务实

班组是"真、实、干"的现场，不是"假、大、空"的设想，因此班组的各方面都需要体现"越务实越好"。班组是业绩单位，呈现的是数据，无法用描述性的语言、修饰性的文字来形容，有效完成就有业绩，反之则无。因此，班组也是企业"干货"的原产地。

### 5. 群众性

生产任务是班组完成的，班组是靠团队的，班组管理也是大家的，没有团队和大家，班组的功能不能成立。为此，管好班组必须先管好团队成员，要管好团队成员十分需要运用好"选、育、用、留"等多方面的团队管理技术。

### 6. 科学性

企业 60% 以上的资源都在各班组，班组必须秉持科学管理精神，时刻追求可持续的组织效益，杜绝"违背科学的、运动式的、简单粗暴式的"等内卷活动。

基于现代班组管理的六大特性，我们思考图 2-1 中几种方式是否合适？

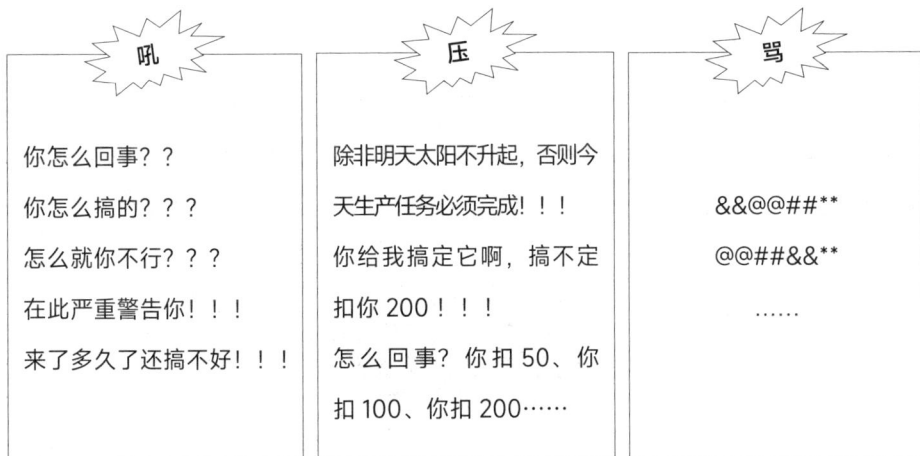

| 吼 | 压 | 骂 |
|---|---|---|
| 你怎么回事？？<br>你怎么搞的？？？<br>怎么就你不行？？？<br>在此严重警告你！！！<br>来了多久了还搞不好！！！ | 除非明天太阳不升起，否则今天生产任务必须完成！！！<br>你给我搞定它啊，搞不定扣你 200！！！<br>怎么回事？你扣 50、你扣 100、你扣 200…… | &&@@##**<br>@@##&&**<br>…… |

▲ 图 2-1　吼压骂"三板斧"示意图

## 二、新时期班组管理的认知导向：唤醒和回归

### 1. 靠吼行吗

如图 2-1，一个管理者靠吼，思维强势、性格暴躁，多种现实案例证明："吼式管理"是要被淘汰的。没有一个员工心甘情愿地被谁吼，如此操作团队会变得不融洽，进而影响团队的氛围……是不可取的！

## 2. 靠压行吗

如图 2-1，把无穷的压力施加给员工，"除非明天太阳不升起，否则今天生产任务必须完成""不管三七二十一，搞不定就是罚……"只给压力，这样下去会导致：业绩不可持续、团队长期疲态……新时期的管理干部，应该是想办法（思维、方法、工具）找到工作要求带来的困难所在，帮助员工疏解释放压力、达成目标要求，进而成就员工，团队才有活力！

## 3. 靠骂行吗

靠骂行吗？如图 2-1，管理如果只靠骂，团队内部关系就会变得紧张、矛盾重重，这是不可取的！

## 4. 坚定管理导向

人之初，性本善——每一个员工初心都是好的（无论是谁都想好好干，都想把事情做好），正是因为管理者的管理导向模糊、管理方法错误，才会导致员工的执行结果产生偏差。如图 2-2 所示，最有效的管理是唤醒员工的良知。

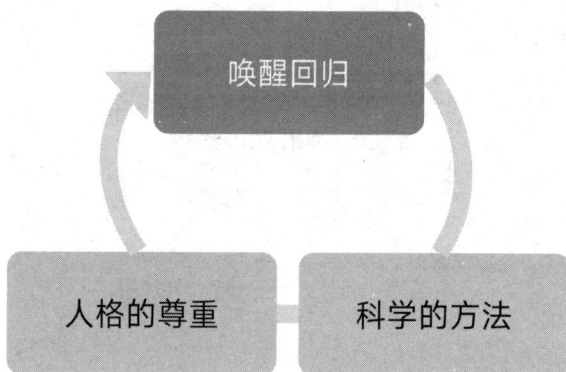

唤醒回归

人格的尊重　　科学的方法

▲ 图 2-2 管理是"唤醒和回归"

（1）科学的方法。

万事都要坚持科学，使用有"数据支撑、有记录依据、有逻辑原理"的科学方法，而不是想一出是一出，脑袋一拍就开干，这是无法达成管理成效的。

（2）人性的尊重。

不仅要采取科学方法，还应该符合被管理者的基本特性，而不是不顾被管理者的内心思想、自身能力和环境现实，盲目强推，我们称为"管理方式尊重人性"。

总的来说，管理不是附加也不是压迫，而是与"科学的方法和人性的尊重"相结合，去影响被管理者、唤醒员工的良知，我们的一切管理活动都应以此为遵循。

# 第二节　新时期班组管理的"三大要点解析"

要做好班组管理，认知管理导向仅是基础，班组管理实务该从何处切入，结合多年授课经验，参考图 2-3 进行综合解析。

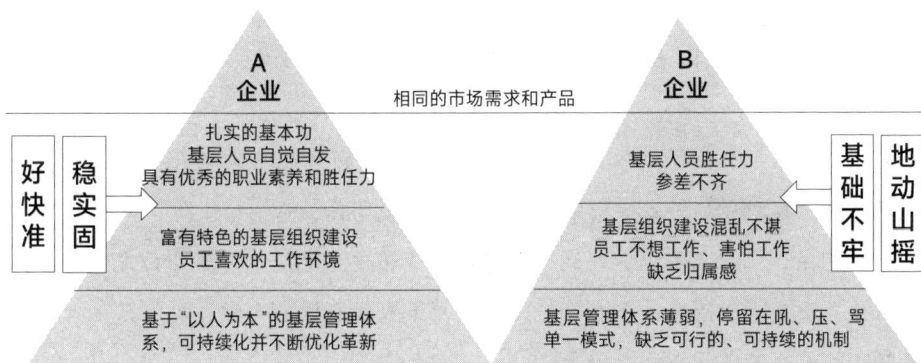

▲ 图 2-3　基层班组管理重心导向

如图 2-3 所示，A、B 分别代表某行业的两个企业（市场需求、产品工艺都一样），A 企业有非常扎实的基础（基层管理非常扎实），B 企业从来不重视基层管理；A 企业基层管理形容为"稳实固好快准"，B 企业基层管理是"基础不牢地动山摇"，两个企业因为基层班组管理的差别最终会产生日常经营、组织发展结果的本质区别。

## 一、切实做到以人为本

A 企业的基层管理是基于"人本管理体系"、完善可持续且不断优化和革新的，B 企业的基层管理体系比较薄弱，基于"吼压骂"的单一模式，缺乏可行的、可持续的机制。

何为"人本管理体系"？即"以人为本"。该词汇绝大多数人并不陌生，从某种程度来讲，每个职业者都明白其"必要性"。可是，结合作者多年的授课经历，发现在班组管理过程中"以人为本"应用得并不是很到位。作者认为在班组日常管理过程中落实"以人为本"，应具备三大要点。

### 1. 以人的"现状"为根本

世间万事万物都有现实状况，人所亦然。我们只有了解清楚实际情况才能从实际出发，下面这个案例可以说明其必要性。

▶ 情景案例 2-1：员工小王是否能达成指令？

案例场景：员工小王是"初中学历"，其班长不顾这个现实状况，上来就是"今天晚上把'微积分'给我弄出来，弄不出来，我罚你 500！！！"

案例结论：基于本例，在绝大多数情况下（这里也绝不排除"初中学历能将微积分弄出来"的情况，也有可能天赋异禀或勤于自学的个案，本例只说大多数情况下）是达不成指令要求的。

案例解析：作为一名成功的管理者一定要尊重人的现实。管理者应当思考：首先，我们的管理要求和员工现阶段是否合适；其次，尽管阶段合适，但结果需要的技能他会吗；最后，我们需要清楚改变人的现状靠的是"教育"，并不是"吼、压、骂"就能产出有效结果的！

### 2. 以人的"想法"为根本

何为想法？简单理解即是对待事务的本身看法。每个人对待事务都有不同的看法和想法，想要达成管理目标，想法统一，才能实现。结合下面的案例来说明其必要性。

### ▶ 情景案例 2-2：为什么员工小张没有执行"安全作业规程"？

案例场景：李班长用力拍桌、气势汹汹地给员工小张下达新安全管理要求："小张！！！看清楚没？认真点！！听到了吗？这是新版的《安全作业规程》！必须按照《安全作业规程》一步步做，否则，被我抓到你一次，我罚你500！！！警告你啊，别叽叽歪歪地，快干吧，我会经常检查的啊！！！"

案例结论：基于本例，我们来分析小张受领此项工作要求后，他的内心想法怎么样，他如何看待这项工作？结合多年现场工作经验和授课经历，据我分析，可能有三种想法，分别代表三类员工。

第一类，假设小张是平时我们都认为的"特别听话的员工"。其想法是："李班长，请您放心，我一定照做，不会拖班组后腿的，不会给你脸上抹黑的……"这类情况一般是老员工，与班长共事多年，深知班长管理风格和品性。

第二类，假设小张是平时我们都认为的"调皮的员工"。其想法是："李班长，你放心，你抓不住我的，你来的时候《安全作业规程》，你走了以后爱咋的就咋的……"如果这类员工数量居多，可能班组内部员工会形成一种默契的"放哨模式"，即员工人人都防着领导，领导来了就规矩，领导走了就随意。

第三类，假设小张是平时我们认为"难带的员工"。其想法是："什么《安全作业规程》，我就是《安全作业规程》，上了三个月班了，一个手指头都没有受伤，李班长成天就是拿《安全作业规程》唬人。当领导的没事干了，动不动就制度办法、规定流程、作业规程，能不能干点实事……哼，烦死了，再搞来搞去，老子不干了……"即领导说一员工说二、思想抵触、态度不端正、对着干等。

案例解析：综上所述，以上案例问题出在哪里呢？典型班组与小张的想法没有统一！如果班长如此下达命令，小张极有可能不会落实《安全作业规程》。

我们深入思考：李班长为什么让小张按《安全作业规程》工作？归根结底，还是为了"保护员工小张自身的生命安全"。为什么小张没有理解？实际上，身为管理者，李班长并没有将这个"本真想法"和员工统一思想。所以小张和李班长对此的看法不一致（"特别听话的员工"会认为是"《安全作业规程》是为了班组长而做的"，"调皮的员工"会认为这是一场"猫和老鼠游戏……"，"难带的员工"是会抵触、反对、反抗、离职……），最终管理结果就是《安全作业规程》无法真正落实，安全隐患始终存在！

基于本例，我们该如何修正，使小张真正将《安全作业规程》落实呢？有效沟通是统一思想的唯一方法！李班长应将落实《安全作业规程》的目的（本真想法）与员工沟通达成一致。

"小张，工作中得注意安全呀，你看生命只有一次，手指头只有十根，少一根从此就不完整了。"

"您看您孩子多可爱、太太多温柔、家庭多和睦，您要是有什么三长两短，他们该怎么办呀！"

"公司也是非常重视大家安全的，我作为你的班长，我要对你负责。"

"这是新版的《安全作业规程》，你如果按照它执行，你的安全会得到保障，很多安全事故都是在大意中发生的，所以赌不起呀，您说是吧！"

如果让员工真切地感受到你是在为他着想，执行的效果肯定会更好，毕竟保证有效执行的核心是执行人本身。

### 3. 以人的"追求"为根本

何为追求，即员工想要什么？当然，每个人都有追求且是多种多样的，就员工层面来讲，可以总结出两个共性需求："钱"和"爽"，适用于70后、80后、90后、00后每个员工。钱越多越好、越爽越舒适越好！围绕这两个共性，我们深入思考：若某项管理要求与员工追求相冲突，那这项管理要求好落实吗？答案是否定的！

▶ 情景案例 2-3：某企业内部培训员工抵触反对

案例场景：曾经在某地班组长公开课现场，某企业派遣人力资源代表前来试听课程，下课后与我沟通对话。

代表："老师讲得非常棒！我们遇到了一个问题，希望您能解答一下。"

老师："哪方面的问题呢？"

代表："老师，是关于我们公司做内训师培养体系的问题。"

老师："这是一个非常好的管理活动，企业应当自我造血、建立学习型组织，多好的事呀。"

代表："老师，好是好，可我们没干好，遇到问题了。"

老师："具体什么问题呢？"

代表："老师，员工不理解呀，抵触，特别抵触，特别特别反对！"

老师："您能举一个例子吗？"

代表："老师，前段时间我们一名管理干部准备了很多培训素材，给全体员工讲了一下午生产管理方面的课。我自认为这位干部准备了这么长时间，讲得也挺好，应该这次培训效果会很好。培训结束后，我去询问前来学习的员工，结果大失所望！"

老师："您是如何询问的，员工是如何反馈的？"

代表："老师，我是这样问的：'今天老师讲得好不好，你的心得体会是什么呀？'"

代表："老师，你知道员工怎么回答我的吗？我听到的是：'学什么学，影响我们一下午时间挣钱！'"

代表："老师，当时我听到后，我的内心在滴血呀，付出这么多，没有好回报。培训是企业给员工最大的福利。为什么我们的员工如此抵触，我实在没有信心做这件事情了！"

案例解析：通过进一步与企业代表互动，了解到：该企业员工薪酬采取计件模式，培训占用员工计件工时，但并未给员工补偿，并且发现企业内训组织问题很多。

现在附上我的解答：同志，您这个问题出在两个方面。

第一，培训学习属于工作时间，就算您企业是计件制薪酬，一线员工是靠时间和双手吃饭的，工作时间就得支付薪酬（您可以建议企业支付基本工资），您一分不发，一个说法都没有，就是一纸通知"建立学习型组织，每个月四次！"

直接与员工的追求相冲突，于是就会产生情绪，思想上反感、行动上甚至反对！

第二，主动来学习和被动来应付，我们肯定会选择前者！员工为什么会主动？在于这个培训给他解决了什么问题，能获得什么价值！我建议做培训前的课程需求调研（当然一线人数多，为避免工作量大，可以选择具有代表性的岗位），深入一线，观察员工的工作事务，关注他的追求，定义、设计一门针对大部分员工工作事务改善、提高个人追求（效益、舒适）的课程，我想员工肯定会主动参与学习！而不是发一纸通知，每个车间几个名额，一人不到罚款50元！

案例结论：尽管企业组织培训是为提高员工技能，助力员工成长的好事情，但因为举办的方式和开展的策略问题而产生了相反的结果。追求冲突员工反对，追求无关员工应付。

任何管理要求的有效实施应充分挖掘与员工追求的吻合性。

任何时期的班组管理，人都是关键！我们得出一个结论：新时期我们要"稳定团队骨干、留住关键人才、用好每位员工、引进新鲜血液、保持一线战斗力"，我们必须要摒弃"吼、压、骂"等简单粗暴式的方式。新时期班组管理等应该追求的是"心服、口服、心动服"的结果，追求科学化、持续化，要坚持以人为本，落实以人为本。

以人的"现状"为根本：改变现状靠教育；

以人的"想法"为根本：统一想法靠沟通；

以人的"追求"为根本：吻合追求靠挖掘。

## 二、建立"富有特色"的基层组织

（1）如图2-3所示，A企业是富有特色的基层组织建设，员工喜欢工作场所和环境，具体特色有以下几个方面。

①硬件环境：现场干净整洁明亮。

②软件环境：领导干部对待员工的工作指导有加，同事与同事之间相互帮助共同进步，有清晰的作业标准、不懂就会有人教。

③人文环境：企业中体现的是一种相互学习、积极向上的氛围。

　　以上这些内容能在基层体现出来，就是一种特色的基层组织建设，当有了这个特色，企业员工自然会喜欢这个工作环境。

　　（2）如图 2-3 所示，B 企业基层组织建设混乱不堪，员工不想工作，甚至害怕工作，缺乏归属感。具体表现有以下几个方面。

　　①现场脏、乱、差、臭；

　　②领导干部对待员工工作就是吼、压、骂；

　　③同事与同事之间见面就是"横眉冷对千夫指"，企业中看不到一点点所谓的正向环境。

　　这绝对不是过分的说辞，而是确实有这样不好的现实场景。

### ▶ 情景案例 2-4：记一次授课之旅

　　某次我到一个企业调研诊断，企业有员工反馈了一个与之相关的问题。

　　员工："老师啊，你能不能给我们解决一个问题？"

　　老师："什么问题？"

　　员工："环境的问题。"

　　老师："您能不能说具体一些？"

　　员工："老师，我跟你说，我每天上班的心情是非常沉重的！"

　　老师："有多沉重啊？"

　　员工："我每天上班的心情比'上坟'都沉重！"

　　老师："哈哈，您太夸张了吧。"

　　员工："没有啊，老师，我说的是真实感受呀。您看啊，第一，我进入公司大门就想到现场脏，干活累；第二，今天班组长又得骂我；第三，今天小张、小王又得挤兑我呀……老师您说，这不沉重吗？"

　　员工是否有归属感？答案是否定的。在这样的环境之下工作状态会如何？时时刻刻都盼望着下班，干活就是单纯地挣钱，至于管理者的要求、自身的职业责任等是不会放在心上的。如果突然有一天对面工厂招工，极有可能屁股一拍就走了。不想工作、害怕工作，典型的缺乏归属感。

### 三、不断提高各级员工的"职业化素养"

如图 2-3 所示的 A 企业：基层人员基本功扎实、自觉自发，具有优秀的职业素养和胜任能力，而 B 企业：基层人员胜任能力参差不齐，基本的职业化素养严重匮乏。

何谓"职业化"？就是一个人在做一件事情的时候表现出来的最基本的状态和态度。例如：

（1）上班的时候穿着整整齐齐的工作服，为什么？因为职业。这是应该有的职业化状态。

（2）培训的时候认认真真听讲，不要玩手机看电影打游戏，为什么？因为作为一名职业者现在要做的事情是培训和学习，这是应该有的职业化态度。

如图 2-3 所示，A、B 两企业表现综合对比有很明显的差距。现实案例证明，相比之下其带来的经营发展结果也会肯定不一样。

（1）稳实固的 A 企业，经营发展结果好准快。因为有好的团队、好的基层、好的基础。

（2）基础不牢的 B 企业，带来的经营发展结果必然是地动山摇，甚至一旦"风吹草动"，就会从此消亡。

所以，优秀的企业看中层、卓越的企业看基层。做好基层管理，首先管理导向要清晰，因为管理的本质是唤醒与回归；其次，基层管理要以人为本、不断提高各级员工的职业化素养。

# 第三章
# 金牌班组长全新管理赋能

## 本章要点荟萃

- 金牌班组长的四大立场——经营者、建议者、执行者、合作者。

- 金牌班组长的四大职责——劳动组织管理、生产作业管理、安全生产管理、辅助上级管理。

- 金牌班组长的三项权力——指挥管理权、劳动组织权、奖惩建议权。

- 金牌班组长的四大本领——生产进度把控、产品质量把控、现场成本把控、安全事故杜绝。

- 金牌班组长的五项使命——"人、机、料、法、环",环环要相连,一环脱了节,生产难上难。

- 金牌班组长的九大角色——面对员工面前的(五大角色):管理者、带头人、教练、创新者、绩效伙伴;面对上级(两大角色):直接上级的助手、善于分担责任;面对企业(两大角色):中层干部储备的主力军、团队价值观的宣导者。

# 第一节　班组长在企业中的地位和作用

班组长好班组就好，做好班组管理，班组长是关键。

## 一、企业一线的领导者

### 1. 生产一线的指挥者、组织者、负责人

现场 5S、生产安全、现场生产组织调度、过程异常处理、业绩产出（品质、成本、交期、安全）、基层人事安排等生产现场的一切工作管理第一责任人是班组长。

### 2. 一班之长、班组标杆、团队核心

基层员工"看班组长、听班组长、学班组长、问班组长"；基层员工的日常情绪、精神状态、工作态度、思维方式、基层团队活力、特色组织建设等，都是班组长应该关注的。基层团队管理的第一责任人亦是班组长。

## 二、企业一线的管理者

中高层的政策制定得再好，没有一批懂管理的班组长来组织开展工作，政策则很难落到实处。

## 三、班组长的核心作用

（1）班组长的好坏直接影响公司生产决策的实施，影响企业目标利润的有效实现。

（2）班组长在工作管理中堪称桥梁，在团队管理中又是员工与领导之间联系的纽带。

班组长虽然很重要，但是我们也见到了很多班组长并没有体现出其本身的重要性。以下是常见企业班组管理问题调研汇总，我们应该思考为什么会这样。

▶ 情景案例 3-1：常见企业班组管理问题调研汇总

"盲乱杂"的管理者：生产混乱不堪、无法下脚，各级领导（高层、中层、基层）疲于奔命、各部员工天天加班（连续48小时值守，被子临时放在现场，累了就眯会儿……），横幅：大干100天，人定胜天……一片热火朝天的背后是："成本、品质、交期、安全、士气、效益"等结果指标不理想，长此以往经营业绩不佳、团队疲惫、发展之路受阻……

"十分钟"的管理者：开完班会（10分钟）之后班组长拖了一台电焊机、撅着屁股、忙得热火朝天，一干就是8小时，员工都下班了，班组长还在烧电焊，管理就是10分钟。

"难配合"的管理者：不当的话、不当的事、不当的职责、不当的作为、不当的使命、不当的角色等，一脸疲态，难配合、敷衍、不服从、抱怨……班组长太难配合了……

"吼压骂"的管理者：简单粗暴，三板斧是常态，团队疲惫、员工不满、关系紧张、麻木不仁、效率低下……

"三死式"的管理者：工作碎片化经验式，班组系统架构空白、方法和工具缺少、缺乏预防思维、日常十分繁忙、现场问题一大堆、想起工作就头疼、每时都在盼望休息，更有甚者号称三死干部：自己累死、员工骂死、领导气死……

总结以上案例问题，得出一个结论：企业班组长的立场模糊、职权没有发挥、核心作用严重缺失、无明确的职业使命、角色定位模糊。因此，"班组长是领导者"的定位应在企业组织中明确出来；"班组长是管理者"的定义应在实际工作中真正呈现出来，最大化发挥"班组长的核心作用"等，对改善企业经营业绩有直接影响。

班组长地位的重要性和作用直接要求：想要成就一名金牌班组长，首先需要对自我进行全面的、架构性的赋能，还要有坚定的职业立场、明确的管理职权、坚实的管理技术、崇高务实的职业使命、清晰的角色认知。

# 第二节　金牌班组长的四大立场

任何一个人都会有立场，比如我是培训老师，我的立场是价值的提供者、知识的分享者，我要时刻坚守这两个原则，否则将无法持续。

何谓立场？即为班组长应准确定位自己的身份，或者说是处理某件事情的立足点。如果这个立足点出现问题，就会严重影响其作为一名班组长的心态和外在状态。一名合格的班组长立场很重要，在常年授课咨询服务过程中，我也接触到一些班组长立场不坚定的案例。

▶ **情景案例 3-2：某企业调研诊断"关于班组长职业立场问题"的对应分析**

老师："张班长，您如何看待自己（班组长）在企业中的位置？"

张班长："老师，我是打杂的！"

老师："刘班长，您如何看待自己（班组长）在企业中的位置？"

刘班长："老师，我是打杂的，打杂的！"

老师："王班长，您呢？"

王班长："老师，我是打杂的，打杂的，再打杂的，关于这个问题我们以此类推……"

通过以上案例可以清晰看出：如果企业班组长履职过程中立场不明确，便会产生很多管理问题。例如：哪些可以做，哪些不可以做；哪些可以说、哪些不可以说；如何说、如何做；什么是对、什么是错；什么是好、什么是坏等很多我们经常遇到的问题。这不是人品问题、简单的人际关系问题、沟通能力问题、和谐关系氛围问题、工作方法技巧问题，而是作为一名合格班组长应该有的立场问题。成就一名金牌班组长，我们应该具备以下四个立场。

## 一、经营者

在调研企业的过程中，经常有领导干部反馈：班组长推卸责任（向上、向下）：出现问题自己从来都没责任，责任全是下属员工的，实在推不过去就向上找理由（因为这个、因为那个……）；日常班组内部：指责下属员工、态度不友好、谩骂下属员工，甚至其他同事……

班组需要长期经营才能保持健康度和鲜活力，为此班组长作为一个班组的行政长官，必须站在经营者的立场。

### 1. 公司层面承担经营结果

一个人承担责任的大小决定这个人的出息。一个合格的班组长应时刻秉持一种信念：企业将一个班组交给我，我要负责。承担经营业绩好坏的结果，达成结果靠大家，未达成结果想办法、聚力量，对待目标永不言弃。

### 2. 班组内部完成经营责任

管前（受领任务、分解任务、调度任务）、管中（对员工作业过程进行监督、指导，异常问题处理）、管后（员工作业能力的评价、作业成果的判定、不足的改善）。

## 二、建议者

基于班组处于组织中的位置和本身管理全的特性，在班组的管理过程中，班组长必须站在建议者的立场。

### 1. 班组长是桥梁和纽带

我们思考一种现象：为什么很多中高层领导制定的某些制度、流程、SOP 等最终被定义为"不接地气"？难道是中高层领导懒得去管或是自身的水平问题吗？非也，我见过最多的是勤勉的干部，我也发现制定的管理制度、管理流程本身还是不错的，但就是无法落实！

企业管理是一盘棋，中高层的政策制定吻合基层实际才能最终产生管理价值。班组长作为基层干部，拥有正确的建议者立场将有助于组织保持紧密的联系，使一线员工、各级领导干部保持一致的思维、规则和行为，可以防止发生管理成本的浪费、企业组织关系的断层。

### 2. 班组管理事务全、管好必须靠大家

我们请看下面的问题：班组团队没想法、没办法，业绩无人关心。班组长一言堂、问题一大堆；班组长对员工提出的建议从不关心、员工也不关心班组的事务，认为出了事领导会处理的。当问题出现之后又惊讶地发现，这些问题没发生之前员工其实就知道。为什么发生了呢？不说，因为说了也没用。员工对公司的业绩从不关注，甚至个别员工心里有落差，认为做好了都是领导的，和自己也没关系，只和领导有关系。

没有任何一个班组是单靠班组长个人的力量做成功的。管理的本质是影响他人，而第一个原则就是让他人参与，为此班组长要重视听取各方面的建议。

（1）吸收员工的建议。步枪好不好使，士兵说了算；董事长永远没有保安员知道今天经过公司大门的车辆有多少，所以，一线岗位上到底哪里不合适，哪里有问题、哪里需要改善，领导干部绝对没有一线员工知道得真实和彻底！恰当地吸收员工建议有助于成就一名务实的班组长！

（2）关注员工的建议。不能只收不管，管理建议要彻底，否则会影响员工提建议的热情。吸收建议是心态、分析建议是科学、实施建议是过程、肯定建议是评价，长此以往，员工会踊跃提出更多的建议，参与到班组管理中。因此，关注员工建议就是为自身管理压力减负！

（3）反馈员工的建议。如果建议在本职权责之内无法实施，班组长应及时向上提报，获取上级的支持，这在班组管理过程中是非常频繁的。若员工建议经认真权衡之后一时无法展开实施，应及时给予员工反馈处理意见，防止员工内心出现"石沉大海、领导不关心、提没用……内心浮躁、情绪波动"等想法致使员工失去信心、产生疲倦。可以说，及时反馈建议能使班组更早获得更多的上级资源支持，也会让员工感受到被尊重、被重视，从而激发其提出更多合理的建议。

### 三、执行者

我们来分析下面的这个问题：班组执行力很差。业绩差，说了好多次，都疲了，我就这样了，一副满不在乎的样子……经常找理由，制订一份作业指导书、一份现场管理规定还没有开始执行就这个不合理、那个不正确、难办、搞不定……总之难落实的借口多，不是员工闹情绪、有意见，就是班组长唱反调，甚至明确反对，谈到执行总会出现一些不和谐的声音、一副不干脆或者不执行的样子。

（1）引用班组管理的重要性："生产型企业百分百价值来自班组的创造！"这句话成立的前提是：有效得到执行，没有执行就没有结果、没有价值。为此，班组不执行，则班组无价值。班组在企业组织架构中（决策层、管理层、执行层）处于执行层，本身的核心职能就是保证执行到位。要想创价值、全职能，一班之长必须有执行者立场。

（2）基于科学合理的分析，我们在生产中一系列规范都是建立在"先规划、再执行、后修正"三大步骤之上。制订一份作业指导书，执行单位都没有开始执行，就直接下结论合不合理，这是执行者立场严重不清晰的表现。实践是检验真理的唯一标准，执行就是实践。为此，班组长应该具备"在执行之中找问题，执行之后找办法，切勿在执行之前找理由"的坚定执行者立场。

### 四、合作者

我们再思考一些现象：工序班组间很难配合。班组间平时老死不相往来，谁都不关心谁；B 班找不到工装、A 班不知道，甚至知道了也不告诉你，典型的要脾气、闹别扭……出现问题之后经常吵架，一开会研究就相互指责。看到的是：精力成本的消耗，员工毫无脾气的无奈；得到的是：行政的罚款、领导的训话、员工的抱怨、客户的投诉……

团队配合力就是战斗力、竞争力，一件产品是多个工序配合出来的，一份订单是多个班次协调生产出来的。特别是订单满、生产任务重的企业，实行多班倒生产排班。如果班组间不密切合作：你做你的、他做他的，出现不沟通、不协调、不配合等断裂式、自我完工式的生产——其结果将是订单无法按时、按质交付，最终没有大集体（企业）的利益、没有小集体（班组）的利益，这样的生产配合方式将严重危害整个企业的价值链。生产任务的本质就是班组间的连贯性作业，而不是断裂式、孤岛式的自我完工。身为一班之长应该在组织生产过程中加强宣导、特别关注、时刻改善团队配合作战的能力，坚定合作者应有的立场。

综上所述，虽然班组长是基层管理者，可担子不轻、作用不小，其四个立场均不能缺少。有了清晰的立场作为保证，就会使班组长时刻定位精准，进而具备在管理班组过程中"如何选择、判断、正确做"等立足点、出发点。这四大立场是成就金牌班组长的首要条件。

# 第三节　金牌班组长的四项主要职责

当立场清晰之后，我们就要明确主要职责了，做好班组长的四项主要管理职责有以下几个方面。

## 一、劳动组织管理

### 1. 组织管理

根据生产任务的需要进行班组人员的调配，依据权责范围安排员工的请假、顶班、倒休；合理化班次排班（白班、中班、晚班，上下班时间和交接班安排）、执行班次考勤纪律（点名、考勤记录、缺勤处理、全勤上报）、服务班组内部勤务等组织管理工作。

### 2. 员工的情绪管理

一个人称为情绪，一群人称为士气。作为带兵打仗的班组长，应将员工情绪管理作为关键管理事务来对待，这样不仅能提高团队士气，创造氛围，还能预防异常、降低损失。一个合格的员工产生异动的行为有两个直接原因，即情绪不佳和身体过于疲劳。因情绪而影响状态发生异动产生损失这是符合科学逻辑的，且人变化多端极有可能产生情绪波动，所以本着解决问题的根源，员工的情绪一定要管好，将不正常情绪有效管控起来，将无精神、沉闷的情绪有效调动起来。例如：开班会要有队列、有口号、有气势、有氛围。

### 3. 生产异常管理

异常发生、异常处理、异常记录、异常分析与预防……

### 4. 纪律管理

岗位作业纪律、配合作业纪律……

### 5. 管理要求

保证产品质量的达标、控制班组制造成本、维护保养生产设备……

## 二、生产作业管理

班组的主体功能是生产，而生产作业管理更是班组长的重头戏。要想结果收益好、过程必须控制好。班组要想业绩好全靠生产作业管理的精细度，班组长务必要将生产作业管理职责做精细。

### 1. 生产任务

计划的接收、指令的确定、排程的编制……

### 2. 资源调配

人、机、料、法、环……

### 3. 生产异常管理

异常发生、异常处理、异常记录、异常分析与预防……

### 4. 纪律管理

岗位作业纪律、配合作业纪律……

### 5. 管理要求

保证产品质量的达标、控制班组制造成本、维护保养生产设备……

## 三、安全生产管理

《中华人民共和国安全生产法》规定："管生产必须管安全！"安全无小事，安全是原则和底线，作为主管生产的班组长，安全生产管理责无旁贷，这是法律赋予班组长的义务。

## 四、辅助上级管理

及时准确地向上反映工作情况，提出建议，做好上级领导的参谋助手，切勿发生管理断层。

辅助上级管理，一是可以使上级及时掌握班组工作状况，便于及时做出适当调整，避免因信息断层而造成班组与管理者做无用功；二是在问题出现时、资源缺乏时可以使本班组及时获得帮助，避免"想不出办法而发愁、得不到资源而发愣、最后完不成任务而发傻"等尴尬局面的发生；三是通过频繁的上下级互动，可以获得上级更多的信任，避免"我认为对了，领导认为不对；我做了，领导不知道"等尴尬的现象发生。请记住，上级认可才是真正的棒。

## 第四节  金牌班组长的三大行政权力

何谓行政权力？即将与担任岗位职务、职责相配套的行使权称为行政权力。行政权力是本岗位行使管理职责必备的权力，自担任岗位职务起，后续无须单独、额外授予的权力。班组长有三大主要行政权力。

## 一、指挥管理权

服从命令、听从指挥，是一个成功团队员工的标志。班组是生产纪律性团队，必须统一指挥、统一行动。要发挥班组长的作用，保持班组战斗力，班组长必须具备最基本和最重要的权力——指挥管理权。当然，我在调研和授课过程中，也发现一些指挥管理权丧失的情况，具体原因剖析如下。

### 1. 班组长本身的问题

企业班组长具备指挥管理权，但长期不做指挥、组内员工无指挥地自我作业，班组长的指挥管理权会逐步丧失、一线团队一盘散沙、大有失控之势，最终上级领导被迫干预。

### 2. 上级领导越级指挥问题

在班组长正常使用指挥管理权开展班组管理工作过程中，因上级领导高频次地越过班组长直接指挥员工，导致班组长的指挥管理权逐步丧失，令由多发、择令而动、自我判断、大有威信全无之势，最终无法开展班组管理。

### 3. 企业组织系统混乱问题

各部各级无清晰的隶属关系，班组组建无特定的规则，仅由历史经验拼凑而成；班组长职务也是"自然形成"的，并无书面的、正式的任命状；工作任务、管理要求下达混乱，长此以往，员工不知道听谁的，大有全面失控之势，最终无法进行班组管理。例如：某企业董事长亲自下一线与员工安排工作、过程处理、后续改善……班组长长期指挥不动员工，员工没做好又责怪班组长，工作中班组长情绪化严重，最终造成一线干部离职率特别高。

## 二、劳动组织权

班组长有劳动组织管理职责，班组长必须具备劳动组织权。

（1）班组长有发布班组生产指令、管理要求、改善内容等班组劳动执行任务的权力。

（2）班组长有根据劳动执行任务的性质不同对本班组劳动力进行调配的权力，且该权力与班组的薪酬模式无直接关系（无论是计时还是计件薪酬模式）。

（3）班组长有改善劳动组织、实行优化搭配和重新组合的权力。

（4）班组长有批准一定范围内的员工请假、安排顶班倒休的权力。

（5）班组长有执行劳动纪律、维护正常生产秩序的权力。

## 三、奖惩建议权

为什么是奖惩建议权而不是直接奖惩权？直接奖惩权的弊端是受处罚、未受奖励的员工心存不满，认为不公平；奖惩建议权则是班组长对员工进行奖惩建议的申请，经班组长直接上级主管领导会审（非批准权而是会审建议权）建议一致后，交当事员工签收，最后张榜公布，做到相对的公平、公正、公开，以此来修正直接奖惩权的弊端。在"以人为本"的新时代，我们推荐使用奖惩建议权。

管理好一个团队，班组长不能刻薄寡恩、一直充当老好人的角色，做得好就奖励、犯了错误就批评，必要时要对犯错误严重者进行处罚用以惩戒。在班组管理过程中，班组长必须要善用奖惩建议权。

（1）班组长有评价员工作业表现、评估员工绩效价值的权力。

（2）班组长有口头表扬员工、劝诫员工的权力。

（3）班组长有公司奖惩标准，按事实需求情况"提交、修正、参与会审、执行"员工物质奖惩建议的权力。

失权就是失职、不作为，班组长必须时刻将三大主要行政权力抓在手中、应用于平时。另外，班组长还应具备作为一名职业者必备的其他四项权力，即完善制度权、抵制违章权、举才推荐权、维护权益权，这四项权力并无特殊之处，与其他岗位解释一致，这里不做过多解析。

# 第五节 金牌班组长的四大本领

四大本领是班组长履行班组管理必备的管理技能要求，其全面掌握的程度决定班组的最终业绩。

## 一、生产进度的把控

生产制胜在进度，班组系统有效的生产进度管理有助于提高企业整体交货效率。班组长对生产进度的把控有五大关键管控点。

### 1. 任务的识别为第一

班组长有效识别生产任务是进度管理最基本的管控重点，特别是少批量、多品种生产班组，其产品种类繁多，不同产品之间差异很小，一旦指令识别有误，员工收到一个错误的任务指令，该班组一天都白干。正所谓：指令不对、努力白费，这在电子、制衣、装配件、结构件、设备组装等行业班组尤为重要。

### 2. 任务的下达同等重要

即使班组长本身能识别，可是员工不清楚，也会出现任务识别有误。为此，班组长要将清晰的生产任务（含品类、数量和目标值、生产工艺等信息）下达给班组员工，保证每一名员工都准确理解即将进行的生产任务。根据以往经验，最好的办法就是在本班开班前使用拉式看板公示班次生产任务。

### 3. 任务的追踪是重点

保证生产任务的完成离不开班组长有效的现场追踪。任务安排是否合理、任务是否能按排程达成、员工是否按任务安排进行实际作业、员工是否需要资源调度、工序间配合是否紧密等措施都是保证任务达成的重点。有效的追踪除了能起到督促员工按进度产出之外，还能及时发现生产过程中的不足，预防损失。员工作业是否顺畅、过程物流是否流畅、产品工艺是否稳定、设备机具是否完好、各项管理要求是否持续有效等措施是保证管理指标达成的核心要素。

### 4. 任务的反馈不可或缺

及时向上反馈任务达成情况，一方面有助于上级及时掌握现场实际，调整计划目标以吻合或挖掘最大产能；另一方面有利于班组及时获取上级资源协助达成业绩。及时向下反馈任务达成情况，则有利于员工参与班组任务的制定、监管，提高员工的经营意识。

### 5. 异常处理是关键

如果异常管理失效，则生产任务无法按计划达成。异常处理是班组长十分常见的日常性管理工作。生产有异常很"正常"，长期没有异常则"不正常"，这是班组长应有的问题心态。同样，有异常无人处理是"不正常"，老异常重复的发生也是"不正常"，这是班组长应有的处理态度。

## 二、产品质量的把控

品质即品牌。质量是一个团队价值和尊严的起点。质量也决定企业的生命。与产品质量最有直接关系的是生产环节，确保产品质量的重心在于班组工作质量的好坏。正所谓：工作质量决定产品质量，二者成正比关系。为此，作为生产班组长必须具备对产品（工作）质量把控的能力。

### 1. SOP 标准作业指导书、SIP 标准检验指导书的识别和反馈

确保班组全员能切实识别作业和检验标准，落实标准点检、应用、抽查机制，确保标准与要求的一致性。

### 2. SOP 标准作业指导书、SIP 标准检验指导书的培训和监督执行

通过培训，确保班组全员能有效使用作业标准和检验标准；通过巡查监督，确保全员按标准执行生产。

### 3. 质量控制范围内的不良品管控

反馈清晰的质量缺陷信息，确保质量控制政策制定、修正的针对性；隔离明确的不良品，防止混入；落实排查机制，防止漏检；及时安排返工，防止交期延误。

## 三、现场主要成本把控

利润等于售价减去成本，为了获取更大利润，可变因素只有售价和成本，大多数企业中商品的售价都是由市场决定的，能通过内部改善而改变的只有成本因素。为此，控制了成本就等于获取了利润。要想使班组有效产出经营业绩，班组长必须具备对现场主要成本把控（材料成本）的能力。

### 1. 精准用料

严格定额领用料、清晰补料申请，并做好定额反馈和超标改善。

### 2. 精确统计

详细进行物料班前、班中、班后实耗统计。

### 3. 精益管理

确保物料存放有序、账（目）物（实物）卡（标识卡）三者一致。

## 四、安全事故杜绝

以人为本、安全第一，安全生产是班组长应必备的、原则性的管理能力。

（1）落实安全宣导和培训职责，提高员工安全意识和安全操作技能，并使之有效应用于现场。

（2）按要求执行安全检查，消除安全隐患，确保现场硬件作业条件、员工作业行为的安全性。

（3）按要求及时处理安全事故，并反馈处理结果和总结事故教训，彻底消除同类安全事故隐患。

（4）全员、全面、全过程、全天候，时刻警钟长鸣，落实管理细则，最终杜绝安全事故发生。

生产型企业经营管理的六大指标纬度是：品质 Q（Quality）、成本 C（Cost）、交期 D（Delivery）、安全 S（Safety）、士气 M（Morale）、效率 P（Productiveness），简称 QCDSMP。要追求最终的 P（效率）和 M（士气），前提是 Q（品质）、C（成本）、D（交期）、S（安全）。班组长的四大本领：产品质量管控、现场成本管控、生产进度管控、安全事故杜绝等分别与之对应挂钩，影响关系直接。所以，作为生产人我们常说：一个生产型企业不做 QCDSMP 的改善就是"耍流氓"，一个班组不做 QCDS 的管理就是"开玩笑"。综上所述，新时期的班组长必须全面掌握四大本领的技能。

# 第六节　金牌班组长的五项使命

正所谓："人、机、料、法、环，环环要相连，一环脱了节，生产难上难。"首先，班组长具体管理的是"人、机、料、法、环"、实际产出也需要"人、机、料、法、环"、改善课题也是"人、机、料、法、环"；其次，呈现职责、发挥职权、坚定立场等都需要以"人、机、料、法、环"为前提。因此，"人、机、料、法、环"需上升至班组长职业使命的高度。

## 一、人

无论何种情况下，"人"都是开展生产的第一资源。若"人"出了问题，其他环节都会产生连锁反应。为此，班组长必须将人的管理作为自身职责使命：提报人、分配人、带领人、团结人、使用人。时刻保证班组的人力资源处于最佳状态。

## 二、机

设备就是我们的饭碗。工业生产离不开设备的支持，若"机"损坏，生产会终止。为此，班组长必须承担设备机具管理的职责使命，确保操作机、保管机、保养机、维修机、记录机具随时完好无损并有效利用，永远追求设备"零故障"。

## 三、料

生产需要源源不断的材料供应保证，不允许缺料、废料、损料现象发生。

材料是成本亦是资金，若积压、呆滞、损坏严重，企业成本节节高，严重时会导致资金滞压、危险经营。为此，班组长应将材料管理上升至自身职责使命：领用料、使用料、监管料、回收料、统计料、节省料，确保材料按需、按标使用，按标准、按要求存放保管，追求不断料、不呆滞料、不囤料、零浪费。

## 四、法

工艺是标准，是市场的要求。若员工不理解、不执行或偏差执行、屡次失效，则产品无法交付变现，导致客户流失、机会丧失，严重影响企业竞争力。保证工艺就是保证了质量，获得了团队的价值和尊严。班组长应将工艺方法管理定义为自身职责使命：执行法、学习法、落实法、反馈法，确保工艺方法吻合市场需求，永远追求零缺陷、零不良。

## 五、环

环境是场地，也是氛围，亦是文化。好的环境能塑造团队职业化，坏的环境能毁掉好员工。若现场脏乱差臭、吼压骂、相互推诿、扯皮等，则氛围沉闷、员工离职、团队发展受限，严重者导致职场崩溃。班组长应时刻将环境管理定义为自身职责使命。做到使用环、管理环、改善环、爱惜环，确保职场硬件环境优美、软件环境和谐，打造特色组织、永远持续改善。

# 第七节 金牌班组长的九个角色

做好班组长角色定位是关键。每一名管理者在职场中都有自己的角色，角色偏差会影响工作结果和发展方向。班组长在班组中有九个重要角色，我们分三个层面进行诠释。

## 一、员工层面的五个角色

### 1. 班组长的第一个角色：是管理者，不是作业者

作业者是靠自己的双手实现目标，管理者是靠他人实现目标，这是二者的本质区别，班组长显然属于后者。若定位出现偏差，则管理损失、职场混乱。

▶ 情景案例 3-3：某企业班组实地调研的变革建议

某民营企业员工总数 1 500 人，其中生产员工总数 1 200 人，但企业 70% 的产值是 1 200 人中的 400 人奉献的，这 400 人都属于一线主管干部、正副班组长、骨干成员，号称"功勋员工"。我们由此为企业决策者提出如下变革建议。

第一个建议：剩余的 800 名"问题员工"仅仅产出了 30% 的产值，提升空间特别大；

第二个建议：为什么 400 名"功勋员工"不对 800 名"问题员工"进行提升呢？（"功勋员工"认为管理没用，多干活是"硬道理"；"问题员工"成长路径长……）

变革建议 1：必须重视管理的作用和价值。

第三个建议：如果提升"问题员工"，请问"功勋员工"是否有时间和精力？（"功勋员工"天天加班、不能请假，长此以往疲惫不堪；"问题员工"因产值低薪酬低而十分不满，离职率很高……）

变革建议 2：清晰定位管理者的角色。

第四个建议：如果发挥 400 名"功勋员工"的管理作用，带动剩余的 800 名"问题员工"，在其他各项生产资源满足的前提下，企业的产能至少翻一倍！

通过以上案例分享，可以看出管理的强大作用。但很多企业班组长并未真正地扮演好管理者角色或者并未真正认识到管理者的作用，在情景案例 3-1 中的 "10 分钟管理者"也说明了这个问题，这是企业管理的损失，亦是班组长管理作用的缺失。

班组长管理者角色该如何扮演好？是不是坐在办公室里，班组的业绩自然而来呢？当然不是！班组长的管理者角色应体现在以下两个方面。

（1）要素分配。将合适的人分配到合适的岗位（人的调配），然后对其作业所需的资源要素进行合理化分配（机具、材料、方法工艺、环境设施场地等的优化配置）。

（2）要素分配之后，员工是否按照作业要求执行了作业、达成了目标，班组长要进行过程监督、过程辅导、过程服务等保证其目标达成。

为此，班组长管理者角色的呈现方式不是"甩手掌柜、办公室领导者"，而是生产现场"资源要素的经营者和执行过程的督导者"。

### 2. 班组长的第二个角色：是带头人、是榜样、是标杆，不是随心所欲之人

一个团队有一个好的带头人十分重要，员工看着班组长、学着班组长、向着班组长……班组长是班组的带头人、榜样、标杆。

（1）精神领袖。

无论何时，班组长都不能泄气，否则员工思想不积极、方向不坚定等，我们应该目标坚定，勇于面对问题和困难、执着达成目标，从不言弃。

（2）行为领袖。

无论何时班组长都应该有带头人的样子。强调员工职业化，首先自己要职业化；强调员工积极性高，首先自己要积极对待工作，无论何时都不松懈，永远都是班组的榜样和标杆。

### 3. 班组长的第三个角色：是教练，不是简单粗暴者

新时期的管理不是简单粗暴地吼压骂，而是科学的方法和人性的尊重结合。实践证明，做好教练式管理是百利而无一害的。

（1）教练才能解决真正的问题。

随着市场需求的变化，伴随着生产任务的多样性，团队各方面能力的兼容要

求也越来越高。今天的现实不一定满足明天的需求、明天的能力不一定满足未来的要求，团队应该永恒地学习进步。产生问题的根源在于对其技能（原理、方法、工具）的不熟练，班组长的教练角色有助于团队员工真正解决实际问题，满足不同时期工作的技能需求。

（2）好教练成就好员工、好团队。

为什么越优秀越学习，越平庸越不学习？人学习的热情是需要引导、督促、指导的，不断地教会员工新技能，使员工获得新目标、增加新成就，是员工学习热情的激发源头。班组长好教练的角色能成就好员工、好团队。

（3）好教练就是员工心中的好领导。

基于此，我们可以勾画一个场景：若干年后的某一天与曾经麾下一名已离职的员工相遇，你希望他应该如何对待你？

当然是希望这名员工非常热情地与你打招呼、心存感激地问候你或者更加热情地……而不愿意看到一种如从未谋面般的冷淡或仇人见面般的憎恨……

请问这名员工为什么如此热情？因为感激，在你曾经的帮助下，他收获了很多。为什么他如此冷淡或憎恨？因为他反感你，成为你下属的那段时间他毫无收获，甚至度日如年。

俗话说"雁过留声、人过留名"，每个人的人生都是追求感觉、追求成绩的，一个人的成功在于他影响了多少人。

### 4. 班组长的第四个角色：是创新者，不是墨守成规者

时代在变化，班组必须与时俱进，班组长作为创新者的角色应努力做到。

（1）积极地接收"新"。

拒绝"新"等于封闭了自己的视角，迟早有一天会被社会淘汰，作为一名领导干部这是非常遗憾的，也是企业的损失。江山代有才人出，新人才都有"新"的特质：接触的环境是最新的、思维方法是最新的、行为方式也是最新的……身为班组长若拒绝"新"，必然无法融入新团队，更不要说将团队管好。为此，积极接受"新"，是一名现代班组长必备的认知。

（2）持续不断地学习。

创新必须具备一定的基础和能力，持续学习才能开阔眼界。乔布斯说过："一

个人已知的世界越多未知的世界就会越多。"因为不断学习，才有不断的新元素，才能最终成功地创新。

（3）带领大家创造更多的"新"。

团队的力量是伟大的，团队的知识库也是丰富的。树立一个接受新、学习新的创新者角色，并不断将新元素纳入班组管理过程，能直接或间接影响员工的创新力，达到班组共同创新，这是班组长创新者角色的巨大作用。

### 5. 班组长的第五个角色：是绩效共同体，不是自私自利者

荣辱与共、公平公正是一名成功领导者必备的素质。我们都说：强大的领导力汇聚人，而领导力中有一个关键词叫"领导魅力和魄力"。班组长应长期修炼自身的领导魅力和魄力。

首先，担当是关键。承担领导责任，切勿推卸主要问题责任。有一句非常知名的职场语录："员工无责，责任在于管理者和管理系统。"管理系统（制度、流程、作业指导书等）也是管理者设计的，问题的第一责任人应该是管理者。员工是管理者招聘的、工作是按管理者要求执行的、业绩也是管理者评价的……若出现问题承担责任时，管理者只知道一味地指责员工，从不分析问题、自我纠正，这样的管理者是无能的。担责就是担当，应使员工觉得班组长是自己的靠山，按班组长的指令做是不会有问题的，这是员工对班组长的信任力，也是一种魅力。

其次，荣辱与共、公平公正的特质是核心的表现形式。团队的业绩本身就是大家一起创造的，绝非依靠个人英雄能达成。一方面，班组长应充分肯定团队成员的贡献，无须与员工争功，团队的成功就是班组长的成功；另一方面，在班组管理过程中班组长应时刻认清"每一名员工功能"，记录"员工每一笔的功过"，分清"每一次员工的得失"，并在合适的时机场合下进行肯定和评价。如此才能成就金牌班组长"荣辱与共、公平公正"的领导魄力。

## 二、直接领导层面的两个角色

### 1. 直接上司的助手

班组长在本职工作层面，应主动工作不越位、全力辅佐不离位、真心服从不

偏位、勤奋周密不空位，尽职尽责完成本职工作，敢于承诺、满足承诺、超出期望、独当一面，充分获得上级领导的信任是作为一名优秀下属最重要的角色。

### 2. 上级领导的分担者

适度承揽上级领导安排的非本职工作，勤干不推诿。千万别将上级临时安排的非本职工作当成负担，否则会逐渐消磨工作热情，进而影响本职工作。可以换位思考，上级领导经常安排临时工作给下属，并不是在给下属制造额外负担、找麻烦，而是提供机会充分锻炼下属、信任下属能力的表现。

总之，干得多就接触得多，掌握技能越多机会越多，最后收获就会越多。世界是非常公平的，付出总会有回报，如果回报没有兑现，应该自我反思是不是自己付出得还不够多。善于向上分担是个人成长的阶梯。

## 三、企业层面的两个角色

### 1. 中层干部储备的主力军

基于企业晋升通道设计，班组长理所当然是企业晋升中层干部选拔的主力军，新时期生产型企业越来越务实，特别是生产系统，未来大多数的中层干部选拔极大可能从内部基层提拔。所以，处于基层的班组长，向上发展的机会很多。

处于基层的我们，虽然发展的机会很多，但同时也应不断提升能力。一方面，我们要将现有角色发挥出色；另一方面我们也必须掌握更多的本领。只有本领强了，成功的速度才会越来越快。机会面前人人平等，这个平等只是一个单纯的机会平等，机会并不是人人都能抓住。

### 2. 团队价值观的宣导者

价值观是团队成员对共同从事的事业一致的价值认知，是团队思想统一的前提。前面我们提到：生产型企业 60% 以上的人员是生产一线的员工，班组长是一线员工的直接领导，设想如果企业 60% 以上的员工和 40% 的员工价值观、思想不统一，该如何处理。为此，班组长应该是团队价值观的宣导者。

# PART2　团队管理优化

- 基层执行力管理——执行力问题分析与构建精要

- 团队工作教导技术——基层工作教导价值、方法、工具实务

- 活力型班组构建之学习型、创新型班组建设方案

团队管理是管理者需要持续研究的课题，是生产管理工作必须依靠的力量，班组长团队管理的水平直接决定着班组管理业绩，关于"团队管理优化"，我们设计了三个必备的课题章节。

## 第四章　基层执行力管理——执行力问题分析与构建精要

章节内容包含：为什么员工执行力差？难道是员工不行？如何提升员工执行力？

——执行力管理问题的解析、基层执行力构建的四大核心和注意事项。

## 第五章　团队工作教导技术——基层工作教导价值、方法、工具实务

章节内容包含：教过很多但问题也很多，不愿意学、学不会、做不好等问题层出不穷，如何有效解决？

——工作教导的管理价值、工作教导的方法和工具设计。

## 第六章　活力型班组构建之学习型、创新型班组建设方案

章节内容包含：学习型组织有何必要？学习型班组如何建设？改善创新是什么、如何操作？

——学习型班组的建设意义、学习型班组创建的程序及注意事项；创新型班组建设意义和形式、合理化建议活动的推行和注意事项。

第四章

# 基层执行力管理
## ——执行力问题分析与构建精要

**本章要点荟萃**

- 执行力管理"四个漏洞"——目标、标准、监督、结果。

- 团队执行力管理工程的"三大步骤"——动作流程、他律自律、习惯素养。

- 从愿景到结果的"六级思维模式"——愿景、定位、价值观、能力、行为、结果。

- 基础团队执行力管理的"五大细节"——表扬和批评、就事论事、问题导向、数据说话、老员工。

- 员工关爱"双模型"——员工关注构建模型、员工爱护构建模型。

# 第一节　执行力问题分析

## 一、执行力管理的意义

一个团队的业绩是需要干出来的，毕竟想得再多、说得再好，没有呈现结果都是枉然。如何形成好的业绩，执行力是关键。

对于基层班组，在企业中承担的组织功能就是执行。在前面我们说过"生产型企业百分之百的价值来自一线班组的实现"，这句话并不过分，但有效的执行是前提，没有执行就没有结果，更谈不上价值。

关于执行力的话题，经常在授课过程中听到很多学员反馈，由此说明管理干部都十分关心下属的执行力。

由此可见，从业绩输出、管理问题、组织功能等多角度来讲，基层班组应该重视并加强执行力管理。

## 二、影响员工执行力的四大漏洞

何谓执行力？如图 4-1 所示，一个员工执行力好的表现就是"说了就干，干就干好"，如何达到这一好的表现，答案也在其中。

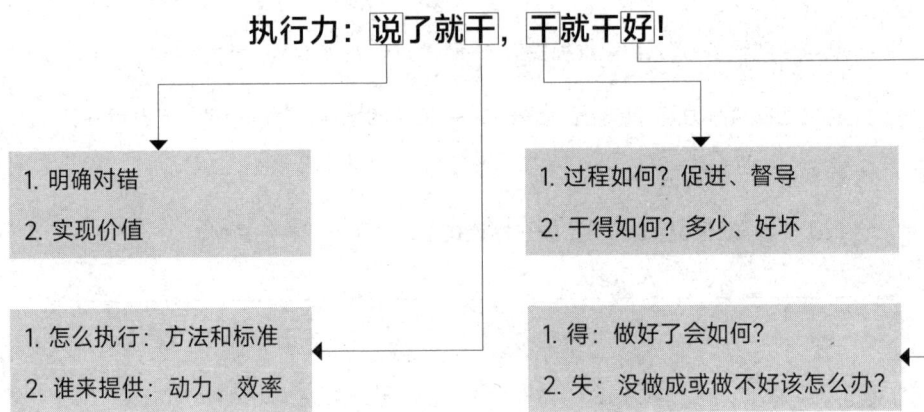

**执行力：说了就干，干就干好!**

| 1. 明确对错<br>2. 实现价值 | | 1. 过程如何？促进、督导<br>2. 干得如何？多少、好坏 |
| --- | --- | --- |
| 1. 怎么执行：方法和标准<br>2. 谁来提供：动力、效率 | | 1. 得：做好了会如何？<br>2. 失：没做成或做不好该怎么办？ |

▲ 图 4-1 执行力的"四个漏洞"

### 1. 第一方面，在于"说"这个字，强调执行指令的必要性和准确性，即"目标和价值"

（1）如图 4-1 所示，指令传达必须"精准"。

▶ **情景案例 4-1：做个极端的比喻**

某作业工段根据规定是必须要戴安全帽工作的，如果一名管理者给员工传达的工作指令是"不戴安全帽上班！"请问员工执行还是不执行？

管理者无论说什么员工都应该无条件执行？这典型是有问题的。

其一，万一是错误的指令，执行后果谁来承担？

其二，不论对错一味开干，其效率定然得不到保证，这不是真正的执行力！

其三，工作指令不正确，员工盲目去执行，实现不了执行目标，甚至会造成执行事故。员工会逐步产生对指令的质疑、怀疑，慢慢会丧失高效执行的信心和动力，久而久之定会影响管理者的权威性。

为此，管理者向员工传达工作指令应该准确无误，这是保证执行结果的必要条件。

（2）如图 4-1 所示，指令传达要凸显"价值"。

▶ **情景案例 4-2：员工总问"为什么"**

某一次在授课现场，有几位班组长分别和我说了一个共性问题：为什么新时期的员工老是爱问"为什么"，而且一些问题总让人匪夷所思。"为什么请假需要写请假条？为什么那些事情需要批准？为什么工作需要按作业指导书进行？"

其一，每名员工理应拥有对执行指令目的性的知情权；其二，避免使员工产生"为了什么去做、我认为没有必要去做"等指令价值性的理解偏差。

管理者应该将执行事务会（能）带来何种价值、实现什么目标等与员工及时宣导传达，使员工明确知道为什么执行，不执行会如何等，统一团队向心力，这是十分必要的。

## 2. 第二方面，在于第一个"干"字，即执行指令的"方法和标准"

（1）如图 4-1 所示，操作方法效率化。

▶ **情景案例 4-3：没有方法就没有效率**

我们经常在管理中遇到员工执行效率滞后的问题，深究其原因无不归于"操作方法"。我们不禁思考：执行工作的操作方法到底该如何效率化？操作方法是员工自己去想还是管理者直接提供？哪个效率高呢？我们发现如果员工自己去想：

其一，能力有限，想不出来，没有执行结果；

其二，想出来了，但方法不正确，执行结果错误；

其三，想出来了，是仅仅站在员工本身立场想的，该方法考虑不全面，所以执行结果不可持续。

根据管理经验总结，我们认为员工执行工作的操作方法（特别是重要的工作）最好由管理者提供，其执行效率往往是最大化的。

（2）如图 4-1 所示，执行标准精准化。

▶ **情景案例 4-4：布置工作标准不清晰**

第一次，张主管布置一件工作给下属："小王，把我办公室收拾一下，我一会儿回来！"

小王立即动手收拾完毕……

过一会儿张主管回到办公室，却发火了："小王，你这办公室如何收拾的，我桌上一堆发票没有报销，你全部给我碎掉了；白板上一上午的心血，你也给我擦了。你这小伙子，办公室都收拾不好……"

第二次，张主管又布置一件工作给下属："小王，把我办公室收拾一下，我一会儿回来！"

小王立即动手收拾完毕了……

过一会儿张主管回来了，又发火了："小王，你这办公室怎么收拾的，桌上一堆废纸没有收，白板也不擦，地板也不擦，我要你干吗，一个办公室都收拾不好……"

以上案例很明显，由于管理者布置工作的要求不明确，员工只能按照自己理解的方式遵循执行，这与管理者要求的明显存在差异，造成了执行问题，久而久之员工也将无所适从。

总结上述两个情景案例，管理者不应采取"甩手掌柜、简单粗暴方式"来对待执行力管理，应尊重每一名员工的每一次付出、追求其执行价值，避免员工走弯路而浪费精力。我们保证使每一名员工的每一件即将执行的工作事务，特别是第一次执行的新事物和产生重要影响的工作事务，都应在执行前强调操作方法的正确性和标准的精准性。

### 3. 第三方面，在于第二个"干"字，即执行过程中是否有"纠偏和监督"

（1）如图 4-1 所示，过程纠偏和指导及时化。

在课上，我们很多次互动过一个话题：所谓领导就是"引领和指导"，员工工作过程是需要及时指导的，良好的过程指导可以保证员工工作过程的步骤、方法和工具的正确，过程正确了结果才会得到保证。

当员工在过程中产生了不足和错误，过程纠正的管理导向应该是以教育、辅导为主，而不是简单粗暴的方式，我们始终应懂得管理的本质是正面影响他人，这样才是真正意义上的过程纠偏。

（2）如图 4-1 所示，过程监督公正化。

公正的过程才会有公平结果，如果团队领导不关心本团队过程中的"谁多、谁少、谁好、谁坏"，是不可能在结果达成后评价出"谁优秀、谁良好、谁合格、谁不足"的。

团队管理是需要公正的，为此，管理者除了过程纠偏和指导外，还有必要分析执行过程中各员工的表现记录，保证其公正性，用以做公平评价的依据。

### 4. 第四方面，在于"好"字，即对于执行结果的"评价和兑现"

（1）如图 4-1 所示，结果得失兑现公平化、公开化。

"兑现得失"这个词听上去比较直接，其实是十分现实的。我们可以思考：一个人只一味地付出，没有任何成果，必然会逐渐丧失动力，一个团队亦如此，时间长了员工的执行力必然会走向疲软。

做得好应该得到什么？做得不好或没有做应该怎么办？这是我们管理者老生常谈的一个课题，而解开这个课题，我们也知道需要"公正、公平、公开"。

其"公正"来自过程的监督公开化，这一点在过程监督中我们讲述过。

其"公平"在于工作产生结果达标的量化，这一点在执行事务展开前应有约定。

其"公开"则是开诚布公，做得好的和不足的应使团队成员都清楚，做得好的和不足的其处理结果都认可。

### 5. 总结，提升团队执行力要有四思维

其一，管理者说要说清楚，说要有目的、有价值。

其二，员工如何干？方法得高效，标准要清晰。

其三，过程中做得如何？纠正了吗？谁多少、谁好坏？及时纠偏和表现公正、依据清晰。

其四，产生结果后兑现公正公平公开了吗？

我们不妨继续思考，会发现，绝大多数的执行力问题并不是员工本身的问题，而是因管理缺失造成了四个漏洞，精细管理解决漏洞、团队执行力自然产生。

# 第二节　班组团队执行力的构建精要

## 一、团队化执行力构建的三大步骤

如图 4-2 所示，团队化执行力构建是一项系统性工程，我们的目标是使团

队的绝大多数员工养成一种执行习惯，这种习惯被称为"职业化素养"，这种素养是需要体系化构建的。

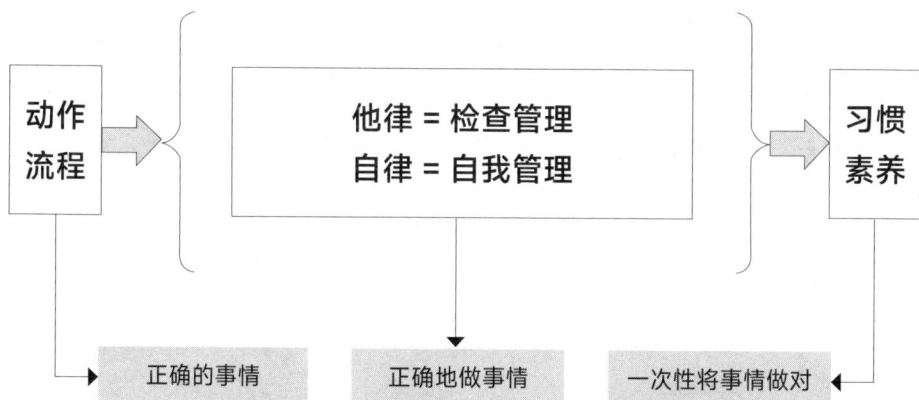

▲ 图 4-2　团队执行力构建工程

其一，一个职业化团队应该遵循统一的行为：发生什么动作、运作什么流程，是团队执行力构建的前提。为此，作者认为构建团队执行力的第一步是梳理统一的、正确的动作流程，即定义正确地执行工作事情。

其二，单纯定义的正确执行事情仅仅是"理事"，而事是需要通过"管人"来达到有效执行的。为此，构建团队执行力的第二步是训练执行者。绝大多数员工要形成自律应该从他律开始。针对一件件需要执行的工作事务，应该进行一遍遍的检查管理，先他律后自律，才能形成一种执行习惯，即正确的事情正确来做。

其三，通过一个个点、一件件事、一遍遍查、一次次做长期循环，所有层面的事务执行都形成执行惯性，就是实现了团队化的习惯素养。当绝大多数员工都养成了习惯，就达到了我们所追求的团队化执行力目标，即一次性将事情做对。团队中的各项管理活动，如 5S 的管理、标准化管理、全面质量管理、TPM 管理、安全生产等皆是如此。

综上所述，团队化执行力是一项训练性工程，是一个团队综合指标的呈现，其提高和改善是永无止境的，是一件精细化管理工程。

## 二、从愿景目标到结果达成的六级思维模式

▶ 情景案例 4-5：授课问题案例

课堂有学员经常问："老师，目标刻在'石头'上，结果拍在'沙滩'上。团队经常有愿景目标，但总不能实现结果，久而久之团队都疲惫了。说到愿景总认为是口号、说到目标总理解是数字，看到结果总觉得不满……"

保证团队持续获得成功，我们需要从"愿景目标到结果达成"进行整体梳理，形成六级思维模式体系（如图 4-3 所示）。

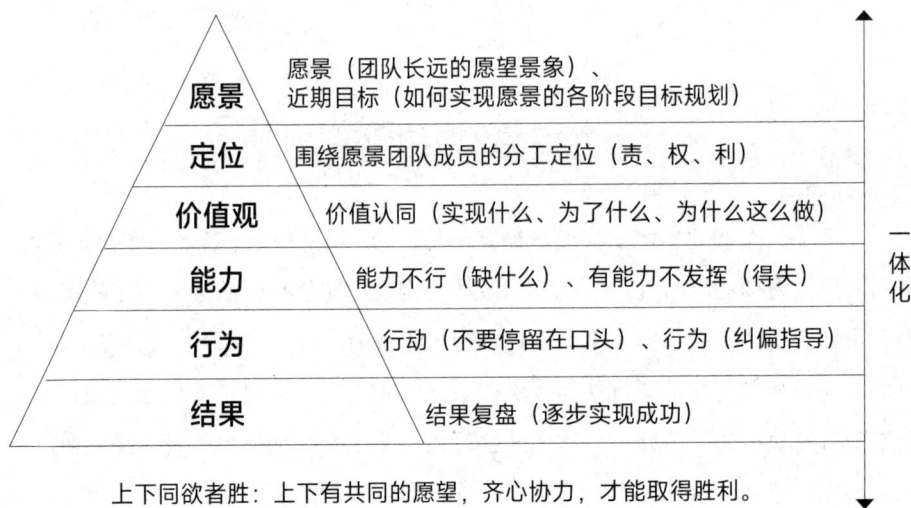

| 愿景 | 愿景（团队长远的愿望景象）、近期目标（如何实现愿景的各阶段目标规划） |
|---|---|
| 定位 | 围绕愿景团队成员的分工定位（责、权、利） |
| 价值观 | 价值认同（实现什么、为了什么、为什么这么做） |
| 能力 | 能力不行（缺什么）、有能力不发挥（得失） |
| 行为 | 行动（不要停留在口头）、行为（纠偏指导） |
| 结果 | 结果复盘（逐步实现成功） |

一体化

上下同欲者胜：上下有共同的愿望，齐心协力，才能取得胜利。

▲ 图 4-3 六级思维模式体系

第一级，愿景。每一个成功的团队都应有一个清晰的长远规划，即愿景。在此愿景之下会有循序渐进地实现步骤，根据每一个步骤衡量一个具体数据，即目标。并要求该"愿景、步骤、目标"是一个科学的构成，是一个具有一定挑战力且通过努力又能实现的合理规划体系。

第二级，定位。围绕团队共同的"愿景、步骤、目标"进行内部分工，即定位。

团队领导将合适的人分配到合适的位置，且每一个受到合适分配的人，应从内心深处能正确理解本定位、服从本定位。

第三级，价值观。大家在一起到底实现了什么、本工作的核心价值是什么。为了实现团队的统一协同，团队成员应对"愿景、定位"形成高度的认同感；为了达成工作目标，团队成员应本着共同的"意识"观念、主旨行动的具体"方法和工具"等，明确哪些可以做、哪些不能做。

第四级，能力。成功的前提是必备的能力。能力需要建立在每一个需要实现的"愿景、步骤、目标"之前，围绕要实现的"愿景、步骤、目标"分析团队成员的能力是否具备。

其一，不具备能力或有所欠缺引起的。缺少哪一方面的能力，针对性定点、定人地进行教育补充，务必使其达到能力具备。

其二，得失分配失效而引起的。若具备能力还没有行动，团队长需要分析得失、分配是否合理、是否能令众人信服。

其三，价值观混乱而引起的。若具备能力但还是未能按要求行动，且不是因为得失、分配失效而引起的，团队领导需要分析第三级"价值观"是否真正有效建立。

第五级，行为。首先，绝不能只停留在嘴上光说不干，结果必然来自行动，具备能力之后必须开始具体行动；其次，所有的行动要保证有效、符合各项要求，团队长必须进行必要的行动过程纠偏，防止行动人产生不正确的、不合适的行为。

第六级，结果。在从愿景、定位、价值观、能力到行为都生效的情况下，必然会输出一个结果，而产生阶段结果之后我们必须复盘。

一种情况是，未达成阶段目标。这不能说明失败，我们需要从头开始复盘：是阶段目标太高、定位不合理、价值观偏差、能力不具备或得失分配机制失效，还是具体的行为过程失控等出现问题，进一步采取修正，直至实现阶段目标。

另一种情况是，达成阶段目标。综合证明本阶段是从"愿景目标到结果达成"的规划合理，进而展开下一阶段的全体系规划，直至实现最终的团队愿景。

我们通过六级思维模式理顺了"愿景的规划、内部定位分工、价值观统一、能力的具备和有效发挥、实际行为正确性、结果复盘和问题改善"等六个重点管理过程的一体化思考和体系规划，实现了团队管理的上下同欲、持续成就团队的成功。

## 三、班组执行力管理的五项细节

细节决定成败，对于团队执行力管理也应如此。在日常管理过程中，我们需要注意以下五项细节。

### 1. 第一项：大声表扬，小声批评

据同周期内某权威数据统计，员工离职原因：34% 是因为工作业绩未得到上级主管认可，这比周期内因为薪酬低还高出 5%，这说明领导的表扬对于提升员工动力有很大的作用。

另据经验之谈，作为管理者定会思考一个问题：经常受表扬和批评的这名合格员工极有可能是本团队中最繁忙的员工，因为做得多受到表扬和批评的机会就多。表扬我们在正式场合（大众公开场合）进行，而批评如果在正式场合下进行，会使人产生："没有功劳也有苦劳，何必这样对待我……"，更会使其他员工产生："干得多批得痛，以后能承接工作的也不敢承接了，何必讨这个没趣呢"，此做法严重影响士气，久而久之，团队执行力会受到很大的影响。

基于以上，我们有必要在管理中充分肯定员工的成绩，同时出现低绩效时批评选择在非正式场合进行。

### 2. 第二项：就事论事，公正对待

对于员工的缺点，应就某事论某事，不要把很多次的事情放在一起。我们批评或指正员工是希望员工能迅速有效地改正某个缺点，如果我们不是就事论事，会给员工带来："您现在到底让我改正哪一个？""我觉得问题不在于我这里！""您说了这么多我觉得我不服！"等情绪，员工找不到改正点、认识不到自身的问题，久而久之甚至会认为得不到肯定和信任，从而疏远管理者。

### 3. 第三项：问题为导向，切勿三板斧

大量成功经验证明，针对工作的错误，靠"抱怨、指责、单纯的处罚"等是不会彻底解决问题的，反而会使员工和管理者产生隔阂，形成没有任何进步的疲惫之态，后果将变得更糟糕。

作为管理者要始终牢记一个准则：解决问题是衡量干部的标准！对待员工执行力管理也应如此，找到员工发生问题的原因所在，分析原因找到解决方法，这样员工执行力就会得到改善，这才是管理者应用的标准。

### 4. 第四项：数据为本，公平评价

"我又没犯错，凭什么扣我的分？""我也很优秀嘛，为什么我没有加分，看他好就给他加分，太不公平了"等这些问题都是因为缺少现实数据，仅仅靠管理者主观印象评价而造成的现象。

我们都知道："针对得失，不患寡而患不均"，要想均衡只能用数据说话，作为管理者应在平时注重对员工的表现进行数据记录，"时间、地点、事由、结果，依据什么、给予什么"等应详细完整，及时利用数据记录进行公正评估，最后将处理信息完全公开，让众人信服。

### 5. 第五项：老员工是团队的财富

尊重：尊重每一位老员工，尤其是业务水平高的老员工，更应该受到尊敬。

督促：对我行我素、不好管理的老同事，应充分肯定他的工作成绩，给予鼓励，让其再次发挥作用。其缺点则可以以诚相待、晓以利害、督其改正。

公正：对恃才傲物的老员工，面谈找出其恃才傲物的真实理由，并根据理由软硬兼施，对好业绩进行奖励，对坏行为进行处罚。

公平：在工作业绩考核方面，新老员工应一视同仁。

## 四、构建员工关爱的六项行动

首先，作为领导干部的我们很清楚，员工是我们的左膀右臂，应该得到管理者的关爱。其次，爱出者爱返、福往者福来，万事相辅相成，员工执行力提升亦如此。

说到关爱员工，很多管理者会说："我们很关爱员工的……"，员工却没有感受到被关爱，这是因为这些管理者往往只停留在一些口头空洞的概念。构建员工关爱管理是一个完整的体系，如图4-4所示。

基本信息
职场信息
家庭信息
尽量了解
深度挖掘
熟练掌握

班前
班中
班后
评价
教导
叮嘱

员工关注构建模型　　　　　　　员工爱护构建模型

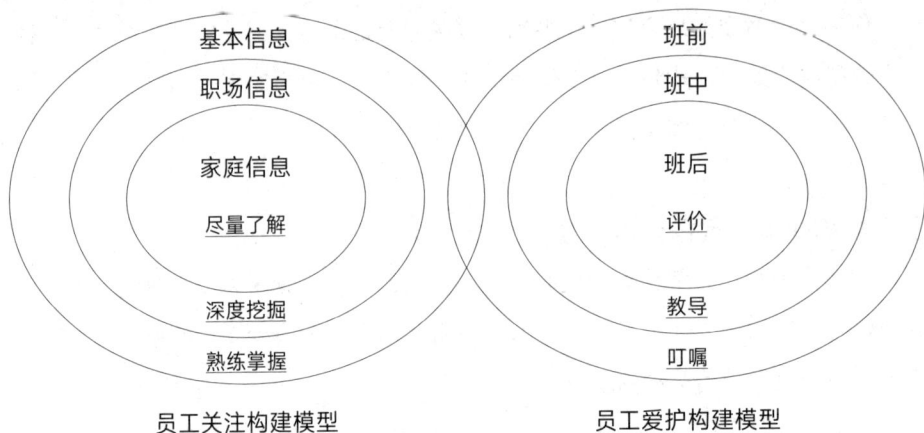

▲ 图 4-4　员工关爱体系双模型

## 1. 实质的关注才会"关心"

从因果角度来说，只有合适地关注了一个人，才会做出合适的关心。以下从三方面模块化地构建具有成效的员工关心模型。

（1）基本信息，熟练掌握。

姓名。请记住每一个员工的姓名。

▶ **情景案例 4-6：非常尴尬的局面**

管理者："那个谁、那个谁……说的就是你，过来……"

当事员工："领导连我的姓名都不知道，根本就没拿我当自己人。唉，在领导心中我就是一个边缘人……"

生日。请记住员工的生日。

▶ **情景案例 4-7：非常温暖的瞬间**

管理者："小王，我记得本月 15 日就是你满 26 岁的生日了吧……"

员工小王会顿时感动："领导，您居然能记住我的生日呀！说实话我自己都忘记了……"

籍贯。请清楚员工的籍贯。

▶ **情景案例 4-8：发自内心的感动**

管理者："小王，上午我看到××新闻，记得你老家正好是××省××市，有给你家人打电话吗？"

这一句提醒使员工小王内心充满感动："领导居然通过一则新闻报道就能想到我的家乡！真细心，更重要的是真贴心。"

（2）职场信息，深度挖掘。

服务年限。清楚员工的服务年限。

▶ **情景案例 4-9：倍感重视**

管理者："小王，我记得到本月10日正好是你在我麾下满第14个月吧……"

这句话说出来员工小王会惊讶："领导，您记得真准呀，我感觉领导一直都很关注我、重视我……"

专业特长。岗位与专业匹配。

▶ **情景案例 4-10：混乱安排和瞬间蒙圈**

管理者："小张，你从今天开始别管其他的了，去负责××设备的维修吧。"

员工小张瞬间蒙圈："领导，我不会呀，我从来都是……是不是领导不信任我了，故意刁难我？"

职业追求。清楚员工的职业理想追求、希望。

▶ 情景案例 4-11：成就员工的追求和希望

管理者："小李，在公司工作的同时，你是否有想过五年后希望做什么？"

员工小李朦胧地表示："领导，我没想过呀，干好现阶段吧，以我这样的条件估计就只能继续这个了吧。"

管理者："你别这么灰心，我发现你原本就是 ×× 专业毕业的，而且这一年来我觉得你表现得很不错，未来只需要在 ×× 方面付出更多，相信未来你也可以做我这个角色，谋求更大的发展空间，完全有可能，我一定支持你……"

员工小李满怀希望："领导，您说的都是我的事情，还替我谋划未来，真是我的好领导呀！"

（3）家庭信息，尽量了解。

工作是生活的一部分，每个人皆如此，管理者关心员工的生活状态从某种程度上来说就是工作。管理者在一定程度上要了解员工的家庭生活，比如：家里几口人、特殊的困难、引以为傲的事情等。当需要帮助、需要体谅、需要理解的时候，就能做到相对合适的关心。特别说明：家庭信息涉及个人隐私，尽量了解就好。

## 2. 实质的爱护才是"真爱"（如图 4-4 所示）

真正爱护员工并不是"想起来就做、想不起来就算了"等运动式活动。基于班组员工在职场的爱护行动，应从班组工作实务层面常态化展开。

其一，班前叮嘱。管理者本着对每名员工负责的态度，应对本班即将展开工作事务，如工作指令清晰、质量标准明确、安全操作细则、各类应急处理措施等细致地叮嘱，切勿使员工因事前不清楚而造成事故的发生。

其二，班中教导。管理者采取班中巡视化管理，对表现好的员工给予真诚的鼓励；对作业过程中产生的各类问题，应采取耐心具体的教育，切勿使用"吼压骂"三板斧来简单粗暴应对。

其三，班后评价。管理者应总结每班团队的结果产出，使员工清晰当班的实际成绩。应对各员工当班工作产出的成绩及时给予真诚的评价，肯定业绩奉献、清晰差距不足、明确改善措施、展望未来目标等长周期循环，实现个人与团队融为一体。

第五章

# 团队工作教导技术
## ——基层工作教导价值、方法、工具实务

---

**本章要点荟萃**

- 工作教导"三大价值"——以人为本管理、实现生产目标、特色组织构建。

- 工作教导技术"五步法"——听、说、看、做、一起做。

- 工作教导技术"OPL 工具"——一次一点、一点一页、一页十分钟。

---

# 第一节　工作教导的价值

## 一、以人为本管理的先决条件

我们在前述章节讲述过"以人为本式的管理",即基于员工的现实状况、内心想法、职业追求展开科学化管理,实现改变员工的现状、统一员工的内心想法、疏导员工的职业追求等只能依靠教育引导的方式来实现。

## 二、实现团队目标的最有效手法

实现团队目标，团队成员必须具备完成计划的能力，而能力的提升在现实管理中只能依靠教育和指导，除此之外没有其他合适的方式。

## 三、特色组织氛围的润滑剂

职场中最影响团队工作氛围的应该莫过于完成工作挑战的负担，所以构建特色组织氛围的基础保证是：使职业者在面对不同工作挑战时能轻松应对。要达到这个目标，持续的工作教导是必备的管理行动。正所谓：工作学习化、学习工作化。

总之，无论是"科学的管理模式、完成工作内容和解决问题、构建组织特色"等都需要科学的工作指导。

# 第二节 班组工作教导五步法

提到工作教导，大部分管理者都认为很重要，且同时表示："我们经常做过工作教导"，但作者分析过很多案例，发现效果并不好而且问题很多。

▶ 情景案例 5-1：工作教导的问题

一方面，员工不愿意学。对学习内容不感兴趣；工作任务那么重还学习，甚至部分企业下班后再安排学习，久而久之员工对待学习没有热情……另一方面，到底会还是不会。今天说会，明天就忘记；嘴上说会了，实际没会；领导说会了，员工不会；导师说会了，学员没会……

还有，教导任务繁重。频繁的新要求、新课题，老的没学会、新的又来了；人员变动很频繁，老人教会了、新人还得教……

总之，效果很不尽如人意。

在一线，我们面临：人员结构层次多、生产任务特别忙、时间周期特别紧、管理要求特别多等特点，为此需要采取特定的教导方法，即"基层工作教导五步法"（如图 5-1 所示）。

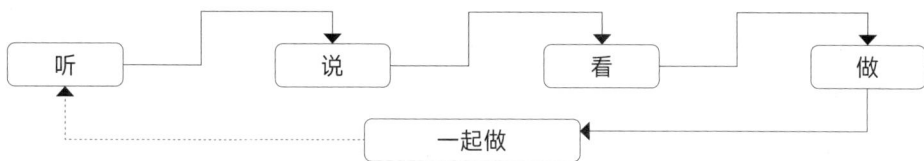

▲ 图 5-1  基层工作教导五步法

## 一、第一步：听

其作用在于：如何使员工（以下称学员）听老师教。这是教导的源头，同时也是一个心态问题，若教导的源头心态出现了偏差，则后续如何去教都会受影响，我们可以从以下两个重点方面来有效解决此问题。

其一，找到教导的目的。目的不明确，员工会觉得学不学无所谓，由此产生厌学的情绪，老师也会找不到教导的目标。学员为什么要学习，到底需要学习哪些内容；是现在的技能不足以满足管理的要求，还是问题的出现是因为某项技能不够充分；如果还是保持现状会出现何种后果等。我们只有将此类信息在课前做充分的调研，并与学员达成一致的学习意见，才能设计教导的目的。

其二，激发学员的兴趣。课前：老师与学员就课题做充分沟通、明确教导的内容；课中：老师切勿以自我为中心，应本着谦卑心态与学员保持合适的互动，达成教导各知识点的共识，特别针对信息量庞大的课题需要逐步达成，使教导氛围轻松、教导过程扎实；课后：针对本次教导的课题，老师应及时进行跟踪，回复学员课后应用的各项疑问，保证学员对教导全过程感兴趣、喜欢教导。

## 二、第二步：说

如何保证学员真正听懂。我们在一线教导大多数情况是一对多的场景，保证每一名学员听懂是基本的效果呈现，但这种场景总会因群体效应问题而使结果不佳。

我们发现尽管老师一再确认："听懂了吗？"大多数情况学员也一致地回复："听懂了！"并且表示听懂了。但这并不一定，个别学员滥竽充数，部分学员碍于面子问题，甚至自卑心理这样回复。因为一线人员参差不齐，有基础好的，也有基础一般的，甚至还有基础差的；有老员工、有新同事，有老技术，也有新知识等，多种情况之下难免会出现接受程度不一的现象，一旦处于没有完全听懂的状态，那结果肯定不会正确有效，因此教导工作的第一步保证是学员能听懂。

为保证每一个学员能真正听懂，采取的有效措施是逐一进行内心表达，因为一个人真正听懂的表现在于自己能表达出来。无须按老师的原话表达，自己内心如何理解就如何表达。一方面老师可以通过学员的表达判断其听懂的程度；另一方面可以纠正其错误的认知，还可以使其他学员相互交流，最后达到统一整个教导内容的认知。

## 三、第三步：看

其一，生产一线开展工作教导绝大多数是具体的工作实务。听归听，说归说，到底如何，学员需要对此有一个印象参照。正所谓："耳听为虚、眼见为实。"

其二，部分一线教导知识并不是单纯地靠听或说就能呈现完整，更多是需要实操动手，部分学员理解能力确实强，但并不一定说明其动手能力就很强，到底如何动手，需要老师手把手地做出模板。

基于以上，老师对教导知识点进行实操、学员现场观看，通过听、说，到结合步骤地看，一方面可以加强对知识点的认知程度；另一方面有标准样品作为参考物，使教导工作生动形象、简单直观，使学员感受切实。

## 四、第四步：做

如果只是单纯地教不保证会，这样的教导是没有意义的。

我们承认一个事实：任何人都渴望成功，任何人都知道成功是需要技能本领的，但并不是任何人都能为了成功持续加强学习。这是为什么呢？原因就是学不会，因为学不会所以放弃，导致后续否定自身，这不合适我，那也不合适我等。

通过调研，我们也得出过很多反馈：很多员工厌倦学习培训的直接原因是学不会，因为学不会而造成学习压力大，久而久之就会自我放弃，更有甚者会直接提出：这不合适我、太忙、太复杂等。

为此，基于工作教导课题的需要、基于对学员进步的需求、基于对员工学习信心的保证，我们必须将教会作为教导工作的重要阶段目标对待，否则就是浪费时间和对学员的不负责任。

保证学会的直接标志是：经过第一步听、第二步说、第三步看到本步骤的学员自己动手做，老师现场指导，对于实操不足的需要现场纠正，对于做得成功的应给予鼓励。

通过本步骤的有效导入，一方面可以达成教导工作的第一阶段目标，即教会；另一方面也会增添学员学习新知识的信心，长此以往定能使员工更加热爱工作。

## 五、第五步：一起做

教导的终极目标是使学员熟练操作并持续按标准要求一丝不苟地掌握。

任何事情都有熟能生巧的过程，一次会并不代表永远会。第一次做会可能是因为有老师现场指导而记忆清晰，这名学员还处于新手阶段。新手阶段的员工因为对知识点掌握程度比较片面，最容易在后续的操作中产生错误，而产生错误后内心又极度惶恐，并不知道该如何按正确的方法来挽救和弥补，要么临时放弃学习知识，要么自行采取自认为的措施、要么掩盖错误等，长此以往便会养成知识运用的坏习惯。所以，我们可以认为：员工的坏习惯绝大多数是在新手阶段形成的。员工一旦养成了坏习惯，纠正的工程量是巨大的。

为此，处于新手阶段的员工需要老师的指导，在经过"第四步：做"之后，老师需根据教导知识的难易程度进行熟练期规划，并在熟练期紧盯学员的掌握程度，补充知识和技巧、纠正坏习惯，使学员正常度过熟练期，真正达到熟练操作、持续按标准要求一丝不苟地掌握教导课题。

熟练运用班组工作教导五步法，请参照表 5-1 列出的各项要点。

表 5-1 班组工作教导五步法应用细则

| 步骤 | 管控点及后果 | 管控措施要点 |
|---|---|---|
| 第一步：听 | 出发点：<br>源头错、心态错、结果错！ | 学员：态度、心态；学习的目标、需求的尊重；<br>老师：聆听、心态；学员的问题、关注点；低杯心态。 |
| 第二步：说 | 确认点：<br>认知错、行为错、结果错！ | 学员：认知确认，学生内心表达。<br>老师：纠正认知，老师纠正内心。 |
| 第三步：看 | 模拟点：<br>模板错、标准错、结果错！ | 学员：确认标准，学员认识标准。<br>老师：拿出标准，老师确定标准。 |
| 第四步：做 | 正确点：<br>自信错、信心错、结果错！ | 学员：体会正确——学生自信。<br>老师：点评正确——老师点评。 |
| 第五步：一起做 | 监督点：<br>纠正错、过程错、结果错！ | 学员：正确坚持，学生执行。<br>老师：纠正错误，老师监督。 |

# 第三节 班组工作教导 OPL 工具

## 一、OPL 的含义

一线教导是需要教导依据的，这个依据（工具）最合适的是：One Point Lesson 单点课程，简称 OPL。其具体含义是：一次一点、一点一页、一页十分钟。

我们有两个背景共识：其一，在生产一线教导员工层次复杂，一次教多了吸收不理想，因此一次教的知识越少效果越好；其二，一线员工工作事务很繁忙，时间节点很紧张，篇幅多，教导占用时间长，常态化开展与生产任务冲突，如长期加班教导，员工抱怨声很大；不可持续。

综合证明一线开展常态化工作教导，并不适用于大篇幅教导依据（制度、流程、SOP 等），而工作学习化、学习工作化的管理要求又促使我们需要常态化展开教导。为此，基于生产一线的特殊背景和团队持续进步的要求，开展常态化工作教导 OPL 单点课程最为合适。

## 二、OPL 设计规范

OPL 单点课程是应用范围十分广泛的教导工具，其设计原则强调简单、直观且内容实用，即教导老师人人都会制作、学员人人能看懂，其详细设计规范推荐参照表 5-2。

表 5-2 OPL 单点课程设计范例

| 课程分类 | □基础知识　　□问题实例　　□改善实例　　□经验分享 | | | |
|---|---|---|---|---|
| 主题范围 | | 编号 / 日期 | | |
| | | 制作部门 | 制作人 / 教导人 | 审核人 |
| | | | | |
| 一、目的 | | | | |
| 二、名词定义 | | | | |
| 三、详细内容 / 作业要点 | | | | |
| 四、注意事项 | | | | |
| 参照图示 | | | | |

### 1. 总体说明

（1）规格大小：一次一点、一点一页、一页十分钟；多图片少文本；大小：A4 纸张页面。

（2）内容和管理要求：优先选择重要点、关键点、问题点、共性点；全面展开、长期坚持。

### 2. 课程类型

选择 OPL 属于的教导课题类型，含基础知识、问题实例、改善实例、经验分享。

### 3. 主题范围

填入 OPL 的课题名称和应用范围。

### 4. 目的

本课题是为了实现什么目的而展开的。

### 5. 名词定义

本课题中如有新的名词，请定义解释清晰。

### 6. 详细内容 / 作业要点

（1）本课题的主体内容，如有步骤式的操作细则，请务必详尽描述。

（2）若文本内容过于繁琐，可以采取总结性提炼或顺口溜化的语言，便于学员吸收。

### 7. 注意事项

本课题实际应用过程的注意事项请重点列出。

### 8. 参照图示

（1）对应详细内容 / 作业要点、注意事项的参照性图片。

（2）图片以生动实效为原则，包含：操作图，真实场景摄制的图片；模拟图，不是真实的、手工绘制的或网络下载的具有参照意义的图示；标识图，如箭头、圆形、方形、勾勾或叉叉等具体有标识作用的图示。

## 三、OPL 单点课程应用细则参照事项

### 表 5-3 OPL 单点课程应用细则

| 要点 | 细则要求 |
|---|---|
| 设计规格 | 一次一点："关键点、问题点、共性点、重要点"；<br>一点一页：A4 纸张大小一面；<br>一页十分钟：十分钟时间教导完毕。 |
| 内容规格 | 多图片、少文字、提炼加工；<br>模拟图、操作图、标示图；<br>文字少量化、顺口溜化。 |
| 导入要求 | 以点带面，长期坚持就是胜利；<br>常态进行，班前、班后、公示；<br>全面化、全员化、工作化的全过程导入。 |
| 巩固要求 | 对于新的教导知识，全过程教导完毕后，固化为作业指导书；<br>对于老的教导知识，强调与作业指导书同步，异常点及时修正。 |

第六章

# 活力型班组构建
# 之学习型、创新型班组建设方案

**本章要点荟萃**

- 学习型组织建设——四大意义、三大基础。

- 学习型班组建设知识获取"六方面"——先进经验、外部渠道、案例分析、绩效改善、心得体会、学习手册。

- 学习型班组建设知识学习"四场景"——班前、班中、班后学习，专题学习，周总结学习，开辟知识专栏公开分享学习。

- 创新型班组建设——六项意义、两项关键因素、创新思维和创新技法、常见创新的六种形式。

- 创新型班组建设合理化建议"三自原则"——自查、自立、自改。

- 创新型班组建设合理化建议"两大实施流程"——提案流程、改善流程。

- 创新型班组建设合理化建议"检查清单"——4M、生产三要素、作业动作、作业环境、业务管理。

授课期间，经常有企业管理者提出一个共性的话题："如何创建一个具有特色的基层组织？"活力型班组构建是新时期企业基层组织建设的追求，有效成就活力型班组，学习型班组建设、创新型班组建设是支柱和核心。

# 第一节　学习型班组建设

## 一、学习型组织建设的四大意义

### 1. 学习能让人在充满竞争的环境中获得更多的机会

如图 6-1 所示，这是一个充满竞争的时代，企业要实现"快鱼吃慢鱼"的发展策略，取得最终的成功，人才非常关键，通过内部学习型组织的建设而获得人才所付出的成本是最具优势的。所以，新时期企业的竞争力源于自身的学习力。

▲ 图 6-1　学习力就是竞争力

## 2. 学习是团队发展的阶梯和最重要的管理目标

要想使员工掌握更多的技能、团队取得更多的业绩、获得更多的市场机会，团队必须不断学习。为此，建立学习型组织是新时期成功型企业的重要战略，"工作学习化、学习工作化"也是成功班组的重要管理目标。

## 3. 学习和创新是相辅相成的

创新需要的不仅仅是口号，更需要元素。不学习的必然结果是：老思维、老三套……脱节淘汰，团队丧失创新元素，最终导致团队创新力彻底丧失。

## 4. 学习能使企业抗压能力越来越强，经营风险越来越低

▶ 情景案例 6-1：记某一次授课感受

这些年在外授课我也看到了很多优秀企业在逆势增长。例如：A企业。曾经的同行们冷淡停产，A企业则是业务旺盛，扩产招工、十分繁忙，这是为什么呢？我看到：尽管生产任务十分繁忙，但年度班组长例行培训计划照常开展。连续四期课程现场无一人缺席，甚至有部分班组长刚下晚班也去参与，而且每一期课堂大家都全情互动，所有的课后作业都准点上交。

该项目结束后与A企业培训负责人沟通感受时，我说："看到大家这股学习劲儿，真是感慨咱们公司的成功不是一个偶然呀！"

该负责人十分友好且认真地表示："老师，学习是成功的前提，是我们团队的文化，为此大家都非常重视每一次学习的机会，学习才能解决问题、学习才能不断前进、学习才能取得成功！"

我为这样热爱学习的团队点赞。同时，"越学习越优秀、越优秀越学习"。的确如此，我们要向优秀致敬。

——我为这样热爱学习的团队点赞。

活力等于动力减去压力。企业只有重视员工的培训学习活动，持续增强员工学习知识的动力，才能构建活力型团队。无论何种情况，人都是第一要素，而人

的综合素质又是企业的底层要素，只有不断学习补充提升，企业才能具备无论何种挑战都能从容面对、迅速反应、降低风险、抓住机会的能力，如此必然越学习越优秀、团队越来越强、事业越做越大。

## 二、学习型组织构建的三大基础

### 1. 班组具备四个前提，是企业最应该、最有效的学习型组织

（1）学有基础。

人是否合格、能否更加出色？设备是否正常、能否更加优秀？物料是否合理、能否更加精益？工艺是否正确、能否更加精准？环境是否合适、能否更加完美？这一切的管理改善疑问，生产现场最为真实。班组拥有大量的原始数据：到底是否进步、是否能进步、如何有效进步等在生产一线一目了然。

（2）学有氛围。

班组员工其岗位性质、作业方式、作业环境大体相同，其标准化、可复制性特别明显。此外，班组员工时时相处、人脉相通，只需要班组长和谐调动、用心组织，就会特别具备成功导入学习型组织的条件。

（3）学有目标。

应生产经营的需要，班组存在大量的改善课题和目标。例如：技改、革新、降本增效、提高产品质量、杜绝违章等，完成课题和达成目标必须具备一定的技能条件。因为有目标就有需求，所以班组需要不断地促进学习，提高技能而满足条件。

（4）学能成果。

班组"循环开班、连续生产、当即改善"的动态管理特性完全具备：学一门兑现一门、学一课用一课，甚至能实现"现学现卖"的效果，可以从学习成本的投入到学习结果的产出实现即时化。

### 2. 班组学习要先有氛围形式再有实际内容

冷冷清清、无人参与、无人关心、找不到合适的，正是目前很多企业学习型班组建设过程中遇到的问题。为此，在学习型班组建设过程中，氛围的营造很重要。

（1）找到短板见效快。

员工是否参与，现实是关键。通过学习：我们提高了谁？改良了哪台设备？优化了哪些物流？改良了哪些工艺？改变了什么环境？

基于木桶原理，如图6-2所示，找到自身的短板。例如："人、机、料、法、环"哪个地方影响成效最大。将最大的问题挑出来，优先补充解决这个问题的技能，展开针对性的深度学习，见效很快。好处一，解决了实际问题，业绩得到了提高；好处二，使大家看到了学习的价值，能调动更多的人一起参与。

▲ 图6-2 找到自身的短板

（2）突出长板找标杆。

员工是否积极展开学习，找到差距也是关键。为什么人人都害怕落伍，其实是因为人人都崇尚先进。

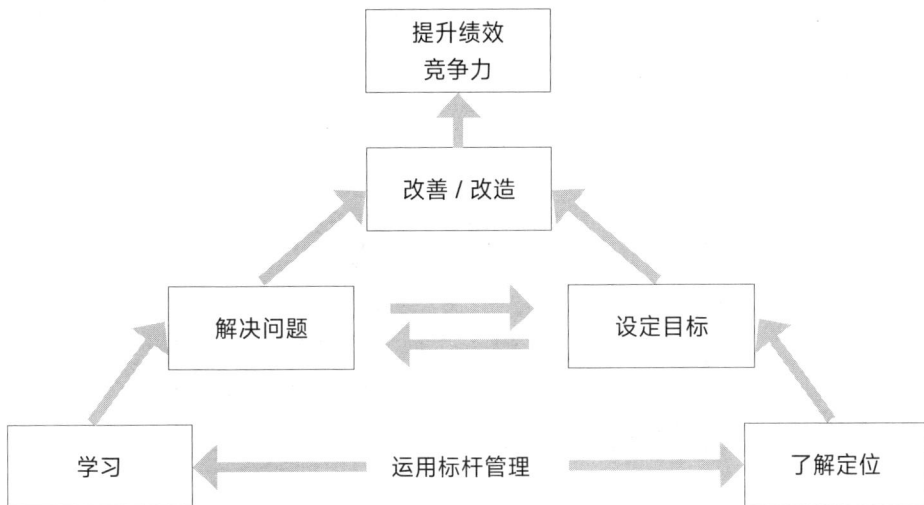

▲ 图 6-3　找到自身的标杆

如图 6-3 所示，在班组管理过程中，我们应该经常开展：员工之间相互促进、企业内部班组间比武、外部同行间切磋，外部外行间观摩、分类对比等活动，在每一个时期都找到学习的标杆。经常有人说："没有对比就没有伤害，思考一下'真正的伤害是怎么出来的？'"其实这句话应该修正为："没有对比就没有差距，有了差距'依然我行我素，还不学习不改进'，必然会带来真正的伤害。"为此，标杆的力量对于学习型班组建设的作用是无穷大的。

（3）发动全员共同参与。

首先，三个臭皮匠顶个诸葛亮，人多力量大、人多点子多（知识多），人人进步一小步、班组进步一大步；其次，全员参与有氛围，用氛围影响更多的人，是建设学习型组织的秘诀；再次，三人行必有我师，强中自有强中手。为此，在学习型组织建设过程中，我们特别推荐加速、普及一线员工走上讲台成为老师的速度，实现真正的"产学一体化"的高效能组织。

### 3. 构建全员学习型组织的体系

（1）鱼头式思维（如图 6-4 所示）。

市场竞争是残酷的，企业经营发展如逆水行舟，不进则退，停步就是退步、退步就是淘汰。班组长每时每刻都应具备危机意识、学习思维、前进思维，只有快步才能取胜。

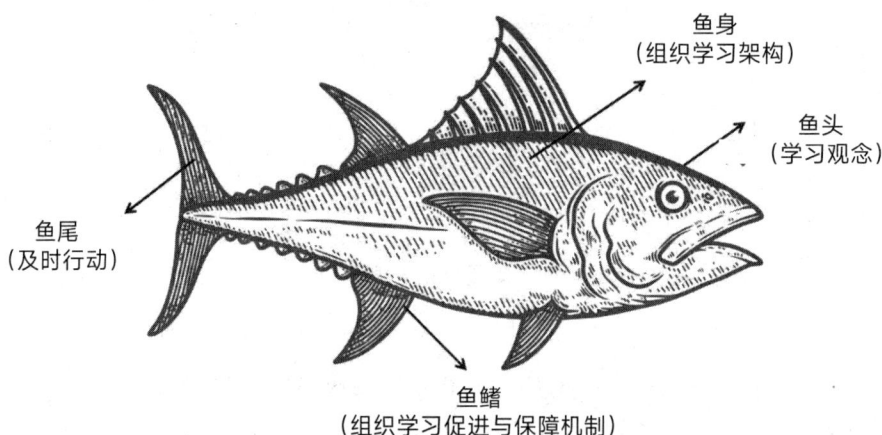

▲ 图 6-4 学习型组织建设

（2）鱼身式组织（如图 6-4 所示）。

商品社会，团队学习力才是真正的竞争力。面对学习型组织建设：人员不能有一个掉队、改善不留一个死角、时机不留一个空闲、时间不浪费一秒，全员全面、全过程、全天候地开展。

（3）鱼鳍式机制（如图 6-4 所示）。

内部造血，机制是关键。企业发展过程变化多，各级员工技能提升需求多，今天的课程不一定适合未来。学习机制完全使用外聘促进内部，只能解决某一个时期的某些需求。为此，企业应当构建内部授课老师队伍（内训师），这些年部分规模型企业已经逐步推广成熟。建立内训师队伍并使之长期发挥作用，其机制是关键，内训师队伍的选拔和晋升体系、课程的设计与推广体系、课酬激励体系等机制需要系统性完善。

（4）鱼尾式行动（如图 6-4 所示）。

学习引导，学后行动才呈现价值。坦白地讲：学习本身仅能促进价值输出所需要的能力，不能直接折算出价值。学习后的行动才是产生具体价值的关键。

其一，补充认知的学习可以采取：课后"多重分析报告输出"、书写"心得体会上交评价"，上台"表述分享"等方式进行。

其二，补充技能的学习可以采取："实际练习成果展现""实际应用成果输出"等实效化检验。

总之，追求每一次的学习产出，每一次的价值，行动才是关键，而行动的方式是多种多样的。

## 三、学习型班组构建实务之知识获取六方面

在授课过程中，总有部分班组长询问："老师，我们想构建学习型班组，但苦于不知道从哪些地方获取知识，没有知识获取通道，实在是无法进行啊……"

知识在于获取，不获取或错误获取就等于没有知识，无法产生实际的学习课题和成果。俗话说"一步错步步错。"知识获取是建立学习型班组的第一步。结合班组本身的特性，建立学习型组织所需的"知识获取"通道是多种多样的，相对容易的、可操作性强，可以总结为以下六个方面。

### 1. 先进经验获取

要承认一个事实，总有先进的经验，先进的肯定是可学的。

（1）组织内部系统分类对比，会找到很多优秀的案例，说不定这些案例就在身边。例如：内部班组分类对比——A班5S比B班做得好。具体是哪一个方面？可能是B班SOP的落实比A班好，具体是一个步骤。小张焊接工艺掌握得非常好但装配工艺经常出现问题，而小王焊接工艺问题多但装配工艺做得很好等。

（2）研究其先进的根本要点并整理，若无法自我研究则虚心请教他人，最终获取形成学习的课题。

### 2. 外部渠道获取

切勿封闭自己，外部的世界很宽广，为了进步走出去是必要的。虽然走出去是需要一些成本的，但是用于学习的投资回报率是很高的。

（1）未接触外界，长期困于现实，容易自我满足，缺乏进步动力，甚至会产生"就是这样的"错觉，从而引发知识性错误。第一，不妨利用机会观摩同行业做得好的案例，进行先进性研究，整理可学之处，形成学习课题；第二，管理方法论是相同的，有机会可以选择观摩外行业某些先进的经验（特别是本行业一时找不到学习对象时），举一反三研究整理可学之处，形成学习课题。

（2）从外部引进。知识的系统性和体系比较完整，特别是管理性的课题。本课题就是经过多年从业和多行业从业案例整理，理论思维成熟、方法工具齐全。类似如此的体系性学习课题建议从外部引进，无论是从宏观理解角度，还是从微观实用角度，都是大多数企业内部知识库无法比拟的，价值呈现优势明显；只要学习活动组织好，外部师资授完后也可以内化进行。总之，采取这种方式获取课题可操作性强、质量高、效益好。

### 3. 案例分析获取

从合理化建议、问题分析与解决和各类改善创新等活动案例中获取课题，被证明其学习价值是成功有效和直接实际的。

（1）导入合理化建议活动，并从提案改善与案例分析机制中获取学习课题，是很多成功型班组经常使用的方式。针对成功的合理化建议案例，例如：经合理化建议评审委员会审定"其案例推广性强、价值度高"等结果的好案例，无须再次花费时间和精力去分析是否推广、学习价值，直接指派学习课题给予班组成员，进而能达到快速定位知识，获取效率很高。

（2）基于生产管理问题分析与解决的三大主要阶段："分析、处理、后期预防"和改善创新的成果分享推广阶段，重点获取学习知识，也是非常直接有效的知识获取方式。特别是针对"新问题的分析与解决过程中所沉淀的可推广的知识点、经过实际检验被证明确实有效、通过分析和总结被证明确实能改善现有的、经过判断被证明是当前员工缺乏的等生产问题预防、工作技术、管理方法"进行课题获取，能丰富广大员工预防解决实际生产问题和改进创新所需要的知识库，提高操作能力。

### 4. 绩效改善获取

从绩效管理过程中获取学习课题，对团队业绩改善十分有帮助。

（1）每一个绩效周期执行完毕后，可以从团队中找到业绩好的人和事，获取被证明是有效的、优良的技巧和方法形成课题。

（2）亦可以通过分析当前为什么绩效无法实现，思考可以通过哪些方法和技巧实现，然后获取如何掌握这些方法和技巧的内容，从而形成学习课题。

### 5. 成长经历获取

表 6-1　员工成长路径

| 姓名职务 | 岗位关键成功指标 | 流程地图 | 能力模型 | 知识地图 | 学习项目 | 学习历程 |
|---|---|---|---|---|---|---|
| 张三作业员 | 合格率 | 质量意识 | 品质品牌 | 增强意识 | 《质量意识提升》 | √ |
| | | | 自检互检 | 认知质量 | 《企业质量管理体系》 | × |
| | | | 三不原则 | 互相协助 | 《生产工序质量控制》 | √ |
| | | 标准化 | SOP 识别 | 学会标准 | 《SOP 基础要素》 | √ |
| | | | SOP 操作 | 应用标准 | 《SOP 关键要素》 | × |
| | 合格率 | 质量意识 | SOP 掌握 | 熟练标准 | 《SOP 维护程序》 | × |
| | 达成率 | 效率意识 | 交付周转 | 效率和交付 | 《高效交付和周转价值》 | √ |
| | | | …… | …… | …… | …… |
| | | 达成保证 | …… | …… | …… | …… |
| 注意："√"为已经学习过的项目；"×"为未学习项目。 | | | | | | |

如表 6-1 所示，建立员工成长路径，结合其岗位技能胜任能力，根据成长轨迹和历史知识补充记录，能合理地找到员工知识技能的缺项，并进行针对性的互补，获取学习课题，被证明能系统性地提高员工综合素质能力。

### 6. 心得体会获取

整理每次员工学习前、学习中、学习后的书面心得体会，并将其目视化公布，邀请本人上台分享，经综合对比分次找出最好的那一个，进行心得体会课题的获取。一方面能锻炼员工学习成果的自比自查、总结书写、上台分享的能力；另一方面能达到以一人、一部分人而带动更多人，共同关心学习课题、共同研究学习技巧的目的。

最后强调，知识获取是建立学习型班组的第一步，但很多班组长不引起重视：往往依赖上级提供或公司要求，而上级提供的和公司要求的经常会因为不接地气而无法实际执行，所以是不合理的。我们提倡：班组的课题班组找，这样才会真实、直接、彻底。总之，好课题、好知识在于有方向地实际挖掘。

## 四、学习型班组构建实务之知识学习四场景

当我们明白学习型班组建设的知识获取六方面后，接下来就是很多班组长关心的问题："学习是很重要，可是平时我们生产任务那么忙，没有时间、没有精力、没有条件，实在是无法学。"针对这个共性的问题，结合部分成功案例，以下整理了关于班组学习活动展开的四个场景。

### 1. 场景一：班前、班中、班后学习

经常有班组长给我反馈："现在忙，等空闲的时候一定安排学习；这个重要、那个不做，那个重要、这个不做；这个着急、那个放一边，那个着急、这个放一边；领导一时说了现在就安排、领导长时间不说就不用做了"等管理弊端。其实，无论什么时候都忙，哪件工作都着急，而且根据生产的技术特性：各项事务的关联度很紧密。例如：A 不做 B 会受影响，B 没有 C 不能完成。长此以往，因为不学习更加找不到方法便会更加忙，更加没时间，没有精力……如此形成了恶性循环。基于工作学习化、学习工作化的建设要求，我们强调工作和学习一体化。

（1）班前。

班前会流程（特别提示：关于班前会流程设计知识点，于本书第七章中详细指出）中必须嵌入学习步骤：综合上个开班日生产现场的具体情况和本开班日生

产的管理要求；制定 OPL 学习课题（特别提示：关于 OPL 教案的知识点，于本章之"班组工作教导 OPL 工具"中详细指出）利用不超过 10 分钟的时间进行学习；长期执行班前学习步骤，使在岗员工每次开班都有学习的机会，以此形成标准。

（2）班中。

班组长班中控程序（特别提示：关于班中控程序知识点，于本书第八章中详细指出）中必须涵盖基于工作中的学习要求；班组长班中必须紧盯现场员工的作业实际，发现员工需要学习补充的技能；班组长制定 OPL 学习课题，当即进行 10 分钟员工教导；长期执行"班组长巡查、教导、员工掌握"即时化学习模式，使在岗员工当即看到问题、当即学会知识、当即产生价值。

（3）班后。

班后会流程（特别提示：关于班后会流程设计知识点，于本书第九章中详细指出）中必须嵌入学习步骤：综合本开班日生产现场的具体情况和下个开班日生产的管理要求；制定 OPL 学习课题（特别提示：关于 OPL 教案的知识点，于本章之"班组工作教导 OPL 工具"中详细指出）利用不超过 10 分钟的时间进行学习；长期执行班后学习步骤，以此形成标准。

### 2. 场景二：专题学习

我们在第六章第一节中叙述过，班组存在大量的改善课题。随着管理专题活动的开展，会衍生很多种形式的学习场景。改善前：基于改善前的分析步骤，学习其研讨分析的方法；改善中：基于改善中的实际操作，学习其验证的操作手法；改善后：基于改善后的成果发布，学习其成功经验。

### 3. 场景三：周总结学习

学习型班组建立每周一次的定期学习分享总结会，由班组长主导、全员参与，前期班组长和骨干员工带头整理本周学习课题回顾、上台分享，逐步影响更多的员工，依次并建立一种"轮班模式"，使之形成一种惯例，甚至是一种企业文化。

### 4. 场景四：开辟知识专栏公开分享学习

分享也是一种学习。针对学习型班组建设所形成的一系列活动过程必须上墙目视化，并且将员工"最新学习课题和历史进行的收获显著的课题、优秀心得体会、优秀创新改善课题、优秀案例分析课题"进行分类目视化，且每周更新营造一种氛围，吸引更多人关注学习型班组建设的动态。

## 五、学习型班组建设的四大注意事项

### 1. 强调学习目的，禁止走过场

▶ 情景案例 6-2：记某一次授课现场

了解我的朋友们应该有感受：我授课时很少一个人在台上单纯地讲，我更喜欢与学员们在一起互动。某次，在一个大约 600 人的授课现场，尽管企业课前强调了培训纪律，但还是因为人多、场地大，出现了问题。我在与学员互动的时候发现某角落里有三名学员在开小差，为不影响课堂纪律和对每一名学员负责，在中途下课时，我便去找他们了解情况，探讨他们开小差是出于何种原因，听不懂还是其他的？

我："三位同志，我看到你们刚刚在课堂上开小差，是什么原因呢？"

其中两位同志："老师，不好意思，我们下一节课一定认真听。"

我："好"，同时发现另一名同志沉默不语，看上去有情绪。我继续问："同志，您呢？"

这位同志被我这么一问，估计看我态度也挺诚恳，便回答："老师，我们几个就是过来凑数、混时间的，您别管了。"

我惊愕地表示："凑数、混时间！这是什么情况？"

这位同志继续讲道："唉，一言难尽呀，如果不来，每人罚款 50 元，我们三个人都是一个班组的，我们都不来，班组长就得连带罚款 150 元，没办法，我们只能过来凑数。"

前面两位同志听到后纷纷沉默，表示认同。我听后感到一阵失落。

相信以上案例中的尴尬情形，我们很多干部也曾遇见过。企业要求学、员工不爱学，企业强制学、员工应付学，员工当学习是一种负担。其实，任何人都清楚，学习能增长知识，管理者也都认同：培训学习是企业给员工最大的福利，可为什么反差如此大呢？

基于以上案例，我总结：其一，当事员工不知道为什么需要学习，目标不清晰；其二，当事员工不知道学好后能带来什么，学习目标不明确；其三，企业培训学习组织工作不理想。这里提供一些改善建议。

（1）企业培训学习主管部门。

应统一"为了提高自身而学、为了自己的工作和追求而学"的共识，而不是简单粗暴式地出一纸通知，不到场就罚款，甚至搞连带罚款，这并没有解决学习的目的和目标的问题。

（2）企业培训学习主管部门。

应注重培训学习的质量，选择合适的课题（与当事员工有关系的、能解决实际问题的、能帮助员工实现追求的），而不能以一种为了完成培训计划的心态组织培训活动，此为走形式，堪称浪费企业资源。

学习不是一种负担，也不是仅仅为了完成任务，而是学习者为了达成自身追求而获取能量的过程。

## 2. 强调科学成长体系，禁止"爆炸强压式"

▶ 情景案例 6-3：授课互动的过程中经常遇到的一个共性很强的问题

第一种场景：

老师提问："大家知道 5S 吗？"

学员异口同声地回答："知道呢，我们都 7S、8S 了。"

老师提问："非常好！既然大家知道，请问 7S、8S 是哪些"S"，分别代表哪种含义？"

这个时候现场要么安安静静，要么学员回答不正确，有几个"S"表达错误或遗漏忘记说不出来，能回答完整的占少数。

第二种场景：

老师提问："大家知道精益生产吗？"

学员异口同声地回答："知道呢，我们天天都在学、都在做，精益求精，改善永无止境。"

老师提问："非常好！请问关于精益生产管理的增值活动含义？非增值活动含义？请分别来举个例子！"

这个时候现场安安静静的。甚至还有部分学员愣住了："老师，还有这层意思呀！"

第三种场景：

老师提问："大家知道标准化吗？"

学员异口同声地回答："知道呢，我们公司已经做了！"

老师提问："非常好，请问标准化管理体系四个文件系统层级分别是什么呀？"

这个时候现场安安静静，学员要么回答不正确或有几个答不出来，要么回答完整得极少。

……

这种情况下我都是自答自问，而现场绝大多数学员的神情是很好奇的，仿佛这些答案第一次听说。其实，作为一名培训师，刚开始遇到这些情况我是比较吃惊的，为什么这些学员如此简单的知识都缺乏呢？后来遇到此类情况越来越多，我也见怪不怪了，估计这就是很多企业班组面临的共性问题吧。

这个共性问题，即我们有很多员工知识掌握不成体系，经不起考究，只学到了一些皮毛，没有追根溯源，改善的解决方案有以下三方面。

（1）企业应建立员工成长提升规划方案。

例如：对一名管理干部和员工到底该成长为什么样子，对于这个样子目前应具备什么知识，还缺乏哪些知识，随着需求的改变未来应该补充什么知识，对这些筛选的知识，员工具体该学什么内容，这些内容学完了应该达到什么成效，一步一步该如何实现等学习体系的系统性规划。

（2）按学习体系规划科学稳步推进。

企业导入学习型组织建设活动中，坚持以人为本的精神，充分尊重每名员工科学的学习体系规划，切勿过于着急、强压硬灌、拔苗助长。

（3）强调学习成果，杜绝"抹肤油式"。

建设学习型组织的目的是基于实际班组的改善和创新需求，而不是为了充面子，更不是为了走过场、装样子、蜻蜓点水、抹肤油式的学习，情景案例 6-2 也说到了这些现象。学懂知识才懂得尊重知识、才能应用知识，从而产生真正的价值。为此，务必扎实推进，只有做到"点点都通"，才能最终面面俱到。

### 3. 强调实际应用，杜绝"空想主义"

▶ 情景案例 6-4：上海某生产型企业班组长调研问题

培训专员："老师，现在遇到了一个很棘手的问题，我们公司很重视班组长的培训，但是每次定课题的时候我都很害怕，担心定错，培训成本投入进去后最终公司不满意。"

老师："您之前是否定错过？"

培训专员："有的，上一次定错了，结果公司领导把我批评了，直到现在我都心有余悸。"

老师："请您给我说说上次的案例吧。"

培训专员："上次，我从某知名大学请了一位老师，定的课程主题是'博弈论'。老师当时讲得很好，氛围也很愉悦，学员感觉也挺好，我当时确实感觉是成功的。"

老师："那为什么公司领导还批评您呢？"

培训专员："基于那次培训的'好成果'我们总经理特别感兴趣，可是在他亲自去采访学员的感受后却感到十分不满。"

老师："总经理是如何采访的？"

培训专员："总经理原话是：听说人力资源部组织的培训大家都收获挺大。那么张班长你最大的收获是什么？张班长的原话是：'收获很大、学完博弈论后，我已经知道了在工作中如何对付同事、如何与上级博弈了'。"可想而知，当时的场合十分尴尬……"

培训专员："总经理听完学员的反馈后，立即将我叫过去批评了一顿。原话是：'你选择一些什么课题来给班组长学的啊！一点都不合适，简直是瞎搞、凑数，学东学西、越学越乱！今后针对班组长的培训务必做到合适！！'"

以上案例说明我们班组的学习组织需要合理规划，有以下两方面的改善建议。

（1）学习组织工作要合理。

企业培训学习活动不能像过家家似的，一时大脑发热地乱来，我们要尊重知识产出价值原则，设计完整的培训学习管理流程。需求调研精准、拟定合理的学习大纲和计划、根据大纲计划编制完整的知识课件、配套合适的学习形式、利用教学技巧、及时兑现学习成果、持续优化等过程缺一不可。

（2）尊重实际，强调务实。

班组的学习并不是研究"学术"，也不是天马行空地去找一些"降龙术"，而是基于实际的工作需求制定合理的学习课题，最终解决、预防现有问题的需要和准备应对未来发生的事务。为此，通过精准的需求调查确定学习内容是关键。

其一，针对"现有问题式学习活动"，其内容确定的常规流程为：确定问题、分析问题、找出主因、制定对策、对策学习。

其二，针对"未来发生式学习活动"，其内容确定的常规流程为：问题定义、影响分析、关键要素、现有对策、不足之处、寻找（内部渠道或外部渠道）补充不足之处、确定学习方案。

# 第二节　创新型班组建设

## 一、创新型班组建设的六项意义

随着日趋激烈的行业竞争，许多生产型企业已经将"创新"定义为新时期最重要的转型战略。创新型班组的建设既是生产企业切实落实创新转型战略的关键环节，同时也是建设特色基层组织的时代元素，更是新时期建设优秀企业文化的重要构成。创新型组织建设对班组管理具有六项重要意义。

### 1. 业绩提升

新思维、新活动、新方法、新工具必然带来新产物。实践证明，班组创新能解决实际问题、能改善现状、能促进班组业绩。

### 2. 人才开发

创新依靠人、创新改变人，持续的创新活动能全面促进员工能力的开发和活力。

### 3. 团队协同

班组团队创新活动的导入，能增加人员交流机会、增强员工互信、增加团队协同作战的能力。

### 4. 系统建设

全员创新活动能激发员工对班组各方面事务的参与，提高全员的大局观念、经营意识和责任思维。

### 5. 真实彻底

班组级的创新依赖员工，员工最熟悉生产现场，调动一线员工参与创新，能使生产现场"现有的问题、可以改善的要点、可以创造的价值"等的发掘最真实彻底，使创新价值最大化。

### 6. 文化氛围

持续的创新活动不仅能带来班组各方面的改善，还能增强生产团队的活力、吸引更多的人参与，形成一种积极向上的氛围。所以，创新型班组建设不仅是活力型班组体系的组成部分，还是特色基层组织和优秀企业文化的直观呈现。

## 二、创新型班组建设的两项关键因素：动机与阻力

▶ 情景案例 6-5：记创新型班组建设项目调研

班组长："老师，我个人认为班组创新很重要，但是不能坚持。合理化建议吧，虽然说是持续的管理行动、全员的活动，但是我们做着做着要么就不做了，要么就认为是领导的事情，员工不关心、不参与，不能坚持是最直接的问题！"

许多企业重视创新，班组也经常组织各种形式的创新活动，但随着时间的推移和环境的改变，往往不能持续，最终不了了之。这经常困扰着管理者，经总结分析原因如下图所示。

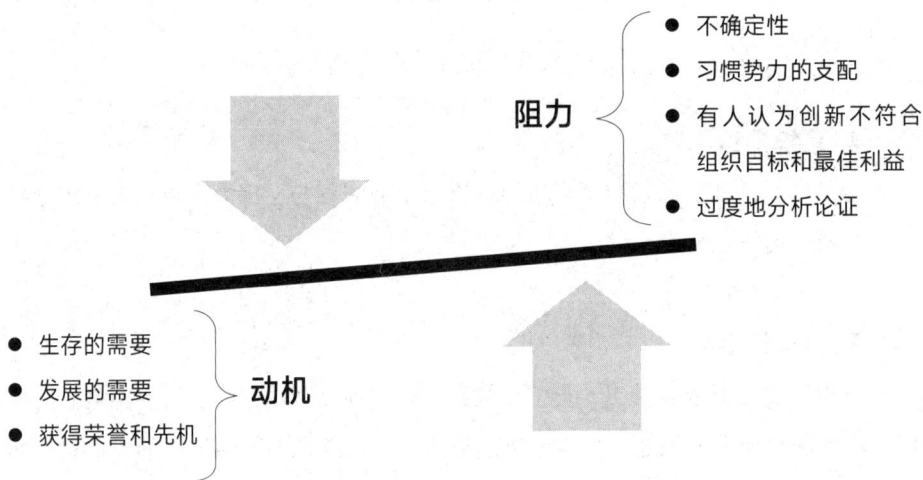

阻力
- 不确定性
- 习惯势力的支配
- 有人认为创新不符合组织目标和最佳利益
- 过度地分析论证

动机
- 生存的需要
- 发展的需要
- 获得荣誉和先机

▲ 图 6-5 创新型组织建设的两大关键因素

### 1. 创新动机不明确，团队创新活动的价值观不统一

为了完成上级下达的任务，而做所谓的"创新"；不在意创新价值，认为创新就是写"文案"，创新就是"走过场"等。我们必须明确组织创新的动机。

（1）生存的需要。

创新是基于"由上而下的生存危机意识"。当今各行各业正发生着日新月异的

变化,企业没有竞争力就没有生存条件,而竞争力的根本来源是企业的自我创新能力。

（2）发展的需要。

创新更是基于"组织的可持续发展需要"。人无远虑,必有近忧,死板僵化的结果会被无情淘汰。案例证明:组织应对新时期复杂市场需求的"善变、灵活、适应、反应迅速"等的能力是现代企业持续成功发展的显著特征。

（3）解决问题的需要。

团队创新更是基于"现实工作问题的高效解决"。新时期企业因经营、内部管理等多种因素的剧变而面临多种多样的考验,仅仅靠"过去的经验、现存方案"已经显得捉襟见肘,不断出现的新问题需要不断的新思维、新方法,乃至于新体系去解决。

企业创新活动开展前,必须使全员彻底理解组织创新内涵、明确活动目的和原则,天天、时时、面面全方位宣传、宣导,牢固树立团队的创新动机,统一全员的创新价值观。

## 2. 创新阻力未消除

创新活动的价值输出评估模糊,创新活动毫无章法、效率低下、错过了创新时机,随着时间的推移,团队丧失了创新热情、逐渐滋生厌倦感等,最终形成了阻力。为使创新活动持续进行,必须先消除阻力。

（1）创新价值输出评估科学化。重视创新活动的"前期数据收集"工作,并通过科学工具进行"统计分析",充分论证"创新行动的必要性",将每一次创新行动价值输出的不确定性变为可确定性。这样一来,既能使创新组织从上至下,清晰方向和目标、减少过程偏差、促进结果成效,还能增进各级领导对创新活动的信任,获取更多的资源支持,更能增加活动成员的创新信心,增强团队创新动力。

（2）创新活动组织效率化。首先,各种创新活动中调动全员参与是关键,加强全员创新意识、创新思维等知识的培训十分有必要;其次,组织创新是长期的行动,规范创新流程、减少过度论证、强调创新效率是保证创新持续化的核心要素;最后,为调动全员创新热情,建立物质奖励和精神奖励相结合的活动机制是组织创新持续化的长期保证。

## 三、创新型班组建设的创新思维和创新技法

▶ 情景案例 6-6：记创新型班组建设项目调研

班组长提问："老师，我们最缺乏的是关于创新的思维和方法。其一，员工缺乏思维，没有什么新意，开拓性少；其二，有没有好的方法来实现创新，如果做了一项创新，到底可不可行、到底能实现什么、到底是不是最优的。无法证明创新价值，最终自己不知、领导不信、员工不服，很难推行。其三，如何通过一些措施调动员工积极参与创新活动！"

缺乏创新思维和创新技法，创新团队便会因"力不从心"而止步不前，创新活动乏力无法凸显价值，久而久之或被迫中断。因此，丰富创新思维和掌握技法是组织创新的必修课题。

### 1. 着力培养员工的五大创新思维，有利于快速实现突破，获得全新开拓

（1）发散思维。

在解决问题的过程中，围绕问题点，从多个角度思考解决问题的思维方法。发散思维，就是通过充分发挥人的想象力，突破原有的知识、经验和思想框架的束缚，对现有知识、观念等进行重新组合，或从其他领域找出更多、更新的解决问题的途径和办法。

（2）集中思维。

集中思维又叫聚合思维，即在发散思维的基础上，将提出的各种生产工作建议方案通过充分论证后，确立并形成最符合本班组实际问题解决方案的过程。简单来说，集中思维就是集中各种不同想法和建议取长补短，最终决定，这也是集中思考、集中决策的过程。

（3）逆向思维。

逆向思维又叫反向思维，它不是采用通常考虑问题的思路，而是从对立的、完全相反的方向和角度去提出和思考问题，寻求解决问题的思维方式。逆向思维的特点是具有普遍性、批判性和新颖性。

（4）侧向思维。

侧向思维是在正常思维受阻，或预定的目标不能直接达到的情况下，调换考虑问题的思路或解决问题的方式，或是另选一个他人不太重视的方向，从侧面迂回去接近目标，以寻求解决问题的途径。

（5）模仿思维。

模仿思维是指借鉴其他相关的工作模式激发灵感，从而找到解决思维方式。

### 2. 提高创新效率，关键在于掌握科学的方法

（1）头脑风暴法。

头脑风暴法又称智力激励法，即通过召开智力激励会的形式，让参会者无拘无束地发表意见，从中发现创新亮点的技法。

表 6-2　头脑风暴法应用模型

| 典型呈现 | 应用细则 |
| --- | --- |
| 思维整合 | 1. 选题：选定要解决的具体问题或创新变革的目标。<br>2. 选人：选择有一定创新意识和能力的参会人员。<br>3. 进行：会议主持人在会前规定纪律，与会者严格遵守。<br>（1）任何人不得批评他人提出的设想，不得提出反对意见，更不能冷言相讥。<br>（2）提倡自由思考，畅所欲言，不受限制。<br>（3）任何人不得对他人设想作判断性评论，但可对他人的设想提补充和完善建议。<br>（4）提倡提出的设想越多越好，越新奇越好。<br>（5）要将注意力集中到议题上。<br>（6）与会人员不分上下级、身份一律平等相待。<br>（7）不允许私下交谈，以免影响他人思维活动。<br>（8）各种设想建议不分好坏都要做记录。 |

| 典型呈现 | 应用细则 |
|---|---|
| 思维整合 | （9）掌握好会议的节奏和时间。<br>4. 结果：对设想进行汇总分类和科学方法论证，选择最适合班组创新发展的意见或建议，拟定成工作方案，班组有自主执行权。否则，可上报经批准后执行。 |

（2）5W2H 法。

设问创新法，即为什么（why）、做什么（what）、谁（who）、何时（when）、何地（where）、怎样（How to do）、多少（How many / much）。其核心要义是在管理活动中，通过不断发现问题，不断解决问题，推动改革和创新的做法。此法既简便又实用，现已广泛应用在管理领域。

### 表 6-3  5W2H 法应用模型

| 典型呈现 | 应用细则 |
|---|---|
| 设问方式 | 1. Why 明确为什么要做。<br>2. What 明确干什么。<br>3. Who 明确由谁来做，谁协作。<br>4. When 明确何时做。<br>5. Where 明确在何地做。<br>6. How to do 明确如何做。<br>7. How many / much 明确做到什么程度。 |

（3）四则运算法。

用加、减、乘、除"四则运算"的方法，对管理或生产经营过程进行改革和创新。实践证明，这是十分有效的。在运用此法时，可将几种运算方法任意搭配使用，也可单一运用，还可"四则"联算。

表 6-4 四则运算法应用模型

| 典型呈现 | 应用细则 |
|---|---|
| 综合方式 | 1. 加法：设法提高产量、质量、开发生产高价值产品，扩充门店，连锁经营，增加产品功能。<br>2. 减法：减少设备、减少人工，减轻产品重量、零件数等，都是通过做减法去提高效益。其中，减少管理层次、减少人员是减法，但扁平化后减人不减工作任务量，通过工作任务的再分配，导致岗位工作任务量加大，这又是加法。<br>3. 除法：将整体划分为若干部分，赋予每一部分新的功能，以提高绩效。<br>4. 乘法：乘法是一种杂交法，即将不同因素或要素重新排列组合。 |

## 四、创新型班组建设的六种形式

班组级创新活动形式多种多样，常见形式如下表所示。

表 6-5 常见班组级创新活动的六种形式

| 序号 | 创新活动名称 | 活动形式 | 导入时机 | 特点 |
|---|---|---|---|---|
| 1 | 合理化建议 | 基于"全体员工"针对工作中的问题，提出改善建议，并进行改善的创新活动。体现在全员化、常态化、真实性、可行性。 | 常态化 | 全员参与<br>全面彻底 |
| 2 | 小改小革及五小成果 | 基于"小发明、小革新、小创造、小建议、小改进"的创新型活动。体现在常态化、范围小、代价小、变化小、周期短、价值突出。 | | 突出价值<br>凸显效率 |

续表

| 序号 | 创新活动名称 | 活动形式 | 导入时机 | 特点 |
|---|---|---|---|---|
| 3 | 岗位先进操作法 | 以"职工姓名命名"的岗位先进操作法创新活动。体现在岗位工作技能，具备常态化、有一定的特色，而且便于同类型岗位的推广。 | 常态化 | 突出特点快速复制 |
| 4 | 课题攻关暨难题改善 | 针对"生产工艺技术、生产过程控制技术、生产过程管理技术"等具备一定难度和技术含量的攻关创新。体现在技术人员、管理人员层面，具有攻克难关、实现飞跃性突破的特点。 | 出现难题时 | 攻坚克难价值倍增 |
| 5 | 五新项目应用和推广 | 针对在"新技术、新工艺、新设备、新材料、新工具"等五新情形下，为使大家快速掌握、熟练操作、实现额定目标的改善创新活动。体现在新的生产元素导入的不稳定时期，具有一部分人（熟练工）带动更多的人达到普及、快速实现目标的特性。 | 五新态势时 | 普及推广快速实现 |
| 6 | 班组竞赛 | 具备"不比不知道、一比吓一跳、比后进一步、下次再超越"的团队竞赛特质。例如：劳动竞赛、技能竞赛、专项主题竞赛、安康杯竞赛。 | 竞赛周期时 | 对比提高争创最优 |

参考生产型企业的特点，结合大多数企业班组的实际需求和现场管理程度，本书着重对"合理化建议"形式的班组创新活动进行解析。

## 五、创新型班组建设实务：合理化建议实施的作用和实施原则

### 1. 合理化建议实施的作用

工作由"作业加改善"两方面构成，作业即每天重复的事情，改善则是创造性的事情。

合理化建议实施对企业经营的作用：丰田公司认为，好产品来自好的设想。因此，丰田公司提出了"好主意、好产品"的口号，广泛采用合理化建议制度（创意功夫提案），激发全体员工的创造性思维，征求大家的好主意、好想法，以改善公司的业务。合理化建议亦是丰田公司精益生产的核心。

合理化建议实施对班组管理的作用：针对工作中影响"生产、品质、效率、成本、安全"等问题，提出可行的改善建议并实施，将有效实现班组"作业环境的改善、劳动强度的减轻、产品品质的提升、交付周期的缩短、制造成本的降低、安全生产的保证"等全方面优化的目的。

### 2. 合理化建议实施的"三自原则"

（1）自查。

合理化建议是全员性的自查运动，强调问题真实、建议可行、改善彻底。重点针对员工对本人或对本人所在团队工作中存在的不足进行调查分析，找出可加以改善的问题点。

（2）自立。

针对自查的问题点，自己提出改善的建议及有效可行的改善方案。

（3）自改。

根据自己提出的改善方案，员工去进行工作改进或协助专业人员进行改善。

为此，通过合理化建议的实施能有效增强员工的问题意识和经营意识，提升其主观能动性、思考能力、动手能力和团队协作能力。

## 六、创新型班组建设实务：合理化建议实施管理

### 1. 提案流程（如图 6-6 所示）

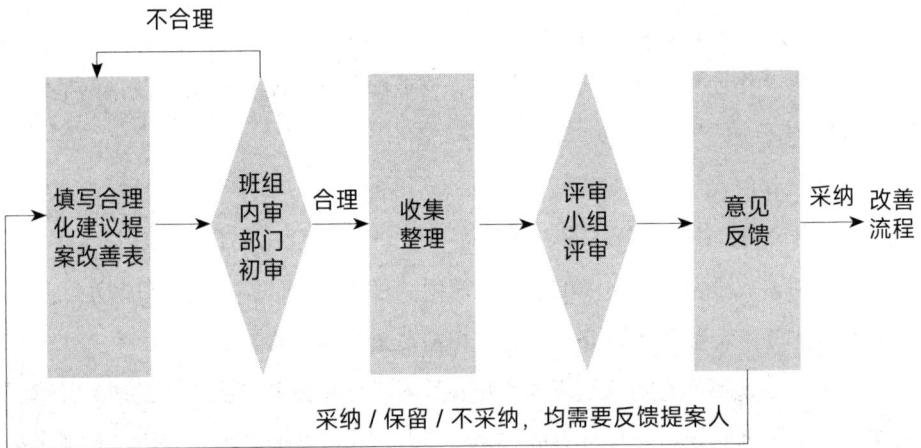

▲ 图 6-6 合理化建议提案流程

（1）企业制定统一格式的合理化提案改善表，如表 6-5 所示。

（2）提案人向班组长获取合理化建议提案改善表并填写。

（3）班组长主持进行提案审核（根据企业自身情况，亦可再提交车间主管确认）。

（4）班组长收集整理提交评审。

建议当班结束前收集，非紧急提案每周统一整理提交评审，紧急提案可当班结束后立即整理提交评审。

（5）提交合理化建议评审小组评审。

根据企业规模，评审小组可分为公司级、部门级。

（6）班组长必须追踪提案是否通过（根据提案评审周期规定）。

若通过则形成一份合理化建议并通知提案人进入改善流程；若未通过，则由班组长将提案表退回提案人并解释其退回缘由。

（7）相应填写、审核、评审。

详情见本节"3. 合理化建议提案改善记录填制说明"。

## 2. 改善流程说明（如图 6-7 所示）

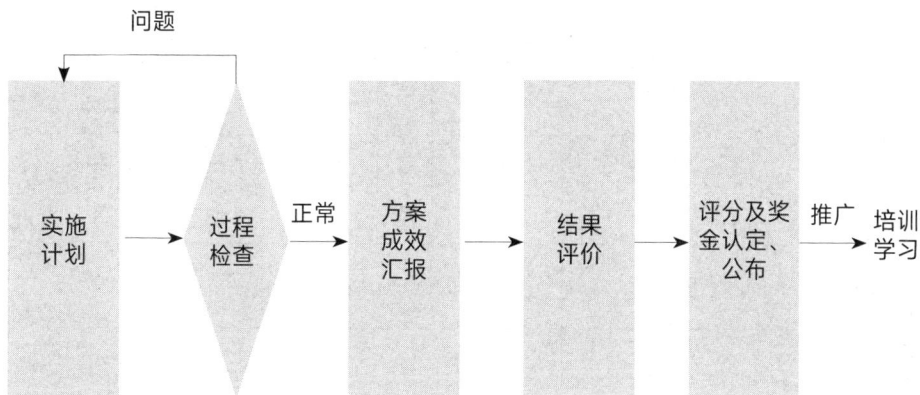

▲ 图 6-7　合理化建议改善流程

（1）根据提案评审意见，由实施责任人编制实施计划。

（2）根据提案评审意见，由检查责任人实施过程检查。

（3）由实施责任人编制方案成效，并主导组织由合理化建议评审小组成员参与的汇报会。

（4）由评审小组给出本提案改善课题的结果评价。

（5）由公司合理化建议主管部门核定评价总得分，并根据总得分对"提案人、实施人、参与人、检查人"进行对应标准的奖励。

（6）由公司合理化建议主管部门根据该提案改善活动的综合结果，决定是否公布、组织培训学习、全面推广。

（7）相应填写、审核、评审详情见本节"3. 合理化建议提案改善记录填制说明"。

### 3. 合理化建议提案改善记录填制说明

#### 表 6-6 合理化建议提案改善记录表

| 题目（内容简明） | 改善类别（请在字母上打"√"，可多选） | | | | | | | | | | 部门 | |
|---|---|---|---|---|---|---|---|---|---|---|---|---|
| | A | 设备 | B | 人员 | C | 材料 | D | 预防 | E | 成本 | 提案人 | |
| | | | | | | | | | | | 岗位 | |
| | | | | | | | | | | | 工号 | |
| | F | 品质 | G | 安全 | H | 效率 | I | 环境 | J | 其他 | 填写日期 | |
| | | | | | | | | | | | 实施时间 | |
| 改善前提案人填写 | 问题点图示 | | | 问题点描述 | | | | | 有关数据 | | | |
| | | | | | | | | | | | | |
| | | | | | | | | | 数据来源 | | | |

评审小组判定处理类别（在□上打"√"），并写明原因

| □ | 采纳 | 请 | | 组织实施 | | |
|---|---|---|---|---|---|---|
| □ | 保留 | 原因 | | 签名 | | |
| □ | 不采纳 | 原因 | | | | |

| 改善后实施人填写 | 改善着眼点 | | |
|---|---|---|---|
| | 改善图示 | 改善叙述 | |
| | | | |
| | 改善人员 | | 共    人 |

续表

| 效果 | 有形效果 | | | | 无形效果 | | | | |
|---|---|---|---|---|---|---|---|---|---|
| 评价 | 评价项目 | 推广性 | 独创性 | 努力度 | 成本 | 现场 | 总得分 | 级别 | 评价人 | 责任部门确认 |
| | 初评分 | | | | | | | | |
| | 复评分 | | | | | | | | |
| 意见 | | | | | | | | | |

（1）基本信息提案人填制。

"题目"、勾选"改善类别"、填制"部门、提案人、岗位、工号、填写日期"等提案基本信息。

（2）改善前提案人填制。

问题点图示（拍摄的真实图片最佳、设计或勾画的模拟图也可）、问题点描述（对提案问题的详细描述：含地点、时间、问题本身的详尽说明）、有关数据（提案现状产生的数据：含损失数据、影响数据等）、数据来源（数据的提供来源，例如：现场或统计）。

（3）评审小组填制提案判定。

根据提案的合理性和现实性，判定勾选"采纳""保留"或"不采纳"，若判定为"采纳"的，则填制由"具体部门、岗位、责任人"组织实施；若判定为"保留"或"不采纳"的，则填制判定"原因"，判定信息填制完毕后则于"签名"栏填制判定人姓名，若多人参与判定则每人均须"签名"署名，以示对判定结论负责。

（4）改善后实施人填制。

改善后图示（该图示填制要求应与"改善前问题点图示"形成对比关系，拍摄的真实图片最佳、设计或勾画的模拟图也可），改善叙述（即改善步骤或改善具体内容），并于"改善人员"栏中填制姓名，如多人参与改善，则每人均需填制姓名于栏中，并填制参与改善的总人数。

（5）实施人填制效果。

有形效果即利用现实数据可衡量的变化成绩；无形效果即无法用现实数据衡量但切实产生了直接或间接影响的成绩叙述。

（6）由合理化建议活动小组成员综合评价。

以"推广性""独创性""努力度（参与度／积极性／态度）""成本""现场"五大纬度，分为初评和复评两轮评价总计得分，根据得分定义"级别"，签署评价人"姓名"，经合理化建议活动主管部门确认，完成提案改善的结果评价。

（7）由合理化建议主管部门填制。

本合理化建议的后续"意见"栏，含推广宣传或培训学习等。

## 七、创新型班组建设实务：合理化建议实施重点事项

### 1. 针对合理化建议活动的激励措施

（1）坚持奖多罚少。

为激发各级员工共同参与，且根据提案改善的不同情形，推荐采取多奖项设置。推荐定义：提案奖、改善奖、任务奖，且设置不同的奖金权重，即提案人有提案奖、主要改善责任人有改善奖、参与改善任务者同样有任务奖；另外，在合理化建议活动推行成熟期推荐采取奖多罚少的激励原则，若为推行前期则不建议设置负激励。

（2）强调标准清晰。

为达到公平、公正的目的，各项合理化建议活动的改善前、改善后的产生效果和评价结论应注重数据，呈现客观事实。

（3）兑现形式、激励方式多种多样。

可以采取按次（一般为大效果的改善）、按月／按季度／按年（一个周期的汇总改善）；先进集体、先进个人；物质奖励和精神奖励相结合。

## 2. 针对合理化建议提案界定（参照表6-7）

表 6-7 合理化建议提案界定

| 可提案的内容 | 不可提案的内容 |
| --- | --- |
| 自己业务改善方面的提案<br>办事能力和管理方式的提高<br>节省材料、能源、经费的提案<br>现场工作方法改善的提案<br>安全技术、环境保护的提案<br>提高产品质量、降低生产成本的提案<br>生产工程改善和售后服务的提案<br>关于公司和个人发展的其他提案<br>其他有利于公司经营的提案 | 人事等有关基本厂规的事项<br>突发性想法<br>重复的提案<br>上司的指示、部门的课题<br>会议上已公开的对策内容及经营计划上已反映的内容<br>与改进公司经营无关的事项<br>个人不满的事项 |
| 切记：创新提案不是发牢骚 | |

## 3. 生产合理化建议的检查清单（参照表6-8）

表 6-8 合理化建议的检查清单

| 检查清单的种类 | 对象 |
| --- | --- |
| 生产的 4M 要素 | 人（Man）机（Machine）料（Material）法（Method） |
| 对生产合理化三要素的检查清单 | 成本、品质、交期 |
| 对作业动作的检查清单 | 手和脚、身体动作、身体状态、安全操作 |
| 对作业环境的检查清单 | 布置、照明、整理整顿、搬运 |
| 各部门业务改善的检查清单 | 产品的设计质量、材料设计品质、价格<br>原材料使用方法<br>修理费用、办公费、电力、动力 |

表 6-9　合理化建议 4M 优化的检查清单

| 对象 | 检查项目 | |
|---|---|---|
| 人 | 能否减少作业者人数？<br>作业者的工作知识是否充分？<br>是否有效发挥作业者的技能？ | 有无使人容易疲劳，危险之处？<br>作业分配量是否均匀？ |
| 机 | 是否处于最佳运行状态？<br>是否有效运用机器的能力？<br>机器的高度有无不合理之处？ | 工具类是否备齐？<br>是否正确使用？<br>是否有效地利用自动原理？ |
| 料 | 能否使用容易购买且物美价廉的材料？<br>是否做好材料的区分？<br>材料堆放处是否整顿好？<br>是否做好半成品的管理？ | 能否使搬运材料的方法更合理化？<br>能否减少不良品和废品？<br>是否遵守有关材料的标准？ |
| 法 | 能否采用更方便的作业姿势和方法？<br>能否将作业方法改成女性也能做的作业？<br>能否简化现在的作业？ | 能否使手工作业发展成工具化、机械化？<br>有无缩减工时的方法？<br>能否1人操作2～3台或者更多的机器？ |

表 6-10　生产合理化三要素的检查清单

| 对象 | 检查项目 | |
|---|---|---|
| 成本 | 是否制定提高职员成本意识的对策？<br>是否节约机器、材料、能源等？<br>能否提高效率及品质，以及降低成本？<br>作业方法的改善及机械化等能否节约劳动成本？ | 购买计划或布置的样式，单价的决定是否良好（正确）？<br>有无更廉价的购买处、更廉价的制造地？<br>报价单同实际成本是否合理？ |

续表

| 对象 | 检查项目 | |
|---|---|---|
| 品质 | 什么产品、什么工艺多发生不良？<br>是否超出要求以上的精密度？<br>是否确定检查标准？检查标准是否合理？ | 能否保证产品的性能和耐久性？<br>是否使用统计图表等进行管理改善？ |
| 交期 | 延迟交货期的最大原因是什么？<br>外协厂家管理上的困难是什么？<br>能否实行现标准品的大量生产化？<br>是否建立材料、生产、加工、出库的综合性计划？ | 工艺怎样重编才能缩短生产周期？<br>减少半成品的诀窍？<br>订单同生产能力是否平衡？ |

表 6-11　作业动作的检查清单

| 对象 | 检查项目 | |
|---|---|---|
| 手和脚 | 能否同时使用两手进行作业？<br>能否用工具化、机械化代替手工？<br>能否使身体动作变为手臂动作，手臂动作变为手的动作，手的动作变为手指的动作？ | 手的速度是否合适？<br>手脚的位置能否交换？<br>双手使用方向是否对称？<br>能否使用专用工具？ |
| 身体动作 | 是否用不自然的姿势进行作业？<br>工作服是否合身？腰的弯曲是否过多？<br>能否利用更短距离的动作？<br>动作能否循环实现？ | 移动等待时间能否另外有效地使用？<br>能否减少找、挑选的动作？<br>使用的设备是否在适当范围内？<br>能否使动作的方向和作业的方向一致？ |
| 疲劳 | 有无过激的作业？<br>能否缩减体力作业？<br>是否急剧地改变运动方向？ | 能否尽量用舒服的姿势工作？<br>工具能否代替手作业？<br>能否将站立作业变更为坐式作业？ |

续表

| 对象 | 检查项目 | |
|------|------|------|
| 安全 | 是否实施安全教育？<br>注油、清扫是否一丝不苟地进行？<br>是否使用不恰当的工具？<br>是否不正确地使用设备、夹具？ | 方向盘或手柄的方向能否一定？<br>作业区的安全是否得到保护？<br>照明维持在什么程度？<br>是否附带安全罩类？ |

表 6-12　作业环境的检查清单

| 对象 | 检查项目 | |
|------|------|------|
| 布置 | 设备的布置，通路宽度是否适当？<br>部品仓库的位置是否非常合适？<br>放置材料、工具方法如何？ | 能否立体角度使用？<br>能否有效使用工作地的每一块区域？ |
| 环境 | 是否设置了防音装置？<br>工作机器是否发出异常声音？<br>是否发出不必要的声音？ | 能否研究耳塞？<br>是否考虑了温度、湿度？<br>是否研究出适应环境的工作服？ |
| 照明 | 是否使用局部照明？<br>能否利用镜的反射？<br>整体的亮度是否恰当？ | 能否只在必要时照亮？<br>有无架线上危险之处？<br>能否将照明利用在别的改善之处？ |
| 整理整顿 | 是否整理好，随时可以使用？<br>竖着使用的能否竖着整理？<br>能否研究物品的堆放法？<br>是否安排好存放场所？ | 能否按用途分类、收讫？<br>抽屉内的东西是否明确标出？<br>能否将使用率高的物件整理好放在容易拿的高度？ |
| 搬运 | 加工品是否散乱在地上？<br>搬运车是否空车移动？ | 从材料到产品是否水平移动？<br>是否在靠人力搬运？是否研究放置法？ |

## 表 6-13　各部门业务改善的检查清单

| 对象 | 检查项目 | |
|---|---|---|
| 产品设计品质 | 品质是否过高、过低？<br>可靠性是否适当？是否适应市场品质要求？ | 设计是否考虑了促进品质的因素？ |
| 原材料设计品质 | 是否品质过剩？是否成为过低品质？原材料是否达标？原材料的使用有无代替性？ | 是否为容易加工而设计？<br>是否为容易修理而设计？ |
| 原材料价格 | 能否使用价格更优公司的原材料？<br>能否使用市场上的当地原材料？ | 能否出售标准品？<br>是否应该从重视 QC 的公司购买原材料？ |
| 原材料使用 | 是否使用昂贵的材料？<br>是否使用不良原材料？ | 原材料的使用比率如何？<br>有无浪费原材料之处？ |
| 动力 | 有无出现水、蒸汽、压缩空气跑、冒、滴、漏的浪费现象？<br>是否不必要地使用电力、水、蒸汽、燃料、压缩空气？ | 设备、机器有无不必要的空转？<br>电力是否超过负荷？<br>能否有效利用不必要的热量？ |
| 维修费用 | 能否减少修理费用？能否提高修理比率？ | 是否将寿命已到的设备再修理使用？ |
| 办公费用 | 能否取消或减少办公？<br>能否缩减办公人员？ | 复印有无浪费？<br>有无办公用品的浪费？ |

# PART3　工作实务优化

- 金牌班组长工作事务体系——班前"五查"

- 金牌班组长工作事务体系——班中"十控"

- 金牌班组长工作事务体系——班后"三清"

- 沈怀金班组长工作事务体系口诀

班组是组织中的"事务体",每一件日常生产管理事务的清晰工作规划是关键,结合大多数生产型企业管理特点,系统性地依次规划为以下几个方面。

### 第七章　金牌班组长工作事务体系—— 班前"五查"

章节内容包含:为什么班前工作如此重要?主要内容有哪些?如何操作?

—— 班前查原理、班前"五查"管理、班前会管理、岗位材料核对、现场变更点核对、作业指导书检核、其他点检项目表等细则。

### 第八章　金牌班组长工作事务体系—— 班中"十控"

章节内容包含:班组长过程管理方式是什么?主要内容有哪些?如何操作?

—— 班中控原理、班中控人员巡视管理、班中控设备巡视、班中控物料巡视、班中控工艺方法巡视、班中控现场环境巡视、班中控过程质量控制、班中控过程安全、班中控生产进度控制、班中控生产异常处理、班中控巡视总结等细则。

### 第九章　金牌班组长工作事务体系—— 班后"三清"

章节内容包含:日清日高是什么?主要内容有哪些?如何操作?

—— 班后清原理、班后清管理、班后清合理化建议提案收集、班后清隔日隔班展望等细则。

### 第十章　沈怀金班组长工作事务体系口诀

章节内容包含:作者独创班组长一日工作事务体系口诀及解析要领。

—— 班前"五查"管理口诀之"八句要领"、班中"十控"管理口诀之"十八句要领"、班后"三清"管理口诀之"五句要领"。

第七章

# 金牌班组长工作事务体系
## ——班前"五查"

**本章要点荟萃**

- 班前五查之"准备"——前置准备、排程发布。
- 班前五查之"班前会"——四个目的、六个内容。
- 班前五查之"材料核对"——齐套性保证、账目清晰。
- 班前五查之"变更点核对"——查询变更、确认清晰。
- 班前五查之"作业指导书核对"——点检、查看、实干。
- 班前五查之"其他点检项目"——确保真实、签核开班。

## 第一节　班前查原理

一日之计在于晨，一班之计在于"前"，有效的前置准备、前置安排是科学生产管理的基本法则。

生产现场的许多问题都与班前准备无序有关，如因生产任务不明、员工状态不佳、材料备料异常、工艺信息不明确、标准作业和点检确认失效或流于形式等，而造成生产中停工，甚至停产，严重制约生产班组效能。

为此，班组长应将正式开班前的管理工作执行精细，防止班前异常造成班中混乱，保证正常化生产。本书根据生产行业现场工作特点，详细规划了班前"五查"。

## 第二节　班前"五查"管理细则

### 一、班前"五查"之准备细则

在进行班前"五查"管理细则之前，班组长应提前掌握本班信息、查核班组物资备料情况、安排本班组生产任务排程和召集本班员工准备开班等事宜，具体细则详情包含如下。

#### 1. 提前到达现场

（1）班组长提前到达现场。

其一，班组长是班组的带头人，理应起带头作用，每班须较员工早到现场；其二，应在开班前安排诸多事宜，须每天提前时间赶到现场。

（2）专职物料员提前到达现场。

部分企业产品应工艺要求，原材料、零部件、半成品等种类很多，配套性要求很强，生产现场配置的专职物料员也须提前赶到现场。

特别说明：具体提前多久时间赶到现场，须结合企业班组的实际排班、场地布局、任务复杂度等情况而定（大多数案例为 5 ~ 30 分钟）。

#### 2. 查看交接班记录并前置处理

班组长：查看交接班记录，处理前班次交办的问题和注意事项。特别是涉及安全、品质、任务完成情况等交接班细节的信息沟通和前置处理。

### 3. 当班物资备料查核

（1）班组长备料。

生产任务离不开物料支持，若现场并未配置专职物料员，则由班组长提前检查本班生产任务所需的备料到位情况，查核异常的应立即组织协商并确保其到位。

（2）专职物料员备料。

若现场配置了专职物料员，则由专职物料员查核本班生产所需备料到位情况，查核异常的应立即与班组长协商，保证开班物料备料到位。

### 4. 安排班组生产任务排程

（1）班组排程的含义。

生产任务排程是班组全员的工作目标，协调、发布班组生产任务排程亦是科学化生产管理的必备工作。我们经常发现一些尴尬的问题现象，如情景案例7-1所示。

▶ 情景案例 7-1：今天本班到底干什么？

在企业一线调研询问："班组长今天做什么？"

许多班组长当即发愣，随后模糊解答："今天干活呗……"

询问员工："今天做什么呢？"

员工更加模糊地解答："班组长说干啥就干啥。"

继续询问："干完之后呢？"

员工："干完之后再听班组长说呗……"

上述案例证明班组长对本班生产安排是没有计划的、各岗位工作是没有前置性的。一旦如此，班组各时间段生产任务将会因为前置不足而造成如下结果：做一段看一段，后续工作段一旦在作业当时发生异常，将造成临时停工、临时停产处理，最终无法在本班有序完成生产任务。

其一，作为生产一线的指挥长应随时清晰今天要做什么产品、做多少数量、如何安排各时间段做多少、现在已经完成了多少、出现了什么异常、异常如何解决、剩余的作业工时是否能达成本班的生产任务等最基本的管理要求。

其二，员工也应清晰本岗位本时段做什么、本班以后的每一个时段做什么、本时段遇到了什么问题、以后的每一个时段预计在执行中会发生什么问题、发生问题后该如何处理等最基本的岗位作业信息要求。

（2）班组排程的制定。

班组长在接收到生产指令之后，须在班前将指令分解为时段任务排程（班组工作计划）。班组时段任务排程的精细程度直接影响本班次的计划、协调、组织和执行。为了精细化呈现该工作，作者推荐使用生产排程进度管理看板进行处理，如图7-1所示。

### 生产排程进度管理看板

生产单位：第一车间1班　　　　　　班时长：8小时　　　　　　生产日期：××××年×月×日

| 生产指令单产品序列 | 任务总量（pcs） | 时段任务排程 | | | | | | | |
|---|---|---|---|---|---|---|---|---|---|
| | | 8：00-10：00 | | 10：00-12：00 | | 12：00-14：00 | | 14：00-16：00 | |
| | | 计划（PCS） | 实际（PCS） | 计划（PCS） | 实际（PCS） | 计划（PCS） | 实际（PCS） | 计划（PCS） | 实际（PCS） |
| A001 | 800 | 200 | 班中填 | 200 | 班中填 | 200 | 班中填 | 200 | 班中填 |
| | | | | | | | | | |
| | | | | | | | | | |
| | | | | | | | | | |
| | | | | | | | | | |
| 生产异常记录 | 班中填 | | | | | | | | |
| 生产统计 | 生产任务达成率：班后填 | | | | 人均产能（PCS）：班后填 | | | | |

应到人数：10人　　　　　　　　　　　　　　　　实到人数：班前会填

▲ 图 7-1 班组时段排程分解看板

①标题内容。

主标题：为看板主标题，可按企业命名规则自定义命名，本图例：生产排程进度管理看板。

生产单位：实际生产班组别，本图例：第一车间1班；班时长：本班组开班时长，本图例：8小时。

生产日期：生产班组执行日，本图例：××××年×月×日。

②表格内容。

生产指令单产品序列：班组承接的生产指令单中的任务序列名或产品号，本图例：A001。

任务总量：班组承接生产指令单对应任务序列或产品的生产总量，本图例：800，单位：PCS。

时段任务排程：根据本班组开班时长、划分的各进度时段进行，时段太短无法执行统计、时段太长监管失效，为此生产行业班组推荐按 2 小时为 1 段，本图例：2 小时 / 时段，合计 4 个时段，于每一时段安排合适的时段任务。

每时段的计划：每一个时段计划完成量，由班组长承接指令后根据班组实际产能而计划填写，即时段排程。本图例：满负荷标准产能排产，时段排程即每时段计划量 200，合计 4 个时段完成 800 总量。

每时段的实际：由班组长在每时间段结束时实际统计填写，此实际完成量：班中填写。

生产异常记录：若每时段实际与计划量存在差异，即因时段异常而未完成时段任务，此异常记录在班中填写。

生产统计：正式下班前统计本班效率指标，因企业班组考核指标项的不同，本图例仅列出：生产任务达成率（即：实际总量 ÷ 计划总量 ×100%）、人均产能 PCS（即：实际总量 ÷ 实到人数）两项。

③尾版内容。

应到人数：本班组定编人数。本图例：10 人。

实到人数：班组长开班前会点名后实际到岗人数。此实际人数：班前会填写。

④多种任务序列的排程应用说明。

单任务：一个班次内只生产一种产品，按本图例：单产品排程举例。

少任务：若一班次内所需生产数种产品，则按列表往下填写，并逐一排程即可。

少批量、多品种产品序列多：若一班次内需生产的产品几十种，我们推荐将不同产品按作业所需时长进行分类（任务所需作业时间相对相近的）汇总，填写类别和类别总数，再逐一排程即可。

非生产班组（工作指令无明确的产品序列和任务总量）：首先，定义明确的工作任务和目标总值；其次，将本看板的"生产指令到产品序列"列名修改为："工作任务"，"任务总量（PCS）"列名修改为："目标值"；最后，依据目标总值按时段计划列出时段排程任务即可。分解班组任务排程的前提是定义工作任务和目标值。

### 5. 准备召开班前会

待上述各项准备工作进行完毕，班组长正式召集全体员工，使全体员工做好个人事项、岗位工作事项、调整工作状态等的准备，约定即将召开班前会、正式开班。

## 二、班前"五查"之班前会管理细则

▶ 情景案例 7-2：能不能不开班前会了？

曾经某企业班组长提出："老师，能不能不开班前会了，我觉得没必要，每天就是那几句话，没什么特殊的，员工听着也烦，我看就是浪费时间，干脆别开班前会了，直接开始干就行了……"

### 1. 意义

上述案例的当事班组长明显对班前会的目的不清，一件工作当不清楚目的时就会在实际形式上予以轻视，久而久之，当看不到实际价值时就会不了了之地放弃。班前会是动员会，保证班组持续满足管理要求和达成生产任务，召开班前会是重要前提，其具体目的如下。

（1）上下沟通。

生产班组劳动作业是需要团队统一行动的，且每班生产任务极有可能存在指令的变动、每班面临的现场情况都会有一定的新变化等，班组长需要于班前有效进行传达、沟通、协调和动员。

（2）树立正气。

散漫、抱怨、宣泄、嘲讽等负能量和疲态充斥在现场，将严重影响一线团队工作氛围，更有甚者会破坏职场环境。为此，开班很有必要进行激励先进、弘扬正能量的工作，以保证工作氛围，塑造和谐友善、互帮互助、积极向上的活力型班组团队。

（3）明确目标。

生产目标是团队共同的目标，不仅仅是班组长一个人的。为此，班组长必须于班前将本班生产目标明确地下达，并保证班组每一个员工都能清楚掌握。

（4）鼓舞士气。

一般情况下，生产现场有两个时间节点因为员工的情绪状态而造成生产异常和安全事故特别密集。其一是本班下班前30分钟内，工作一整天因疲劳而心有余而力不足；其二是本班开班后30分钟内，员工还没进入工作状态，会有情绪未调节、注意力不集中等状态不佳。总体来说，一名合格员工发生异常有两大因素：疲劳作业和情绪状态。为此，班组长十分有必要通过班前会对员工情绪状态进行确认和调节，以鼓舞团队士气。因而，召开班前会是班组一项非常重要的管理活动，为达到各项管理要求的有效贯彻，班前会形式一定要严肃规范。

①班前会应该有固定的场所。其推荐标准如下：

第一，现场班组长固定位（亦可于固定区域的地板画制"小脚板样式"的图标），该位置为班组长站立的位置。

第二，在班组长固定位之前1.5～2米的距离画一道横线（实线或虚线均可），员工沿横线排列站立，若一排站立过长可多排站立。

②列队和口号。

为预防开班后30分钟内因员工情绪和状态消极而造成生产异常和安全事故，班前会应形成规范的队列和统一的口号，其推荐标准如下：

第一项，班组长口令："立正、向右看齐、向前看、稍息"，员工执行口令动作完毕后进入下一项。

第二项，班组长口号："大家早上好／上午好／下午好／晚上好！"，全体员工回复口号："好，很好，非常好，××（公司名或品牌名）最好！点赞或其他统一手势"。

③班前会形式的总体原则。

规范标准、精神抖擞、队列整齐、口号响亮、人人都做、班班如此。

### 2. 管理要点

完整的班前会除了上述队列和口号之外，接下来就是具体内容流程，根据成功经验其规范操作要求如下。

（1）第一步——点名。

①一听。

班组长点名："张三！"员工张三回复："到！"声音洪亮代表精气神好。如有差异班组长需要询问当事员工。

②二看。

当收到员工声音洪亮的答复后，班组长应将该员工从上到下（从头至脚）迅速地扫视一遍：安全帽（如果需要）、面部表情、工作服装束（特别是袖口和扣子）、工作证佩戴合规、作业裤码匹配、劳保鞋带扎紧。如有差异班组长需要纠正当事员工。

③三叮嘱。

如上班次同岗位员工发生异常（安全或品质等）应与当事员工特别叮嘱，防止相同事故再次发生。

④四画勾。

以上全部正常，于考勤本对应处画勾，以证明该员工班前点到工作完成。

（2）第二步——确认。

班组长使用"生产排程进度管理看板"正式下达本班生产任务（"班组时段排程分解看板"应摆放于班会召开现场，推荐使用活动看板可便于位置调整）。结合图7-1，推荐如下操作标准。

班组长："全班成员请注意，本班开班8小时，生产A001产品，总量800PCS，各位同事们还有什么疑问或建议？"

员工承接任务时可能会问："班组长，A001产品工艺方面有什么特殊性、能不能第一时段任务量少一些，我们需要做特殊的岗前准备事项。"

总之，班组长应一一解答员工对当班生产任务的疑问，达成全员明确生产任务目标的目的。

（3）第三步——学习。

开展对需要补充知识或技能的学习（如果没有，跳过本步骤），应特别注意：班前会是为本班生产工作顺利开展而服务的，此步骤仅学习与本班生产任务有关的课题，且时间控制在 10 分钟以内（推荐使用 OPL 单点课程配合）。班前会切勿学习与当班生产任务无关的内容，分散员工注意力而造成精力不集中。

（4）第四步——部署。

结合交接班记录，部署前班次交办的事项；结合上个工作日的班中巡视记录，对即将于本班进行改善的课题进行分工部署。

（5）第五步——每日一题。

公司级新闻、正能量的主题每日传达和宣导，应特别注意：班前会应树立正气、大力弘扬先进，确保生产任务开展前良好的工作氛围。班前会切勿批评，影响员工情绪和团队士气。

（6）第六步——安全宣誓。

每个班组都需定义符合本班组的安全文化誓词，内容以简单、生动形象为佳，由班组长在班前会带领全班成员进行宣导、宣誓。

特别注意：班前会应目的明确和内容合适，不宜内容过杂和时间过长。结合企业实际案例，作者强烈推荐企业各班组长按如上六步骤规范召开班前会，通过长周期的磨合效率会逐渐提高（理想时间在 15 分钟内操作完成）。

## 三、班前"五查"之岗位材料核对细则

▶ 情景案例 7-3：开完班前会就直接开始干活？

老师问："班前会召开完毕后，接下来做什么呢？"
班组长立马就回答："散会、干活……速度……快干活吧！"

### 1. 意义

班前会召开完毕后，员工应对岗位生产排程进行开工前的预检查。首先，生产前精准的岗位级材料核对工作有利于：减少停工待料、保证正常生产，动工前的材料核对是一项必备性工作；其次，杜绝交接班材料实物、账目管理的混乱，控制在制品库存，保证精准班组成本核算。

## 2.管理要点

（1）要点一：管控范围。

材料核对范围包含但不限于：本岗位存留和领发的"原材料、待入库成品或半成品、备品配件、工装夹具"等生产所需的全部物料。

（2）要点二：齐套性保证。

在岗员工：核对材料能否满足本岗位各排程所需，若有配套性异常应立即在该排程动工前报告班组长，使班组长在每排程开工前有充足的时间和精力进行材料差异性补充，减少突发性寻料、领料、换料等停工待料异常发生，保证本岗位各排程的延续进行。

（3）要点三：物料账目清晰。

在岗员工：应对现场存料进行"账目、实物、物料卡"的三方一致性进行检查，对差异性的材料向班组长申报，以便班组长及时做问题定义、明确责任归属，使现场材料当班负责制能切实实行，保证班组级成本的精准核算。

# 四、班前"五查"之现场变更点核对细则

▶ 情景案例 7-4：班前不清楚现场情况会如何？

老师问："员工开班前是否需要掌握现场最新动态，是否需要对前班次存留现场的关键性信息进行核对？"大多数班组长都回答："当然需要……"

## 1. 意义

生产前应即时掌握现场各因素的变化情况。生产本质是基于多班组间的连贯性作业，若对前班次现场发生的关键变化信息不清晰，本班次极有可能发生执行错误或导致返工。为避免上下班次现场关键性信息的传递误差，本班组应对前班次的现场情况进行精准掌握。

## 2. 管理要点

在岗员工：应在正式开工前，结合现场变更管理看板，如图7-2所示，对

前班次存留于现场的关键性生产信息进行核对，以彻底清楚现场最新态势和要求，保证多班组间生产信息的正确性。

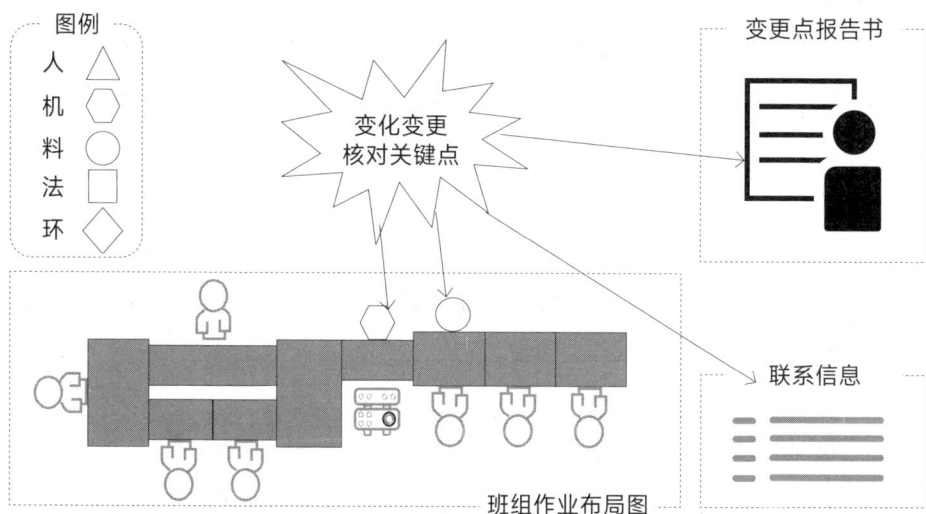

▲ 图 7-2 现场变更管理看板

（1）要点一——查询变更。

参照现场变更管理看板的"班组作业布局图"，查找"本岗位和上下游工序岗位"所属区域，查看"关键性信息符号"是否存在变更提示（结合图例中的"人、机、料、法、环"对应符号），若显示存在"变更提示"，则翻阅本变更管理板右侧的"变更报告书"，查询变更详细事项。

（2）要点二——确认清晰。

若变更事项查询不清、理解不明，应结合现场变更管理班右下侧的"联系信息"，通过工作沟通渠道进行询问，若无法通过沟通渠道建立必要的清晰联系，请立即报告班组长对该信息的核对予以支援。

特别提示：各岗位员工切勿对此不看不问、不懂装懂、模糊理解、一味按惯例执行，埋下隐患而造成各类生产事故的发生。

## 五、班前"五查"之作业指导书检核细则

▶ 情景案例 7-5：作业指导书到底如何生效？

老师问："作业指导书好落地吗？"

班组长思考后回答："不好落地，时间长了总发现实际执行与之有偏差，不知道到底是作业指导书有问题还是人有问题！"

### 1. 意义

生产执行是强调标准化的，而作业指导书就是标准依据，不仅仅要求编制出来，更重要的是实际落实。落实作业指导书是需要员工发生实际的操作行为，而规范操作产生前需要训练其作业习惯。

### 2. 管理要点

在岗员工：应在本班作业任务开展前，查核该任务的作业指导书，一方面能训练员工的行为习惯；另一方面能保证作业指导书的长期正确性，具体规范操作要求如图 7-3 所示。

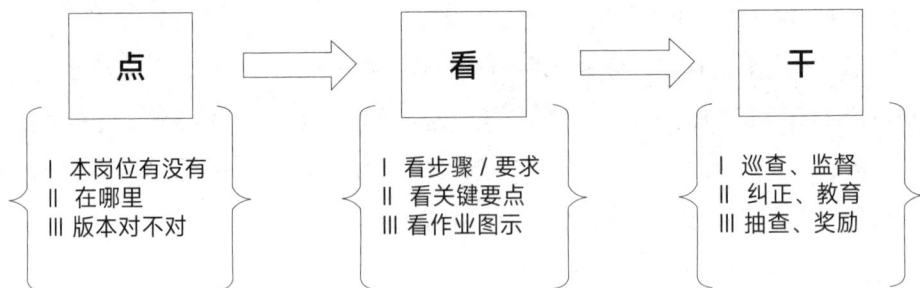

```
┌──────┐      ┌──────┐      ┌──────┐
│  点  │  ⇒   │  看  │  ⇒   │  干  │
└──────┘      └──────┘      └──────┘
Ⅰ 本岗位有没有   Ⅰ 看步骤/要求    Ⅰ 巡查、监督
Ⅱ 在哪里         Ⅱ 看关键要点    Ⅱ 纠正、教育
Ⅲ 版本对不对     Ⅲ 看作业图示    Ⅲ 抽查、奖励
```

▲ 图 7-3  作业指导书点检管理

（1）要点一：点检——正式开工前点检作业指导书。

①本岗位是否存在完整的作业指导书，如有异常请立即通知班组长予以申报；

②作业指导书应存放于现场岗位最显眼、最便于查看的地方，如有异常应采取复位处置；

③作业指导书及展示架周边是否干净整洁，作业指导书是否页面完整清晰可见，如有异常应立即通知班组长予以补正；

④核对作业指导书与当前作业内容是否一致、版本是否最新，如有异常项立即通知班组长做修正处理，确保作业指导书版本正确。

（2）要点二：查看——正式开工前对作业指导书采取重复记忆。

若岗位作业指导书长时间员工不查看，尽管一时培训学习得再好，最终都会被慢慢遗忘，而遗忘之后往往实际作业会与要求慢慢偏移，久而久之员工作业时便会远离作业指导书，导致标准化作业形同虚设。为此，达成员工标准化作业的前提是：每班次对岗位作业指导书内容进行重复查看。

①查看作业指导书步骤的主体要求，确保在岗员工对作业指导书主体要求记忆扎实；

②查看关键点作业事项，确保在岗员工对关键过程控制点始终保持高度认知；

③查看作业参照图示，确保在岗员工对其内容历历在目、熟记于心、手法一致。

（3）要点三：实干——利用管理方法使操作岗位员工按作业指导书实际操作。

①在员工实际作业过程中（班中），班组长应常态化对在岗员工执行作业指导书的实际情况巡查、监督、纠正、教育；

②应开展一定周期内的随机抽查，例如：随机抽查某一名员工对现生产任务的作业指导书某一内容现场背诵，要求一字不漏，如果达标就算合格，反之应继续训练；

③对实际巡查、周期内抽查表现优秀者，应提报对其执行标准化管理作业专项奖励。

参照以上成功案例经验，我们强调通过一线在岗员工实际的每班次班前检核、执行作业指导书，结合班组长每班次的现场监督、考评执行情况，长此以往、周而复始操作最终将形成真正的生产作业标准化。

## 六、班前"五查"之其他点检项目表细则

▶ 情景案例 7-6：正式生产前的点检项目该如何操作？

老师问："正式生产前的设备和参数点检该如何有效执行？"

班组长回答："这个没有什么特殊性的，前班次已经使用过了、本班次也不会有问题，直接打钩儿呗！"

以上粗放式管理的现象很多，而由此造成的事故案例比比皆是，令人无不感到惋惜。

重大安全事故一：某金属加工班组开工必须使用切割机，在岗员工班前对切割机砂轮片和隔离保护罩等部位点检形同虚设，而砂轮片已经超过使用寿命周期、隔离保护罩紧固松动，在加工中造成砂轮片爆轮的突发事故、隔离保护罩当即炸飞，由下而上飞出一块金属碎片，直接击穿护目镜，员工一只眼睛失明。

重大质量事故二：某机械加工班组开工必须使用数控铣床加工构件，本工序要求当班产品工艺光洁度达到 1.75，再继续后续工序喷漆。在岗员工班前并未点检数控铣床参数，直接按前工序工艺光洁度要求的 0.6 执行加工。由此造成后续工序喷漆根本无法挂漆，致使批量质量不良，为挽回损失，制程不得不返工增加打磨作业，导致产品无法按时按质交付。

### 1. 意义

分析上述问题案例，可以发现忽视细节工作是多么大的隐患，而隐患一旦因为没有提前发现，盲目开工造成的损失也是非常不应该、不划算的，甚至是不可接受的。

我们知道"事故不留情、警钟要长鸣"的安全警示，我们也清楚"质量事故越控制在前端成本是越低的"的质量宣言等，无一不是在强调对细节的把控。

为此，对于班前岗位各项目的点检，切勿忽视其重要性、切勿粗放应付了事，

忽视此细节等于从一开始就忽视了员工的生命健康、忽视了企业的质量管理。

## 2. 管理要点

▶ 情景案例 7-7：点检走形式

场景一：某大型装备制造企业现场调研

某年 10 月 22 日，老师发现该班组班前点检表才确认到 10 月 16 日，当即询问该班组长："请问咱们 17、18、19、20、21 日包含今天 22 日都不上班吗？"

班组长当即回答："上班呀，现在生产很忙，没有休息的时间！"

老师继续问："都上班为什么班前点检表才钩到 16 号呢？"

班组长回答："不可能，我天天要求的，不可能！"

老师继续说："您看这不是吗……"

班组长看了后回答："咦……这不可能呀这……"当即扭过头给员工说："笔呢？把笔拿过来。"

在老师面前，班组长当即将班前点检表从 10 月 16 日一直打钩儿到 22 日……

老师问："班组长，您这样打钩儿不会出事吧？"

班组长回答："没事儿，没事儿的，放心吧……"

场景二：某大型家具制造企业现场调研

这才 10 月 5 日，老师发现该班组班前点检表已经确认到 10 月 15 日了，当即询问该班组长："这是怎么回事呢？"

班组长当即回答："天天打钩儿，员工认为太麻烦，干脆一下打了 10 天……"

（1）要点一：应防止虚假点检。基于情景案例 7-7 中情况的真实存在，作者特别建议：尽量减少打钩儿式点检，针对岗位班前点检各项目尽可能采取数值化核对，即依据规格值标准和实际点检值进行逐项对比，不符合范围值要求的项目应立即按操作标准进行调整或予以申报处置，直至点检值符合范围值要求，才能确定该项目合格。

（2）要点二：明确执行归属责任和严肃此项管理工作。基于规范班组管理要求，特此强调要注意以下几点。

①在岗员工：当班前点检执行完毕后，其点检表必须当即提交班组长签署确认，班组长签署确认代表员工点检项合格，并同时由此正式承担管理监督责任。

②在岗员工：当岗位班前点检表经班组长签署确认后，亦同时代表批准在岗员工可以正式动工生产，反之无权开工，直至签署确认完成。总之，只有各岗位点检项目合规性得到获批签署，才能执行正常开工。

# 第三节　班前"五查"的重点说明

## 1. 思想上的重视度

部分管理者认为：班前又没有生产实际的产品，管理的工作能少就少、能不做就不做，甚至本着"做了再说，边做边说、边做边看、边做边找、边做边调整，有问题搞不定了就找领导"等心态，这是违背科学化班组工作体系的。一班之计在于前，落实班前"五查"将有效地统一班组目标和增强执行力、前置预防生产问题、减少班中忙乱、做到打有把握之仗等，从而成就班组长班前工作的主动性。

## 2. 规划上的全面性

班前"五查"强调管理的体系化，其模块包含班前准备、班前会、岗位材料核对、现场变更点核对、作业指导书检核、其他点检项目管理等，各模块相辅相成、缺一不可，切勿以某项内容简单、不重要等就不引起重视。应该完整地、持续地、全面地实施各管理模块，从而成就班前管理规范化。

## 3. 执行中的细致性

细节出精品，班前"五查"强调实务操作的细致性，每模块内容应该问题案例突出、目的明确，其操作规范要求的各项目作用无大小之分，切勿因小就舍。应该逐项落实、细致对待，从而成就其核心管理价值。

第八章

# 金牌班组长工作事务体系
## ——班中"十控"

**本章要点荟萃**

- 班前十控之"巡视化管理"——管理要求：动态达标；工作业绩：持续达成。

- 班前十控之"人员巡视管理"——自检、互检、维持生产配合协作秩序、切实解决问题。

- 班前十控之"设备巡视管理"——三好、四会、五纪律。

- 班前十控之"物料巡视管理"——定额领用料、降低消耗和精益用料、完善记录和做好统计、定置管理、标识齐全。

- 班前十控之"工艺方法巡视"——认真执行"五有"、严格做到"三按"、切实履行"变更"。

- 班前十控之"现场环境巡视"——树立 5S 活动的正确理念、过程纠正常态化、下班"五不走"。

- 班前十控之"过程质量巡视"——质量意识持续培养、三工序控制、有效的机制建设。

- 班前十控之"过程安全控制"——安全作业规程"完善情况、教育情况、实际执行情况"。

- 班前十控之"生产进度巡视"——进度追踪及看板填制、前置准备和预防、及时填报。

- 班前十控之"生产异常处理"—— 端正生产异常心态、异常快速反应机制、细化异常处理步骤、生产异常分析与预防。
- 班前十控之"班中巡视总结"—— 巡视中细节问题的管理、班中巡视时对次日生产的前置管理。

# 第一节　班中控原理

▶ 情景案例 8-1：班中完全依靠自觉、自发、自动吗？

经常有学员问："老师，我们班前已经做好了，班中就是员工自觉、自发、自动去按要求执行就好了呀！为何还需要进行班中管控？班中该采取什么方式执行管控？"

基于以上案例，结合生产管理的原理总结如下：

（1）生产本身就是过程实现，达成最终的好结果，除了班前工作精细化之外，更离不开班中过程化的管控，毫不过分地讲，生产管理没有好过程就不会有好结果。

（2）班中是产品和任务的关键实现环节，相比班前、班后等阶段，其周期相对漫长、事务繁杂、事态变化繁多，因此需掌控的管理因素多、任务量大。班中更是班组长一日工作管理体系的主要阶段，毫不过分地讲，班中管理占据着班组长一日工作量和精力的 90% 以上。

（3）生产活动的根本特性是动态发生，其过程中许多因素会随着现场作业进度的态势变化而变化，而班组长必须保证动态生产过程的细节受控，这样才能收获最终的好结果。

（4）如果班中没有及时掌握现场进度态势，就没有针对性地前置思考问题、前置掌握问题、前置处理问题、前置预防问题等，所以就会产生突发性问题。为此，班中突发性问题的产生，一定会与班组长班中的工作方式和问题意识有关系。

　　基于上述原理，班组管理强调必须采取班中管控，且班中班组长必须执行巡视化，及时动态化管控，正所谓"一线做管理、巡视是真理；班中管动作、越细越收获"。

　　班中巡视化动态管控的具体内容应覆盖生产管理要求的全部要点，其总结为"管理要求"和"工作业绩"两大部分，包含"人、机、料、法、环、质量、安全、进度、异常、总结"等十个要点，如图8-1班中巡视化管理所示。

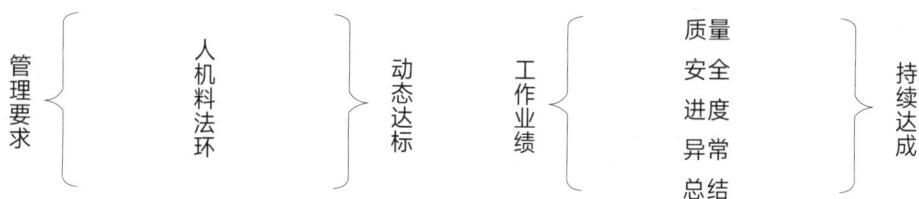

## 班中巡视化管理

| 管理要求 | { | 人机料法环 | { | 动态达标 | 工作业绩 | { | 质量 安全 进度 异常 总结 | { | 持续达成 |

▲ 图 8-1　班中巡视管理

### 1. 管理要求部分

　　班组工作业绩和管理提升需要现场各项资源要素的管理水平来支撑，为此本部分包含：本班涉及的人员、机具、物料、工艺方法、现场环境，其目标要求是随生产作业进度的态势变化而动态达标。

### 2. 工作业绩部分

　　生产就是要效率、班组必须追求业绩，为此本部分应包含：本班必须要产出的质量、安全和进度，同时必须进行有效的过程异常处理，也应形成本班巡视过程的问题总结记录，其总体目标要求是每班持续达成。

# 第二节 班中"十控"管理细则

## 一、人员巡视管理细则

▶ 情景案例 8-2：员工管理就是靠自觉和处罚？

**情景一**

老师问："大家知道生产质量保证的自检和互检吗？"

班组长回答："当然知道，自检就是自己做完后自己复查；互检就是下工序复查上工序、独立工序相互检查，确保生产质量。"

老师继续问："请如实告诉我，自检、互检都落实了吗？如发现没有落实该如何处理？"

班组长回答："这……不敢保证，自觉的就落实，不自觉的就不好说了，特别是赶产量的时候，难以保证各岗位都执行了，但发现没有落实的必须从重处罚。"

**情景二**

老师问："班组内部是否遇到工序间不好配合的案例？会带来何种影响？该如何更好地配合？"

班组长回答："遇到很多不好配合的案例，交不了货、团队关系也不和谐等，总之影响很大。我们处理的办法就是加强员工教育，提高配合意识，工作中自觉执行，如无效果从重处罚。"

**情景三**

老师问："发生的老事故是否彻底杜绝了？如没有杜绝该如何处理？"

班组长回答："确实老事故重复发生频率高，这个问题就是员工不自觉，采取的处理办法也是从重处罚。"

## 1. 意义

基于以上常见问题案例，应用班中人员巡视管控的目的解析。

（1）优秀的产品来源于优秀的人。生产是靠人驱动的，员工亦是"人、机、料、法、环"等资源中首要的部分，生产管理应当将员工管理作为第一要素来抓。

（2）管理者对于人的管理不能仅仅依靠唯心主义。每一名员工都有自我意识，在自我意识的驱使之下会发生自我行为。

（3）合格管理行动不仅仅停留在强调层面，能做到有效管控是过程中更重要的，应使员工在作业的时候具备责任意识、建立认识、产生行为、满足要求。

## 2. 管理要点

（1）要点一：巡视工作的导向。

①教育为本：管理者应当唯物主义思考，员工出现异常无非就是意识不到、认识不够、操作不会，班中人员巡视发现异常时，应当针对异常本身进行分析，若是员工出错，应采取教育引导的方式正面影响员工，而不是吼、压、骂三板斧，违背以人为本的科学工作精神。

②鼓励表扬：在繁忙的生产现场，调节团队士气是非常必要的，特别是针对任务繁重、技术要求复杂、工期紧张的作业活动现场。班组长应当增添员工信心，使团队更能受到鼓舞。对于作业优秀的员工，应当立即给予肯定和表扬，使优秀员工更加充满动力，使团队更能受到激励。

③服务为主：生产现场的人手不够、设备出错、材料欠缺、方法不会、环境不佳、指令调节、班次变更、突发事件等都是管理者需要给予作业者满足和解决的，班组长应在现场做到：眼中有事、心中有法、手里有活，看得多、想得多、装得多、做得多，有激情、有状态、带好头等，全力做好班组员工所需服务的提供者、群众心中好领导的角色。

（2）要点二：巡视工作的重点。

①落实自检、互检。

质量问题不能仅靠品质部门去堵，因为过程中的品质巡检员（以下称为IPQC）大多数情况都是按比例执行抽检，所以单纯的IPQC抽检是不能做到100%质量受控的。

为了质量达标，生产制造岗位自检、互检是必要的质量管控程序，但往往该管控程序执行得并不彻底，计件型岗位往往追产量、计时型岗位往往赶效率、有经验凭感觉凭信任认为没事等，久而久之员工尽管知道要进行自检、互检，但都并未完全落实。

落实自检、互检需要靠班组长"巡检"监督，即三检制度：自检、互检、巡检。这里"巡检"并不是指 IPQC 巡检，而是班组长执行的巡检监督。其一，生产岗位员工在行政指挥上只听班组长的，并不会接受 IPQC 的指挥，若不顾一切地强制推行违反组织原则的管理方式，极有可能发生生产岗位员工与 IPQC 矛盾激化，更有甚者会上升到相互指责或攻击。IPQC 在生产现场执行首检、过程抽检、末检发现异常时，应立即向责任班组长提出，并相互协调配合解决异常。其二，生产与品质部门对于质量管理的重心是有区分的。品质部门 IPQC 巡检工作是追求质量的保证要求，而生产部门班组长巡检是落实质量的实际控制措施。为使员工切实落实自检、互检，班组长必须执行现场巡检监督，确保员工执行时意识、认识、行为的一致性，保证生产质量控制措施的长期有效。

②维持生产配合协作秩序。

工序间应当相互配合、互助协作，若出现配合不好、协作困难的问题，将严重影响生产任务达成，同时也是破坏生产秩序的事故。

班组长应坚持"复查上工序、保证本工序、服务下工序"的管理准则，应在现场充当综合协调员的角色，强调班组目标的一致性，促进团队合作、氛围和谐、互帮互助，维持正常生产作业秩序。特别是新老员工交替的岗位，需要投入更多的精力提高团队配合度。

③切实解决问题。

班组长在现场应充当团队"靠山"的角色，员工层面问题无论是班组长发现的，还是员工本人提出的，或是其他人发现的，都应当勇于承接、积极回复解答。勇于面对问题是干部塑造自身领导力的前提。

班组长在现场应充当团队"智者"的角色，坚持"四不放过"，即问题原因查不清楚不放过、责任者没受到教育不放过、广大员工没受到教训不放过、整改措施没落实不放过的问题断根法则，并以事务本身的问题为导向，通过综合协调提供解决思路和方法。解决问题的能力更是衡量干部的标准。

## 二、设备巡视管理细则

▶ 情景案例 8-3：设备班中为什么会突发停机？

老师问："生产设备的管理工作如何展开？"

班组长回答："设备管理的工作是设备部的，我们生产班组仅仅使用设备而已。"

老师继续问："设备出现故障如何处理的？"

班组长回答："第一时间通知设备工程师修复！"

老师继续问："设备问题多吗？工程师平时忙吗？如果忙，设备又坏，那该如何是好？"

班组长回答："问题多，工程师挺忙的，总是找不到人，那就只能等了……"

### 1. 意义

基于以上常见问题案例，应用班中设备巡视管理的目的解析。

（1）设备就是我们的饭碗。设备是公司的资产，应当被最大限度地发挥，设备管理执行四全管理，即全员、全面、全过程、全天候管理。生产班组操作员工应树立"设备管理第一人，我的设备我管理"的责任意识，切实落实本操作岗位设备管理各要求。

（2）突发异常重在预防，设备日常运维重心在一线操作班组。设备日常驾动中操作岗位员工发现设备隐患最早、距离设备现场最近、熟知现场信息最多，为此，设备日常运维的重心应在于操作岗位，提前发现隐患、处理运维不足、及时修复小故障、持续落实日常管理事项，才能真正减少设备突发异常，确保正常生产秩序。

（3）全员设备保全，练就多技能复合型员工是趋势。在生产任务日趋复杂和各项管理要求越来越高的时代，对现场操作岗位员工的能力要求越来越高，对于现场设备管理亦如此。应通过长期的指导和训练，使班组内驾动设备的所有员工达到必须会正确使用设备、最大限度地会独立维护设备、全方位地会检查设备、具备会排除设备故障、懂得维修设备，循序渐进地构建全员设备保全体系。

### 2. 管理要点

（1）要点一：班组长应执行常态化巡视，落实设备管理"三好"。

①管好。现场各设备的"三级管理台账"，即：一级整机台账，其用途资产配置、协调管理；二级部位台账，其用途劣化倾向分析管理；三级备品备件台账，其用途消耗统计管理。巡查各级台账的动态执行情况，若出现台账记录内容与设备现状存在问题差异，应立即通知责任岗位予以修正处理，防止设备信息管理失效。

②用好。设备操作规程动态实际执行情况，若发现设备操作员工实际操作与"操作规程"存在问题差异，应当立即制止，并予以教育纠正，防止形成习惯性违章。

③维修好。主动检查设备隐患，特别是重要设备和主要部位，如：运维保养部位劣化情况，备品备件磨损情况，不正常的响声、气味、震动，经常性地询问岗位员工等，提前发现设备隐患及时通知责任岗位予以消除，防止隐患积累形成突发性停机异常。

（2）要点二：班组长应执行常态化巡视，落实岗位员工"四会"。

班组长应执行常态化巡视指导，落实设备操作岗位员工的"四会"要求，即会使用、会维护、会检查、会排除故障。

①会使用。

首先，应确保操作岗位员工会正确解读操作规程；其次，应保证操作员工按操作规程正确执行设备操作。如发现实际差异问题，班组长应当立即制止错误操作并查明原因，若因员工意识不到、认知不够、技能不会，则先导入教育措施再进行后期过程指导、监督，直至达到会正确使用岗位设备的独立上岗要求。

②会维护。

首先，应确保操作员工正确理解岗位设备维护保养的必要性，使操作岗位员工培养起"我的设备我维护"的管理意识；其次，应根据岗位设备保养维护要求，教导设备维护保养认知、操作技巧、执行标准，保证操作岗位员工具备会正确维护保养设备的能力；最后，应通过过程巡视指导，确保操作员工切实落实设备日常维护保养要求。

③会检查。

首先，应科学规划设备日常运维的各检查要点、污染源、清扫困难点、点检频次、复原要求等，并确保岗位操作员工能正确识别；其次，应通过巡视指导，使岗位操作员工能根据各检查项次的规定要求，正确地对设备进行检查。

④会排除故障。

首先，对于发现的设备管理隐患，岗位操作员工应具备正确消除、复原的操作能力，使隐患得到及时有效控制，防止形成故障；其次，对于发生的设备小规模故障，岗位操作员工应具备解决小故障的能力，执行自主维修，减少因设备小事故而引起的停机事件；再次，对于发生的设备大故障，岗位操作员工应具备判断大事故大致因素的能力，及时通报、协调、配合专业保全人员予以快速修复，控制大故障引起的停产事件；最后，班组长应推进岗位操作员工设备保全能力的学习活动，持续不断地追求各岗位操作员工的多技能、职业化能力的提升，真正做到"我的设备我做主"，成就全员生产性保全。

（3）要点三：班组长应执行常态化巡视，落实设备管理"五纪律"。

班组长应执行常态化巡视监管，矢志不渝地落实班组设备管理"五纪律"，即遵守设备操作规程，杜绝违章操作；动态保持设备整洁，防止隐患积累；出现异常快速处理，减少突发停机；严控交接班的制度，防止换班失效；精细管控备品备件，杜绝浪费损失。

## 三、物料巡视管理细则

▶ 情景案例 8-4：现场物料为何会失控？

老师问："生产现场有物料堆积吗？物料形成堆积好管理吗？"

班组长答："有，而且很多，越忙的时候会越多！场地有限，很不好管理，物料多了难免出现混乱问题！"

老师问："班中停工待料的原因有哪些？"

班组长答："太多了，计划不对、协调不清……"

老师问："超额用料是否存在？"

班组长答："很多，普遍的现象，一方面定额标准本身不准确，另一方面确实用料过程消耗太大……"

## 1. 意义

（1）巧妇难为无米之炊。

前置掌握物料动态流动情况，避免排程缺料、错料等问题的前置不足，造成停工待料。

（2）精益物料管理。

动态掌握现场物料使用状况，监控实际定额用料、控制在线库存，对现场物料采取精益化管理，避免浪费用料、减少超额补料、控制在线积压。

（3）精准物料数据、复原物料定置化管理。

动态管理各物料状态，避免时时、班班、天天等物料存放问题的积累，导致现场物料存储管理失控。

因此，管生产必须管物料，这一要求也应全方面在班中得到有效贯彻。

## 2. 管理要点

（1）要点一：定额领用料。

①现场物料随着生产任务的进行而发生流动。为实现全过程精益物料管理，班前需要详查备料，班中更需要执行动态监管。

②通过前置巡查，进行前置的协调和补充，一方面能实际满足当季生产；另一方面能前置保证各排程所需，避免突发停工待料。

③通过班中巡查核对，能随时掌握岗位员工用料情况，一方面能防止实际用料与定额标准的差异；另一方面能及时清晰标准定额数据的适宜性，用以向责任部门反馈更新，切实精准定额标准。

④部分生产过程中会产生滞留品，通过班中巡查核对，能真实掌握滞留物料的状态和用途，并根据管理要求及时执行回仓处理，防止长周期积压，优化在线物品库存。

（2）要点二：降低消耗和精益用料。

①精准实际用料。监督岗位实际用料，控制差异消耗、边角消耗、规格消耗等，避免用料浪费，节省物料加工消耗成本。

②严控超额用料。发现产生超额用料情形的必须核查，超额原因分析彻底、补料单证齐全、补料原因清晰标注，且针对工废消耗的，责任岗位必须提出改进

措施，而针对废料消耗的，必须向责任岗位提供真实消耗数据。注：超额用料单证必须经班组长确认签字。

（3）要点三：完善记录和做好统计。

防止过程不清、结果不对，通过班中巡查确保过程用料记录清晰，防止账目错误。

①监管每次班中物料的流通过程，核对其单据记录与实际发生是否相符，处理用料问题差异，完善过程用料记录。

②汇集用料总账并统计清晰，追查差异并正确调整，保证当班日报表用料数据的精准性。

（4）要点四：定置管理。

根据现场管理要求，防止因生产现场繁忙而造成物料管理秩序混乱，通过班中巡查在生产过程中落实各类物料的定置化管理。

①原则上要求每一种物料都有固定的位置，如有位置不清应当即采取复原措施，即定位化管理。

②针对原材料、半成品、成品、备品备件等流通性物品，都应控制其现场放置的具体数量，如有超量放置应当即清理或回仓，即定量化管理。

③针对高价值物品、使用频率较高的物品等特殊物品，都应标注清晰的单品信息，如有异常应当即采取复原措施，即定品化管理。

④除上述要求外，放置物料须按现场管理要求落实各项细节，例如：堆码方式和层数、流通频率、位置朝向、目视标识等。

⑤现场管理应注重当即复原、动态达标，避免事务繁忙等理由形成物品定置化问题的积累，久而久之造成现场失控。

（5）要点五：标识齐全。

根据精益物料管理要求，通过班中巡查，在生产过程中落实各类物料的计量目视化管理。

①保证账清、物清：切实落实上述各重点章节要求。

②保证卡清：根据精益管理要求，应建立各类现场物料的物料信息卡，如表8-1所示。

表 8-1 物料管理信息卡

| 物料管理信息卡 | | | | |
|---|---|---|---|---|
| 编号 / 品名： | | | 规格： | |
| 单位： | | 状态： | | 位置： |
| 日期 | 收 | 发 | 存 | 备注（批发、经手人、单据号等） |
| | | | | |
| | | | | |
| | | | | |
| | | | | |
| 累计 | | | | |
| 放置方式 | | | | |

编号 / 品名：该物料的编号和名称描述

规格：该物料的型号 / 规格参数

单位：计量单位（主单位：企业内部流通单位）

状态：待检 / 合格 / 不合格 / 等

位置：存放库别 / 库位

日期：当即流通的日期

收：单次收入的数量

发：单次发出的数量

存：现存的数量（累计量）

备注：发生批号、单据号、经手人等备注信息

累计：本卡的全部统计

放置方式：物料信息管理卡放置地点与该物料现场存放地位置一致，推荐采取抽取式挂放或粘贴，置于易于操作、盘点的便捷位置，每实际流通一次应当即填写记录一笔。

③保证账物卡相符率：通过班中巡查，核对上述各标识信息，出现差异应当即予以查明、调整、处理，确保物料账目、物料实物、物料管理信息卡三者一致性，即账物卡相符率（注：账物卡相符率越高说明物料管理数据越准）。

## 四、工艺方法巡视细则

▶ 情景案例 8-5：过程工艺该如何控制？

老师问："过程工艺控制重要吗？"

班组长答："很重要，没有过程控制就没有结果！"

老师问："过程工艺控制该如何进行？"

班组长答："加强巡检……严格执行……违规者重罚……"

### 1. 意义

（1）没有工艺就没有依据，更没有业绩。工艺是各生产岗位工作的基本依据，其失控的结果就是各自为战、混乱不堪，应该说工艺管理是业绩结果的基础保证。

（2）结果式处罚是手段、过程式管理才是方法。实践证明，班中不管、结果罚款，这仅仅是产生结果后采取的手段，而追求切实成效的方法几乎全在过程的纠偏和引导，过程工艺管控亦如此。

（3）生产管理思维是过程思维，即没有好的过程控制就没有理想的结果。班中的工艺执行应追求工匠精神，需严控每一个动作细节防止执行偏差，并使每一个步骤吻合标准，保证每一个岗位结果的"小质量"，最终成就大团队结果的"大质量"。

### 2. 管理要点

（1）要点一：认真执行"五有"，确保每一个岗位。

①有任务图纸。如生产工序加工时需参照图纸进行，首先，应采取指导，保证岗位操作员工能正确识别、解读图纸内容要求；其次，应监督实际加工作业，维护任务图纸执行的纪律性，确保实际加工符合图纸规定要求。若发现图纸设计和现场实际存在偏差，班组长应与同岗位操作员工、责任设计岗位进行精度修正，确保实际加工与图纸设计精度的一致性。

②有工艺文件。首先，现场确认加工任务的工艺文件涵盖范围，例如：作业指导书、关键工艺参数、特殊工艺说明细则、安装工艺要求等，如存在文件覆盖

不完整的应采取协调当即补充到位，确保各岗位工艺文件的完整无缺。其次，应通过现场指导，确保各操作岗位员工准确识别各工艺文件。最后，监督各操作岗位员工按工艺文件标准执行，严控过程工艺执行偏差。

③有质量标准。首先，确认明确的质量合格标准，如合格品各项参数、合格参照样品等，并确保各操作岗位员工能清晰识别，同时，针对部分特殊产品，应特别指导各岗位开工前确认首检合格样品；其次，班中须按产品质量控制要求执行班组内部抽检，纠正过程错误或产品质量缺陷，确保实际生产结果与产品质量标准吻合。

④有检测手段。首先，通过现场监督确保本班组各工序间、各岗位的自检、互检控制措施的有效贯彻；其次，现场验证各检验项目、检验方式方法、判定标准、检测工具等的有效性，配合 IPQC 对不良品采取判定、隔离或安排返工，保证各质量检测控制手段的有效实施。

⑤有原始凭证。现场巡查生产工艺各单证资料，包含但不限于产品加工单、工艺要求卡、工序产品流转凭证、工艺变更通知单、不合格品判定处理单、返工及修正附件等，保证各岗位工艺执行原始凭证资料的完整性，以便精准事故追溯和批次管理。

（2）要点二：严格做到"三按"确保每一个过程。

按图纸、按工艺、按标准生产，原材料标准、零部件标准、操作标准、质量标准等有关技术标准都应遵循。走出实验室就没有高科技，只有执行的纪律。工艺设计技术人员职能是强验证，生产操作岗位员工职能是强执行。生产操作岗位员工执行工艺方法时应切勿怀疑和质疑，首先，应该按要求执行；其次，通过执行发现其不足；最后，通知工艺设计人员进行修正优化直至精准，不能本末倒置，此为合理的生产管理分工。

（3）要点三：切实履行"变更"。

①班中确定的工艺方法等的变更事项，应在第一时间应用现场变更管理看板（结合图7-2），并按要求公开发布。通过班中巡查，防止信息发布不及时、错误等，保证工艺方法变更的最新信息，使涉及的各岗位员工在最早时间内收到。

②确保涉及工艺方法变更的各岗位员工都清楚变更类型（"人、机、料、法、环"等）、变更数量、变更时间、质量要求等细节，通过班中巡查，防止信息错

误、变更操作失控等，以保证变更信息和变更执行的一致性。

## 五、现场环境巡视细则

▶ **情景案例 8-6：现场 5S 为何难以持续？**

老师问："5S 管理重要吗？现场 5S 好做吗？"

班组长回答："很重要，没有 5S，就没有现场管理的一切，但是 5S 确实不好做！"

老师继续问："为什么不好做？遇到哪些突出的困难点了吗？"

班组长回答："长期坚持不了；做 5S 就不能生产，生产就不能做 5S；员工的素养习惯难以形成，唉……事好做，人难改！"

### 1. 意义

（1）5S 是现场一切管理工作的基础，没有地和物的明朗、人的规范，各项管理措施就很难实施，即使开展了也坚持不了多久，因为环境决定着一切。

（2）分析上述案例，只有持续化的 5S 活动才能不断提高现场管理水平，进而塑造员工的职业化素养，5S 管理是一项长期的系统改善工程。

▶ **情景案例 8-7：班中 5S 的关键——"三五十法则"**

老师："很多企业做不好 5S，就是不能坚持，领导一说就开始 5S、生产一忙就停止 5S，动辄卫生大扫除，久而久之形成一紧、二松、三放空、四重来的恶性循环。请问贵公司成功的秘诀是什么呀？"

厂长："老师，我们严禁各种形式的卫生大扫除，持续使用'三五十法则'！"

老师："厂长，请问何为'三五十法则'？"

厂长："每班三分钟、每周五分钟、每月十分钟，每班（班前 2 分钟、班后 1 分钟）落实到岗位级、每周落实在班组长级、每月落实在主管级。岗位级负责每日具体的 3S 内容、班组级负责每周评比岗位级 3S、主管级负责每月评比班组级 3S 水平，累计年底统一评价岗位职业化素养成长指标和团队职业化素养培养指标，进行责任考核。"

老师初步理解：做到了时间、责任、结果的细化。但冷静下来后，老师继续问："厂长，'三五十法则'话好说但事难做。贵公司是机加工生产车间，原本生产过程的脏污是如何控制的，而每班三分钟的复原操作典型是时间不够的……"

厂长："老师，够的！班中很重要，生产过程中的动态监督十分关键！规定班组长必须在班中巡视 5S，出现任何不达标的项目，立即通知岗位停工进行修正，每时、每班如此，班前班后不就够了吗？"

老师（十分疑问）："如果班中勒令员工停止作业而做 3S 修正复原活动，不会影响员工的正常生产延续性吗？"

厂长："就是要影响，必须要当即影响，这样才能建立真正的影响。第一次不能建立有效的影响，就会永远建立不了真正的影响。必须使员工认识到现场管理就是工作、现场是自己打造出来的，从而时刻遵守规则、珍惜现场，5S 的目的就是培养人的素养。"

老师："厂长，贵企业这样坚持多久了？"

厂长："18 年了，建厂投资的第一天就是如此。当然前期是十、二十、三十法则，后来越做越好、越做越简单，现在优化为'三五十法则'了，我们认为垃圾越扫越少、环境越保持越好！"

过程发生不关心，万事结果来运动，这样的管理是不能取得成功的，5S 亦如此。5S 的目的就是培养人的素养，而所谓的"三五十法则"仅是一个规律。为此，班中巡视监督是 5S 活动真正生效的、产生价值的、实现成功的重要构成部分。

### 2. 巡视管理要点

（1）要点一：树立 5S 活动的正确理念。

① 5S 活动不是一种负担，而是各岗位日常工作的一部分，是科学生产管理的有效方法，亦是成功企业的标志。

②最佳的生产效率源于最佳的现场秩序。现场生产任务的展开、生产资源的调度、各种作业活动的进行、各项资源的使用等都必须强调一定的秩序，正所

谓——良好的生产现场秩序决定高效生产效率。

③最佳的职场环境成就最佳的生产团队。首先，人才是追求产出更多、成为更强的关键。其次，好的职场环境不仅能缔造人、吸引人、留住人，还能练就正向的组织特色文化，正所谓"环境是平台，平台决定一切"。

（2）要点二：过程纠正常态化。

①建立标准，划分责任区。持续加强5S活动的意识、认识、方法等系列教导行动，建立5S全员参与机制，在班组内部形成有效的岗位级责任区，确定责任区的4S执行标准（详尽内容请参考本书第十一章第二节内容）。

②禁止大扫除式活动，建立有效的班中监督机制。运用"三五十法则"建立常态化纠正模式，确保各责任区动态达标。

整体责任区：地面平整、走道畅通、标志鲜明、窗明壁净、图表整齐、环境优美。

岗位责任区：各种设施排列整齐、横平竖直、一视成线、井然有序，固体垃圾入箱、液体垃圾入桶，不准乱堆、乱摆、乱放。

特殊责任区：保持环保防尘设施完整，清理其灰尘和油垢，确保运转正常。

追求标准：漆见本色铁见光、油路通畅、油窗亮；物流通道人人让、人流通道物物清。

（3）要点三：下班"五不走"。

设备工装不擦洗保养好不走；材料、配件不堆放整齐不走；工具、吊具不清点摆好不走；原始记录不记好不走；地面环境不打扫干净不走。

## 六、过程质量控制细则

▶ 情景案例8-8：过程质量管理该如何实施更加有效？

老师问："过程质量控制是否关键？"

班组长答："特别关键，过程小质量都做好了，大质量就有保证了！"

老师问："过程质量管理效果如何呢？员工实际重视吗？"

班组长答："说实话效果一般，老是离不开人，班组长在的时候还可以，班组长一离开就出问题，总之感觉员工对过程质量管理不太热心，特别是计件岗位，一味地追求产量……"

### 1. 意义

（1）构建品牌质量。

当今时代，质量是一个团队价值和尊严的起点，质量决定着一个团队的生命。

（2）保证结果品质。

班组岗位的生产活动就是整体产品或业务中的某一个小模块，如果小模块的质量不高，那最终的结果品质质量也不会高。

（3）利益所指，结果所使。

涉及计件的操作岗位员工一味地追求产量，致使过程质量管控失效的案例很多。一方面管理者要持续不断地加强全局整体质量意识的教育引导工作；另一方面过程质量管理不能只靠自觉，更要靠管理者巡查各操作岗位的实际作业，确保其落实岗位小质量管控的各项措施。

### 2. 管理要点

（1）要点一：持续培养质量意识。

质量意识的培养是通过现场持续高频次提示、指导、纠正形成的。

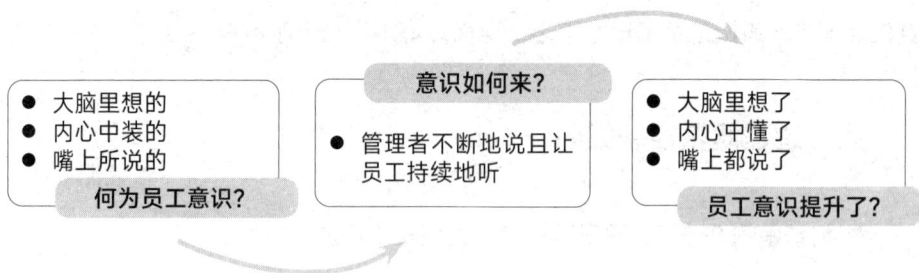

意识如何来？
- 管理者不断地说且让员工持续地听

- 大脑里想的
- 内心中装的
- 嘴上所说的

何为员工意识？

- 大脑里想了
- 内心中懂了
- 嘴上都说了

员工意识提升了？

▲ 图 8-2 员工意识培养

（2）要点二：保证三工序控制，坚持三不原则。

现场维持"复查上工序、保证本工序、服务下工序"的工序控制，贯彻"不接受不良品、不制造不良品、流程不出不良品"的三不原则，切实落实各操作岗位的自检、互检。一旦发现只为产量不重质量、自检、互检落实偏差等表现，应当即予以制止，并采取教育引导的方式进行纠偏，确保工序过程质量受控。

（3）要点三：建设有效的机制，构建全员质量管理。

质量管理工作涉及全体员工，应建立合适的奖惩机制，确保有效地发动全体员工共同参与。

▶ **情景案例 8-9：奖罚使员工厌倦、团队认知好坏不分**

场景一：奖励有效吗？

某次授课学员提问："老师，奖励员工很重要，但有时获奖的员工并未由此感受到荣耀，团队成员甚至表现对获奖无兴趣，如何设计更为有效的奖励机制？"

老师解答："首先，奖励表彰是一种崇高的团队荣誉活动，企业奖励机制应能实现调动员工积极性的目的；其次，奖励的目的是对员工成绩的肯定，并期望其更为卓越，同时也是为了引导更多员工能以此为榜样而努力进取。如此，方能称之为有效的奖励机制。"

场景二：处罚根本无效！

在企业现场调研时很多领导干部或员工向我抱怨："罚款太多了、员工意见很大、辞职的也多，团队这样下去班组长没法带了……"

通过现场核对，发现了一个既普遍而又极不正确的现象：许多管理干部一旦发现员工出现错误动辄"根据规定给予罚款"，即使没有规定甚至"临时补一个规定罚款"，以这种教条主义做管理是不正确的，同时也不利于问题的真正解决。长此以往，所谓的处罚诚勉根本无效。

综合情景案例 8-9 情节可知，随意的、失效的奖惩机制并不能让员工重视和带来积极性的改观，反而使员工对奖励或惩罚滋生不满、产生厌倦，引发"好坏不分、不屑不服、不怕不在乎"的非正常状态，出现严重的团队认知偏差。

▶ 情景案例 8-10：成功的质量奖惩机制

场景一：针对表彰奖励。

首先，要求各班组长基于"自检、互检、三不原则、标准化作业"等管理要求，每周评定各岗位员工的有效落实情况，评比出本班组质量标兵，上交生产部汇总。

其次，每月由生产部门负责人在本月各班组提交的名单中，评出本月公司级三名质量卓越标兵：冠军、亚军、季军。

最后，每月召开一次全体员工质量总结大会，分享三名公司级质量卓越标兵工作情况。

每周、每月如此循环，半年内员工质量意识、认识显著提高。生产一线各岗位员工呈现"心中想质量、口中说质量、手中做质量"的状态，且出现了"比、赶、超"的质量活动竞赛，产品质量得到了明显提高。

场景二：针对处罚诫勉。

首先，针对产生的质量事故，分析员工的出错原因。

其次，明确区分事故发生的原因，因为执行标准精度、方法教育引导、执行难度系数或意识不到等其他原因，还是因为员工个人故意错误执行。

最后，明确事故发生的承担人，若管理原因导致的事故，则由管理者承担事故责任，若员工导致的事故，则由员工本人承担责任并对处罚分级处理。针对每一个质量事故，坚持以问题为导向，杜绝"一刀切"。

经过半年时间的治理，典型质量问题得到了显著提高，干部、员工满意度得到了明显提高。

基于情景案例 8-10，总结如下：大声表彰先进榜样的动员作用是无穷大的，而且奖励行动必须要真实，才能切实鼓舞更多人；后进的现象是需要改变的，其诫勉作用必须是有效的，应本着事实分析、原因寻找、引导纠偏的原则，重在切实有效的改进。

质量管理是全团队的系统工程，唯有全员参与、全方位开展才能彻底做好，卓有成效的奖惩机制是调动全员参与的关键，更是有效构建全员全面质量管理的必要步骤。

## 七、过程安全控制细则

▶ 情景案例 8-11：班中管什么安全？

老师问："生产过程中需要安全管理吗？"

班组长回答："安全生产管理时刻都得重视，都要执行！"

老师继续问："生产过程中的安全管理该做哪些方面呢？"

班组长回答："这……"

### 1. 意义

（1）明确管生产必须管安全是法律义务，同时也是管理原则。

生产现场涉及的安全管控要点很多，且过程中任务多变，"人、机、料、法、环"各要素状态随时波动，必须有效落实班中安全管理政策，才能确保实现以人为本、安全第一的管理愿景。

（2）行为安全即实际安全。

现实中往往是具体行为上忽视安全、缺失安全措施，导致了安全事故。安全生产必须重点强调过程管理，只有保证班中岗位操作员工的具体操作行为、生产动作符合安全标准，才能从根本原理上确保安全。

### 2. 管理要点

（1）要点一：安全作业规程的完善情况。

①具备规章是遵规守则的前提依据。

如图 8-3 所示，巡查现场各安全管理事项包含：各操作岗位使用的风险设备、各风险配合工序、各危险源和风险源管控重点、各安全作业防护要求等是否实现安全规程全受控，对于管理失控或不完整的，应当即协调责任岗位进行作业安全受控管理，确保现场各安全事项具备完整的安全作业规程。

②完善规章管理精细化的必要措施。

如图 8-3 所示，巡查各安全作业规程的编制规范包含：目的清晰、操作步骤明确、要点鲜明、各种操作细则科学、各种图例清晰直观且切实利于解读，并确保生效的安全作业规程日视化管理措施的有效贯彻，切实能用于日常指导。

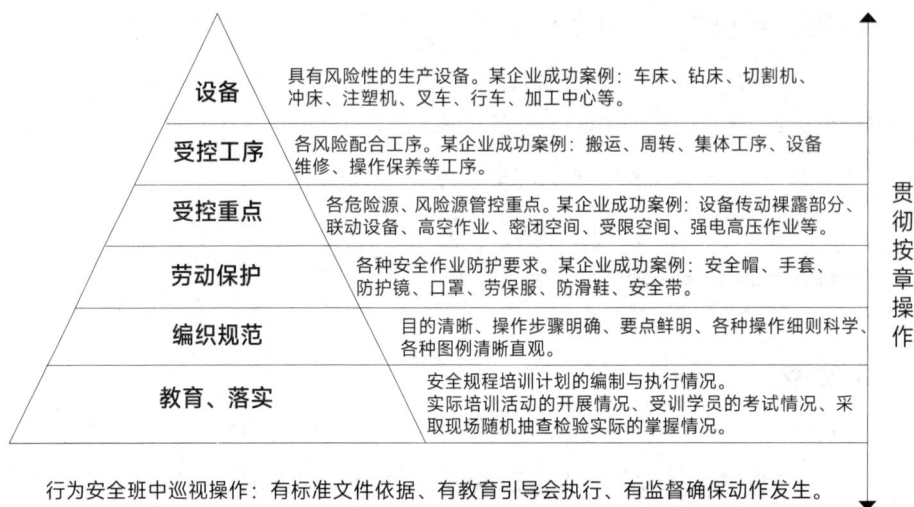

| 设备 | 具有风险性的生产设备。某企业成功案例：车床、钻床、切割机、冲床、注塑机、叉车、行车、加工中心等。 |
| 受控工序 | 各风险配合工序。某企业成功案例：搬运、周转、集体工序、设备维修、操作保养等工序。 |
| 受控重点 | 各危险源、风险源管控重点。某企业成功案例：设备传动裸露部分、联动设备、高空作业、密闭空间、受限空间、强电高压作业等。 |
| 劳动保护 | 各种安全作业防护要求。某企业成功案例：安全帽、手套、防护镜、口罩、劳保服、防滑鞋、安全带。 |
| 编织规范 | 目的清晰、操作步骤明确、要点鲜明、各种操作细则科学、各种图例清晰直观。 |
| 教育、落实 | 安全规程培训计划的编制与执行情况。实际培训活动的开展情况、受训学员的考试情况、采取现场随机抽查检验实际的掌握情况。 |

贯彻按章操作

行为安全班中巡视操作：有标准文件依据、有教育引导会执行、有监督确保动作发生。

▲ 图8-3 安全作业规程管控

（2）要点二：安全作业规程的教育情况。

学会规章是执行能力的保证。如图8-3所示，巡查各安全作业规程的教育情况包含：安全规程培训计划的编制与执行情况、实际培训活动的开展情况、受训学员的考试情况、采取现场随机抽查检验实际的掌握情况等，对于培训不够、掌握不扎实的，应当即开展计划性的复训工作，确保各操作岗位员工具备掌握安全规程的能力。

（3）要点三：安全作业规程的实际执行。

▶ 情景案例8-12：安全生产关键在于做到

某大型机械生产企业调研现场，老师在看一名操作岗位员工进行钻孔作业时，吃惊地发现一个违章事件：岗位员工在操作摇臂钻床的全过程都戴手套。

老师问："同志，驾驶摇臂钻床作业能戴手套吗？"

员工答："不能戴手套呀！"

老师问："那你为什么戴着手套呢？"

员工当即沉默："哦……忘记了……"

①落实标准才能真正标准化。

标准化应包含要求文件化、执行动作化、结果数据化。安全作业规程不仅要求员工知道，还需要员工做到。为此，需通过现场巡视宣导安全，提升各操作岗位员工的安全意识，树立安全第一的价值认识。

②习惯性违章必须及时纠正。

大量不安全的行为构成了安全事故的发生，一件规模事故的背后都是多次违章的累积，且执行者一次违章未被纠正便会增加侥幸概率，久而久之会形成习惯性违章。针对习惯性违章，必须执行现场巡视，及时进行纠正。

③有效落实规章才能杜绝行为安全事故。

针对巡视过程发现的违章作业，应分析造成的根本原因：若是工艺本身或硬件条件受限，应及时调整或利用管理方法给予优化处置，保证各操作要求均能实际执行；若是人为因素造成则应及时引导和纠正，确保各操作均符合规章要求。只有有效落实规章才能杜绝行为安全事故。

## 八、生产进度控制细则

▶ 情景案例 8-13：班组生产进度管理该如何进行

情景一：采访班组长生产进度、生产异常如何管理？

老师问："现在生产进度如何了？"

班组长回答："现在不太清楚，需要等下班的时候统一清点才知道。"

老师继续问："生产进度管理的管理方式是如何进行的？"

班组长回答："没有什么特别的，就是做了再说呗，班中领导问起时去清点再汇报，班后统一清点后再填写日报表提交产量！"

老师继续问："班中有异常发生吗？异常影响大吗？如何看待班中生产异常影响进度的问题？"

班组长迟疑片刻回答："当然有异常，而且很多。异常当然影响大，交付压力大，经常加班，对待异常的看法嘛——唉！只能希望减少呀，毕竟员工不愿意、领导也不愿意，我更不愿意……"

情景二：采访操作岗位员工生产什么？

老师在班组内部随机询问一名操作岗位员工："今天做什么呀？"

员工回答："就做这个喽！"

老师继续询问："还需要多久能做完？"

员工回答："这不太清楚的哟，说不定设备坏了、材料没了……我这无法保证的。"

老师继续询问："如果这个做完了，接下来继续做什么？加班吗？"

员工回答："这不太清楚呢，得问班组长，班组长说干啥就干啥……班组长说加班就得加班……"

情景三：今天加班吗？

老师问班组长："今天加班吗？"

班组长犹豫了一下："现在还不清楚，一会儿看吧……多半都会加班，总之到下班的时候统计产量，没完成出货又交付时间紧就得加班……"

综合上述案例，该班组生产任务进度管理情况着实令人吃惊，而此管理失控现象在许多企业班组中普遍存在，即没有目标性，缺乏计划性、前置性，丧失主动性和灵活性，最终形成被动式、抢救式生产，其后果必然是不堪设想。在当今生产要求高品质、少批量多品种、工艺实现越来越复杂化的时代，实现生产高效管理必须强调有效的进度控制。

## 1. 意义

（1）班组作为劳动生产组织最基本、最重要的功能是完成生产计划。

生产班组中所有成员工作必须具有目标性，应在班前（参考第七章第二节班前"五查"之准备细则第4条）清晰掌握生产目标的计划分解、下达承接、问题预防等；应在班中以生产任务目标为中心，根据实际情况进行协调配合，才能达成"心往一处想，劲往一处使"的团队合力，树立班组集体目标感。

（2）生产任务是"现场追着"完成的。

班组长作为计划的第一责任人，应身在现场盯紧任务计划、掌握当即任务进度、及时协调优化生产资源、有效调动生产团队等，真正控制生产节奏，最终保证生产任务完成。毫不过分地说："生产任务是'现场追着'完成的！"

（3）进度追踪是前置准备、前置预防的重要组成部分。

总结情景案例8-13，因为未执行科学合理的进度追踪，所以不能当即掌握目前生产任务（以下称本排程）情况，无法准确安排下一个周期生产任务（以下称下排程），更无法给予下排程协调资源，又因本排程问题不清甚至积累，下排程无前置考虑和问题预防，最终形成"走一步就看一步，走到哪儿是哪儿"等无清晰计划、无前置准备的混乱生产，造成临时停工、紧急赶工、质量异常、常态加班、员工疲惫等多种生产异常现象。为此，进度追踪是前置准备、前置预防的重要组成部分。

做好生产任务进度管理是一名合格班组长的必要职能，规范生产进度控制细则更是班组持续高效达成生产任务的必备准则。

## 2. 管理要点

基于上述目的、综合成功案例，结合本班班前生产任务排程，班中生产进度控制全过程均延续使用拉式看板进行处理，如图8-4，其具体操作要点如下。

（1）要点一：进度追踪及看板填制。

①实际产出跟踪记录。根据班中实际执行时段，在每一时段排程结束时，统计该时段排程的实际产出，如图8-4所示。

第一时段：8：00-10：00，计划目标200，实际达成200，证明该时段计划生产目标达成；第二时段：10：00-12：00，计划目标200，实际达成180，则该时段并未达成计划目标；第三时段：12：00-14：00，计划目标200，实际达成200，证明该时段生产目标达成；第四时段：14：00-16：00，计划目标200，实际达成180，则该时段并未达成计划目标。

## 生产排程进度管理看板

生产单位：第一车间1班　　　　　班时长：8小时　　　　　生产日期：××××年×月×日

| 生产指令单产品序列 | 任务总量（pcs） | 时段任务排程 | | | | | | | |
|---|---|---|---|---|---|---|---|---|---|
| | | 8：00-10：00 | | 10：00-12：00 | | 12：00-14：00 | | 14：00-16：00 | |
| | | 计划（PCS） | 实际（PCS） | 计划（PCS） | 实际（PCS） | 计划（PCS） | 实际（PCS） | 计划（PCS） | 实际（PCS） |
| A001 | 800 | 200 | 200 | 200 | 180 | 200 | 200 | 200 | 180 |
| | | | | | | | | | |
| | | | | | | | | | |
| | | | | | | | | | |
| | | | | | | | | | |
| 生产异常记录 | 1. 机：11：40-12：00 MO1设备转动部位70号皮带断裂更换（影响20PCS）<br>2. 料：15：30-16：00 FO1原材料因为料废20PCS导致现场物料短缺且仓库无存货（影响20PCS） | | | | | | | | |
| 生产统计 | 生产任务达成率：95% | | | | 人均产能（PCS）：76PCS | | | | |

应到人数：10人　　　　　　　　　　　　　　　　　　实到人数：10人

▲ 图8-4　班中生产排程进度控制

②生产异常处理和记录。未达成的时段排程定有生产异常，应启动异常快速处理机制（详情见第八章第二节 九、生产异常处理细则），且须在下时段排程展开前，将未达成排程的异常进行规范记录。

要素1：记录发生异常的类型——"人、机、料、法、环"等。如本例所示：第1起异常类型为"机"；第2起异常类型为"料"。

要素2：按规范详细记录。涉及时间、异常对象、异常原因、异常真因、造成产能损失数量。如本图例所示：第1起异常记录格式为11：40-12：00（涉及时间）M01设备（异常对象编号和名称）传动部位（异常原因）70号皮带断裂更换（异常原因）影响20PCS（造成产能损失数量）；第2起异常记录格式为15：30-16：00（涉及时间）F01原材料（异常对象编号和名称）料废（异常原因）现场物料短缺且仓库无存货（异常原因）影响20PCS（造成产能损失数量）。

注意：每一个未完成的排程均有生产异常，每一个异常处理完成或未完成均须规范填写详细记录，该记录的规范程度，直接决定后续生产异常分析与预防方案的合理性（结合参考第八章第二节 九、生产异常处理细则）。

③班后生产统计核算。第一项指标，如图例8-4所示：生产任务达成率 = 实际产出（760）÷ 计划总量（800）× 100%=95%。

第二项指标，如图8-4所示：人均产能（PCS）= 实际产出（760）÷ 应到人数（10人）=76PCS。

注意：统计栏指标项次可结合企业实际需求情况，添加其他需要进行量化的管理指标，特别建议采用当班能实际产出的数据指标。

（2）要点二：前置准备和预防。

本班中不仅填制生产排程进度管理看板，更应同时根据前排程、本排程的达成情况，提前准备后续排程的生产资源，防止后续排程缺乏准备之下的仓促生产，进行具有计划性、前瞻性的前置生产准备。

①由班组长通过现场巡视追踪的前置准备事项。应通过巡视追踪、信息传达、多职能协调，确保生产资源在后续排程任务来临之前准备到位。若断定后续排程资源确实无法到位，应提前向生产指令发出单位进行通报，并做计划调整，避免整体不清不楚、预防失效、防止生产现场中途停产。

②由各操作岗位员工执行前排程任务时的前置清点。各岗位级操作员工，应在执行前排程任务时，前置清点后续排程任务所需资源，通过清点发现后续排程资源无法到位时，应立即通知班组长予以核实，避免出现"走一步就看一步、走到哪儿是哪儿"的现象，防止本岗位作业中途出现低产、停工、停产等异常现象。

（3）要点三：及时提报进度数据。

班组长应按生产排程进度管理看板依据每时段的完成情况，及时向有关单位提报进度数据。

①生产指令发出单位：及时掌握现场实际产出，以利于做出资源性协调支援、后续指令调整、精准编制后续生产计划，有利于保证生产计划、指令与现场实际相符。

②班组上级管理单位：及时掌握现场实际生产情况，以利于提前给予资源支持，甚至提前发现问题和预防问题，有利于保证生产现场稳定态。

③班组各作业岗位：及时清晰现场实际达成情况，以利于前置做好岗位准备平稳应对排程任务，减少因前置排程不清而临时承接后的紧急生产，有利于保持岗位工作的稳定性。

## 九、生产异常处理细则

▶ 情景案例 8-14：生产异常为何如此多？最怕遇到大异常！

发生在某大型企业的实际调研案例。

老师问："班中发生的异常多吗？"

班组长答："多呀！头疼……就怕出现异常，特别是大异常……"

老师问："何为大异常？为什么那么怕？"

班组长答："就是我们班组和班组长自己无法解决的异常，找不着人解决、拖着长时间停工，最终完成不了生产任务！"

老师问："大异常是如何处理的，能详细说一下吗？"

班组长随即生动地勾画了一个圈，如图 8-5 依靠"领导活动式"异常处理运动圈所示，很无奈地表示："情况复杂，一言难尽呀……"

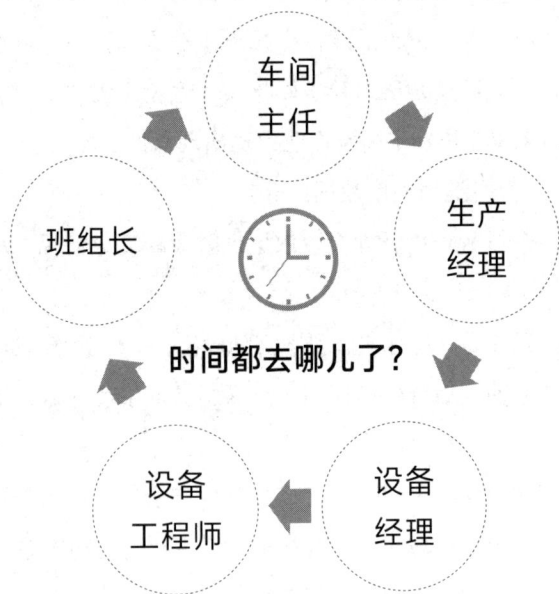

▲ 图 8-5　依靠"领导活动式"异常处理运动圈

情况一：班组长（处理不了）→找车间主任（处理不了）→找生产经理（这不是设备的问题吗）→找设备经理（某工程师能修）→找设备工程师（修改）→找班组长……

情况二：催领导。找了很久、费了很多周折，但人都没来，没办法只有催领导出面……催多了领导会发火，班组长自己本身又不行……

情况三：直接找设备工程师。必须走流程按维修单干活！写维修单报请领导批准，这不又绕回来了吗……

情况四：自己处理。求人不如求己，其结果是设备拆开后，安装不回去了，越搞越坏……

情况五：干着急。员工要业绩、公司要产量、生产却在停产，可怎么办呀！我太难了……

▶ **情景案例 8-15：异常总是没人处理，只能越级汇报！**

为了加速处理异常、恢复生产，部分班组长不得已采取越级汇报，可越级汇报又产生问题。

问题一：找大领导是有效果的。大领导立马就来到生产现场，打电话通知相关人员立即处理。由此班组长得到了一项成功经验，以后遇到大异常直接找大领导。

问题二：万一大领导不在怎么办？打电话呗，可万一电话不通呢？万一大领导在处理其他紧急事务呢？总之，离开大领导就是不行，久而久之大领导成了处理现场异常的总调度人，十分繁忙。

场景一：某规模化食品生产企业总经理私家车后备箱，常备生产用皮带、马达、黄油、面粉、纸箱、胶带……经常为了一根 70 元的皮带亲自开着私家车来回 40 公里去五金店购买。

老师吃惊地问："总经理，您这么大的工厂，没有设备维修员、车间主任、采购员吗？"

总经理回答："当然有呀。"

老师继续问："那为什么现在总经理您自己做这些呢？"

总经理无可奈何地说:"唉,班组长们说,那些领导做没实效,我来做最有效。"

场景二:某大型机械加工企业总经理特别反馈了一个现象——为什么员工只有总经理能叫得动?

该总经理受邀请参加某十分重要的外部会议,在会议期间接到某班组长电话。

班组长说:"总经理,设备坏了、生产停产了,赶快叫人来修吧!"

总经理回答:"我正在开会,你直接联系设备部张工去修吧!"

班组长说:"好的。"

于是班组长立即打电话通知张工:"张工,设备坏了,上次没修好,赶快过来维修!"

张工回答:"我很忙,不知道忙多久、忙完就过去!"

但等了三四十分钟张工并没有过来,班组长再次联系张工,这时张工不接电话了,又等了三四十分钟,张工还是没有过来。现在已经很着急了,怎么办?

班组长再次打电话给总经理:"张工很忙,等了一个多小时了,现在电话也不接了……"

总经理听说后立马从会议室冲出:"我来打电话。"

神奇的现象发生了,总经理电话拨过去张工堪称"秒接",并当即回答:"马上到!"

该总经理百思不得其解,问道:"老师,这样的现象在公司里很多,员工为什么只有总经理能叫得动?"

老师回答:"这是组织系统出现混乱了,如果连生产异常处理都是如此,可见混乱程度已经很严重了,生产任务达成必受影响,久而久之生产力很弱!"

## 1. 意义

综合上述两案例发现很多不正常的问题:出现异常班组长搞不定谁来处理、相互推诿、指责扯皮、轻重缓急不分,甚至故意拖延等,这将严重制约生产班组的效能,造成无法按时交付产品,甚至长期加班、质量安全事故频发、各级员工疲惫不堪的现象,久而久之经营效益、整体士气等必将受到影响。

为此,必须科学合理地建立一套完整的现场异常处理机制,使各责任岗位能针对生产异常高效处理、履行各自职能，从根本上保证班组的效能发挥。

### 2. 管理要点

（1）要点一：端正生产异常管理心态。

①生产没有异常是不正常的。生产没有异常只有两个原因：一是各级管理干部未在生产现场进行必要的跟踪，看不到生产中存在的隐患，得不到提前预防和减灾处理的结论；长期不分析待提高的不足、不进行改善行动，自我满足且习以为常是导致班组突发异常的根本原因；二是当前生产班组任务安排并未达到实际满负荷，因任务量安排过少，班组效能并未充分展现，所以异常暴露不出来，这更是生产管理的最大浪费。

为此，生产管理者应本着"只要生产就会有异常"的职业心态，进行持续改善，追求精益求精。

②发生异常无人处理不正常。生产现场如战场，其特别强调一致性、准确性、快速性，无论何种生产异常都必须具有明确的责任者执行处理，因认识不到或责任不明而发生推诿、扯皮、内耗、异常长时间无人处理，致使停工停产是生产型企业最不划算的浪费。

应建立快速反应机制（详情见本细则要点二）、明确责任归属，并以问题解决为核心，将生产异常的沟通、协调、处理成本降至最低、影响降到最小，实现快速恢复正常生产。

③老异常重复发生也不正常。因异常未得到彻底处理而再次发生是最令人不能接受的，其造成的损失也是不应该的。一方面，针对异常要做到四不放过。吸取经验、总结教训是管理者最基本的能力，针对发生的各种生产异常应本着四不放过（详情见第八章第二节　一、人员巡视管理细则之管理要点二）的处理精神，彻底断根，确保其不会再次发生；另一方面，做到异常分析与预防。对于异常记录应清晰填写、按时提交，各职能管理人员对其根本原因要进行常态化分析、拿出切实可行的解决方案，杜绝同类异常的再次发生。

（2）要点二：建立异常快速反应机制。

效率源自准确性和快速性，生产异常的处理必须强调效率。为体现精益生产、减少非必要的流程时间浪费，车间现场应成立异常快速反应小组，建立常态化异常应对机制。

结合图 8-6 所示，成立生产异常快速反应小组：定义生产异常类型（"人、机、料、法、环"）、明确锁定异常类型的相应责任人、设计责权利，达成快速反应效果，相应规则如表 8-1 所示。

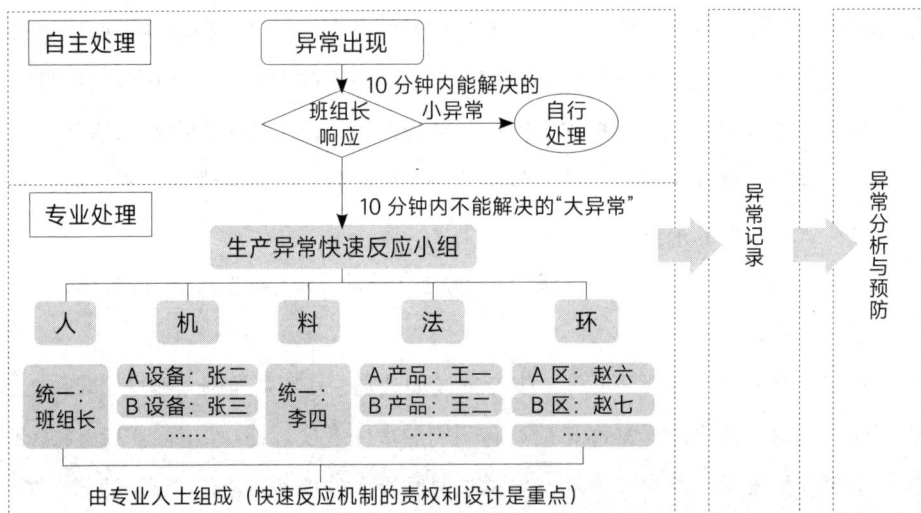

▲ 图 8-6 生产异常快速反应机制

表 8-1 车间异常快速反应小组

| 一、定义异常类型、明确锁定责任者 | | |
|---|---|---|
| 异常类型 | 锁定处理人 | 锁定理由备注 |
| 人 | 本班班组长 | 本班组内员工管理的第一责任人。 |
| 机 | A 设备：张二<br>B 设备：张三 | 对所属设备的结构、性能、故障维修最为专业的人。 |
| 料 | 物控员：李四 | 对产品物料配置结构、规格、流通数据等供需管理最为清楚的专职物料管理员。 |

续表

| 法 | A产品：王一<br>B产品：王二 | 为该产品的工艺设计、优化的直接设计人或生产技术支持人员。 |
|---|---|---|
| 环 | A区：赵六<br>B区：赵七 | 该责任区域安全、环境异常等处置最为专业的人员。 |

## 二、定义异常快速反应小组责、权、利机制

| 责 | 1. 原则义务：处理生产现场异常是本职义务，而不是人情世故；<br>呼叫赶到：无论在处理何事，收到车间异常呼叫应在规定时间赶到现场；<br>处理效率：针对异常以在最短时间内采取专业化处理、恢复生产为目标；<br>数据记录：异常发生至处理完成所占时间、所对应产能的损失影响，由异常呼叫方班组长详细记录在案，作为考评依据。 |
|---|---|
| 权 | 处置权：责任范围内的异常具备处置权；<br>培训指导权：针对使用异常，对操作岗位员工具有培训指导权；<br>申报使用权：对处理异常所需的资源具备申报权和使用权；<br>建议权：对责任范围的异常分析和预防、优化、规则制定具备建议权。 |
| 利 | 考评依据：汇总异常呼叫方班组长所记录的每一笔异常数据作为考评依据；<br>纳入考核：使用考评依据与责任岗位绩效挂钩，鼓励异常停工越少、考核奖励越高。 |

## 三、补充说明

快速反应小组异常处理人锁定说明：应首选对该异常类型最专业、最直接的"专业人士"，并非为该领域的相关管理者。因为即便选择了管理者，最终管理者依然会寻找专业人士，如此产生流程时间浪费。

异常管理的分工说明：班组长开启专业处理呼叫；各专业人士处理异常恢复生产；班组长记录异常数据并向相关管理者提交；相关管理者根据异常数据进行汇总、分析、制定后续预防方案。

有条件的企业建议：基于异常快速反应机制建设"安灯生产异常呼叫信息化系统"更佳。

（3）要点三：细化异常处理步骤。

①及时响应。

操作岗位员工在生产异常发生时应立即通知班组长，班组长应第一时间赶到异常现场，针对异常事件做出初步判断。

小异常处理：通过判断确定，异常依靠班组的力量在短时间内能解决，则立即组织力量自主解决或采取临时处理措施予以恢复生产。

大异常处理：通过判断确定，异常无法自行解决的则定位异常类型，应立即呼叫相应快速反应小组成员。

②解决异常。

无论何种异常，均应强调快速恢复和断根原则。

属异常快速反应小组专业处理的异常：若异常发生为技术原因所致应予以专业恢复；若异常发生为管理因素所致，则应制定新操作标准并落实操作岗位员工的使用教导。属班组自主解决或临时措施恢复的异常：其断根措施不能自行提供的，亦由异常快速反应小组提供断根措施。

异常解决和断根措施的有效性应以现场实际操作验证为准。

③攻关奖励申请。

属创新类、技术类等价值型、攻关型异常的，其所涉及的异常问题得以解决，且验证断根措施切实有效，提倡由班组长向上级单位提交攻关奖励申请。

④记录异常并及时提交。

任何造成停工停产的异常事件，其类型包含但不限于：人员不熟练、设备故障、资源协调不够、工艺标准调整、环境因素变化、安全工伤事故等，在异常得到解决后，班组长均需进行完整的、详细的记录，并于本班正式下班前提交上级主管单位。

其他状态的异常事件，包含：已呼叫并未响应、已响应并未恢复等造成停工停产的异常事件，均应按上述要求进行详细完整记录和提交。异常记录格式参考表8-2所示。

## 表 8-2　现场异常快速反应处理单

| 现场异常快速反应处理单 | | | |
|---|---|---|---|
| □ 常态类 | | □ 攻关类（创新、技术突破） | |
| 异常描述 | 发生时间：___年___月___日___时___分 | 班组别： | 负责人： |
| 异常描述 | 异常类型： | 异常说明： | |
| 快速反应情况 | 呼叫人：_____ 处理责任者 / 专业处理人：_____ | | |
| 快速反应情况 | 呼叫时间：___年___月___日___时___分； | | |
| 快速反应情况 | 到位时间：___年___月___日___时___分； | | |
| 快速反应情况 | 从呼叫至到位的总时间：_____分钟。 | | |
| 异常处理情况 | 原因描述 | | 处理描述人 |
| 异常处理情况 | | | |
| 异常处理情况 | 紧急恢复对策描述 | | 处理描述人 |
| 异常处理情况 | 长期断根措施描述 | | 处理描述人 |
| 异常处理情况 | | | |
| 处理结果及影响情况 | 生产恢复时间：___年___月___日___时___分；<br>从发生至处理完成的总时间：_____分钟。 | | 现场确认人 |
| 处理结果及影响情况 | □ 正常恢复，异常影响的产能 / 工时：_____； | | |
| 处理结果及影响情况 | □ 待恢复，异常影响的产能 / 工时：_____。 | | |
| 备注：<br>请各班组长详细填写如上单据，于当班下班后提交上级主管单位处；<br>该单据各信息的完整性，决定着异常管理分析和预防的准确性，请各责任者务必认真对待。 | | | |

（4）要点四：生产异常分析与预防。

异常分析与预防目的：①追求彻底地解决同类异常，通过分析编制有效的改善方案，防止其后续再次发生，使同类异常造成的损失降低到最低程度；②总结本期发生的异常损失并在下期生产开展前进行优化。指导下期生产计划的科学编制、生产任务的有效组织等，是前置生产、前置预防的重要管理体现。

异常分析与预防实务：基于班组长提交的异常记录，各职能管理岗位（包含生产制造部门、生产计划部门、精益改善部门等管理策略制定单位）应在周期内采取常态化分析、总结损失影响、编制有效的改善方案并落实实施，从而达到杜绝老异常再次发生、优化下期生产活动的目的。

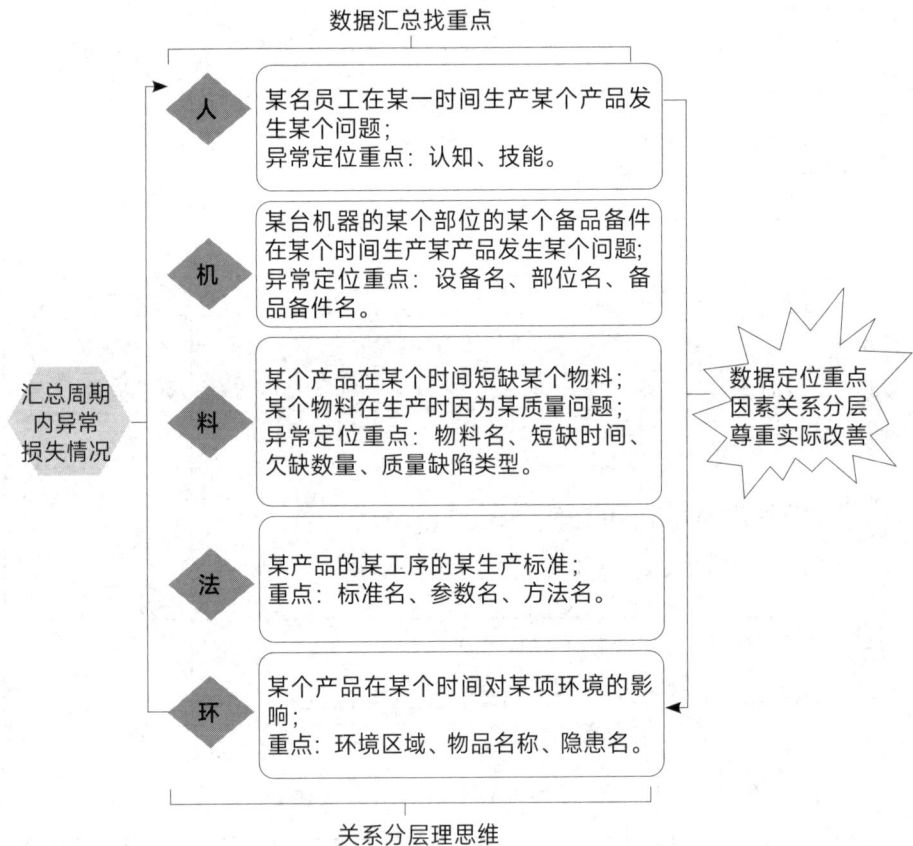

▲ 图 8-7  异常分析与预防常规操作指导

结合图 8-7 所示，异常分析与预防的实务操作步骤及举例说明如下。

①损失汇总。

周期内所有异常损失情况，推荐以产值（损失产量 × 产品成本单价）的形式列出。如图 8-8 所示：某月全部生产异常造成的产值损失总额为 600 万。

②分层汇总、定位问题。

定位重点异常的基本原则：异常损失越严重，分析预防价值越高。

首先，第一次异常重点类型分层汇总。按"人、机、料、法、环"异常类型分层汇总损失情况，按损失的严重程度予以优先安排第二次问题项类型分层汇总。如图 8-8 所示：机的异常最为严重，计为 450 万。

其次，第二次异常问题项分层汇总。对第一次分层的优先安排项，再进行二次问题项分层汇总，按损失的严重程度予以优先安排第三次问题点分层。如图 8-8 所示：M01 设备的异常最为严重，计为 440 万。

再次，第三次问题点分层汇总。对第二次分层的优先安排项，再进行三次问题点汇总，按损失的严重程度予以优先安排第四次问题因素分层。如图 8-8 所示：传动部位异常最为严重，计为 400 万。

最后，第四次问题因素分层汇总。对第三次分层的优先安排项，再进行第四次问题因素分层汇总，按损失的严重程度排列或继续依次循环，直至关联异常因素的末端。如图 8-8 所示：70 号轴承损坏最为严重，计为 390 万。

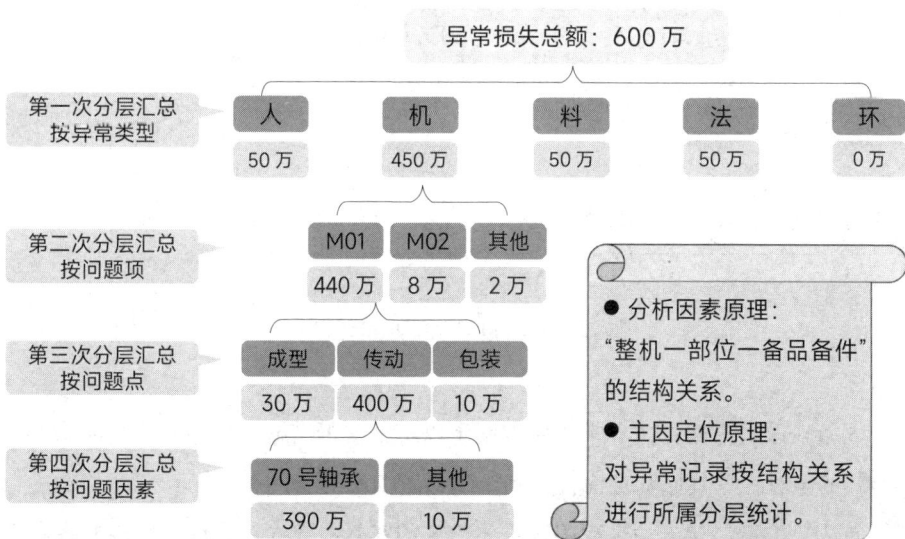

▲ 图 8-8　异常分析与预防操作

③主因分析：列出末端因素，根据汇总数据判断重点、确定主要原因。其原则是：因素关系越直接，凸显影响越大，其改善越有效。

延续上述步骤案例，得出主因结论：如图 8-8 所示，某月生产异常损失主要原因是机器类型的异常，其中编号为 M01 的设备其传动部位的 70 号轴承损坏最为严重，共造成产值损失 390 万，占月度总异常损失比例的 65%，占全部设备异常损失比例为 86%，问题凸显，原因精准，必须制定方案予以改善。

④依据异常数据分层汇总分析，基于"现场、现物、现实"的原则，编制改善方案。其原则是措施越务实执行越实际。其方案制定方法推荐参考图 8-9。

| 异常类型<br>找重点<br>因素分层<br>定措施 | 人 | 机 | 料 | 法 | 环 |
|---|---|---|---|---|---|
| 第一层<br>损失汇总 | 发生时间<br>工号 / 姓名<br>⬇ | 发生时间<br>设备机台号 / 名称<br>⬇ | 发生时间<br>料号 / 品名 / 规格<br>⬇ | 发生时间<br>工艺号 / 工艺名<br>⬇ | 发生时间<br>区域名称<br>⬇ |
| 第二层<br>哪项最多 | 加工什么产品<br>哪一具体工序<br>⬇ | 发生设备的<br>具体部位<br>⬇ | 是交期还是质量<br>具体数量多少<br>⬇ | 是否有指导性<br>工艺文件<br>⬇ | 环境：具体的<br>物品或场地 |
| 第三层<br>哪方面最突出 | 具体工序的<br>哪一具体步骤<br>⬇ | 具体部位的<br>哪一设备 / 备件<br>⬇ | 交期异常：<br>应前置下达<br>⬇ | 工艺文件<br>是否准确<br>⬇ | 安全：具体的<br>危险隐患点 |
| 第四层<br>哪点最明显 | 具体步骤的<br>哪一具体动作<br>⬇ | 是更换<br>还是维修<br>⬇ | 质量异常：<br>是工废还是料废<br>⬇ | 准确的工艺文件<br>是否有效传达<br>⬇ | 具体改善操作 |
| 第五层<br>具体改善操作 | 培训、指导<br>优先熟练掌握<br>其次择选合适 | 投入成本和产出<br>具体改善操作 | 工废：生产用<br>料监管<br>料废：供应商、<br>仓储改善措施 | 攻关工艺<br>投入成本和产出 | |

注：以此类推、结合现场实际、分层细化、找到真正原因和措施。该模型图笔者凭经验编制，仅供参考。

▲ 图 8-9 异常预防方案制定

⑤落实改善方案：按异常预防方案予以实施改善措施，达成改善目标兑现改善绩效的全过程。其原则是执行越到位改善越彻底。

首先，方案制定人须全程跟踪具体措施的实际有效性：追踪、协调方案实施中的相关责任方、落实改善职责、提供改善资源保障、修正方案执行中的不足等，以达成改善方案目标。

其次，方案制定人应验证各改善项阶段和最终结果数据的真实性，并向方案审批方进行阶段汇报和最终成果汇报。

最后，依据方案改善的实际客观数据，及时有效地兑现各责任方的绩效评价。不断树立持续改善的职业心态，追求精益求精的团队作风。

## 十、巡视总结细则

▶ **情景案例 8-16：针对巡视中现场的其他不足**

老师问："班中巡视除了上述九个方面之外，针对其他的管理不足或细节问题该如何管控呢？"

班组长答："这……暂时没有考虑。"

▶ **情景案例 8-17：下个工作日（以下称次日）生产计划的前置管理**

老师问："是否提前预知次日的班组生产计划，并提前关注协调情况、前置提报生产问题和参与解决问题？"

班组长答："这些……更没有考虑。"

### 1. 意义

（1）大问题由小问题量变而来。

在现场经常出现一种现象：某通道当天不规范放置某一件物料或物料没有得到及时处理，次日就会不规范地放置另一件物料，第三天就会不规范地放置更多物料。经过一段时间发现该通道被堵住了，再经过一段时间发现所有通道都堵住了。

大问题的发生都与小问题有关系，因为对小问题没有重视，更没有及时采取措施或加以控制，经过长周期不断发展积累，最终出现了大问题。因此，管理者应对日常管理中出现的细微不足本着零容忍的态度去处理。

（2）前置生产管理很关键。

在现场经常出现另一种现象：因前置生产管理不足，经常出现生产计划不对、备料不吻合、协调不清等问题而发生班前模糊开工、班中边做边看、班中长时间临时协调、临时停工等待等异常问题，导致现场执行混乱，严重影响班组生产效率。

生产计划、备料、协调准备等前置管理行动必须与现场实际吻合才有意义，班组长为最清晰现场实际动态情况的管理者，必须参与对次日的前置生产管理。

### 2. 管理要点

（1）要点一：巡视中细节问题的发现、处理、预防、记录。

①应积极带头发掘现场管理的不足、乐于承接员工提出的小问题、勤于针对小问题进行解决。同时，应着力防止因小而不为、无所谓、习以为常等不作为的现象，应在班组内部持续大力宣导积少成多、积小成大的改善导向。

②无论任何问题都应分析问题产生的原因，采取有效的处理措施予以解决，针对小问题亦当如此。

③为防止小问题的蔓延发展，须以问题断根为工作导向，针对小问题亦需采取后期预防措施。

④好记性不如"烂笔头"，为防止自身因小而遗忘、团队因小而不引起重视、次日因小又再次发生等，应将小问题的发生背景和导致后果、处理措施和后期预防方案等形成有效的巡视记录（推荐统一制定班组长巡视记录本，尺寸规格为手掌大小便于随身携带），并在当班班后会进行统一检讨，于次日班前会进行针对性部署。

（2）要点二：班中巡视时对次日生产的前置管理。

①主动获取次日生产计划，依据周期主生产计划、当日现场完成情况等核对次日生产任务，发现计划安排冲突、任务饱和度异常等问题的，应第一时间向上级主管和计划编制部门予以反馈。

②参与对次日生产任务的"人、机、料、法、环"等资源的前置协调、前置准备工作，提前检查任务对应资源的到位情况，发现资源滞后或准备偏差等异常的，应第一时间向上级主管和责任岗位予以反馈。

③依据上述前置核对和检查，同步开展对次日生产任务的班组前置准备工作，并于当班班后会前核实汇总次日班组生产能力，如出现能力不能满足需求的，应提前向上级主管提出能力需求计划。

④将次日生产任务和前置生产准备情况，于当班班后会提前预知全体班组成员。

# 第三节　班中"十控"重点说明

## 一、应呈现班组长的管理者作用

综合本章全部内容，一方面管理要求部分"人、机、料、法、环"等动态达标；另一方面工作业绩部分"质量、安全、进度、异常、总结"等要持续达成，其工作量是非常繁重的，而企业班组长如果没有脱产呈现真正的管理者角色，从工作重心和个人精力上是难以达到要求的。

未来外部市场要求越来越高，同步要求企业管理越来越好，总结需求趋势和成功经验，作者特别建议：生产型企业应前瞻性地考虑自身发展状况，在订单得到交付保证的前提下，科学制定班组长完全脱产的管理转型计划，逐步使班组长成为完全的管理者，切实发挥管理作用，履行管理功能，最终实现班组管理精细化。

## 二、精细地管理造就最终的收获

生产成果不是靠运气赌出来的，生产成果是靠精细地管理出来的。持续获得成果在于班中细节，根据生产管理法则，班中各方面："人、机、料、法、环""质量、安全、进度、异常、总结"等，每一方面从目的到要点无一不强调其必要性和管控细节，若每一方面的管理精细度都得到保证，则团队战斗力得到提升、过程风险有效控制、现场态势逐步稳定、生产效率逐步优化，最终实现收获成果。

## 三、简单的事情重复去做，平凡的事情坚持做好

班中各方面的管理要求从技术角度来说是简单的、平凡，但实现长期做好、

做到并形成一套体系却是不简单和不平凡的，持续地将各方面管理要求的点点滴滴做好本身就是一套体系，各班组长务必从思想意识上清晰理解、思维认识上高度统一。

班中管理绝不是一时性起、一锤子买卖，而是一种重复加坚持的常态化主动工作方式，是成就一套班组规范工作体系的管理核心，更是各班组长和岗位操作员工实现科学管理习惯的职业化训练过程。

## 第九章

# 金牌班组长工作事务体系
## ——班后"三清"

**本章要点荟萃**

- 班后"三清"之"管理细则"——岗位级班后清总体细则、班组长班后清总体细则。

- 班后"三清"之"合理化建议提案收集"——收集提案并整理、资料存档和价值转化。

- 班后"三清"之"隔日隔班展望"——隔日或隔班生产指令的前置确认和应对、当日问题次日应对、向上和向下事项征集。

# 第一节　班后清原理

▶ **情景案例 9-1：班后管理**

老师问："班后的管理行动是什么？"

班组长答："班后没什么，宣布下班……"

老师继续问："本班次出现的问题下班次会继续发生吗？下一班组接班发生

过相同问题吗？"

班组长答："会发生……班组接班经常发生问题……"

### 1. 总结经验才能持续改善

结合情景案例9-1，由于班后管理事项的缺失，从而经常导致此类失控现象发生。本班生产任务完成情况如何、生产过程问题处理如何、团队生产力如何、现场管理不足如何总结分析改善等不清晰，造成班组事故重复发生、顽症屡改不止等持续改善受阻。为此，有必要对本班次活动进行经验性总结，才能实现持续改善的管理目标。正所谓："日事日毕、日清日高。"

### 2. 相互合作才能延续生产

结合情景案例9-1，由于班后管理事项的缺失，导致此类失控现象：班后事务处理不彻底、下一班次接班不清晰等，长此以往班次脱节，严重影响生产的延续性。生产任务的本质就是基于多班组之间的连贯性作业，绝不是孤岛式的自我完工。为此，应将班后事务有条不紊地执行彻底，将下一班次的合作生产执行清晰。正所谓："班后别忘记、生产要持续；落实班后清、合作放我心！"

为此，班组长需要将班后的管理工作安排精细，落实持续改善，保证延续生产。《金牌班组长职业化成长体系》根据生产行业现场工作特点，详细规划了班后"三清"的工作内容。

# 第二节　班后"三清"管理细则

## 一、班后清总体细则

▶ 情景案例 9-2：班后清程序

老师问："班后清哪些？"

　　班组长答："忙起来就不清，不忙的时候就搞搞卫生，然后宣布下班，甚至不用宣布就走了……"

### 1. 意义

（1）对生产现场进行正常状态复原。

　　首先，无论何时都应遵从现场管理的基本原则：所有现场生产资源应有明确的规定状态、现场各项布局应有明确的设计标准，本班次在生产使用过后必须对其状态和标准进行复原；其次，为保证下班次顺利接班，本班次班后的交班管理十分关键。

（2）对本班次进行班后总结和改善。

　　首先，追求进步必须总结。总结每一步的成功经验、吸取教训、预防优化是班组管理持续进步的必要过程。其次，无论何种生产管理都应遵从持续改善的法则。生产管理不仅是班前风风火火动员、班中热热烈烈行动，还应包含班后清清楚楚总结，只有使班前、班中、班后三阶段都达到一致化、顺畅化，并形成流程体系化，才能真正实现生产管理的持续改善。

### 2. 管理要点

（1）要点一：岗位级班后清总体细则。

①整理本岗位现场的物资：含岗位原材料、半成品、成品、备品备件、生产工具、量具等各类物品的精益化归位、账和卡的精准化填制，确保账、物、卡的一致性。

②辅助设备的关停或复位：切断本岗位因生产需要使用过的水、火、气、电源等非联动辅助设备和设施的关停或复位。

③生产设备班后清洁复原：依据生产设备管理标准，清理加工机台的余屑料、残渣、油污、废弃物、污染物等，确保生产设备班后状态与规定标准一致。

④岗位责任区班后清洁复原：依据班组 5S 标准和操作要求，对岗位责任区的桌面、地板、墙壁、空中等四个维度进行班后清扫，保证班后岗位责任区状况与清洁标准一致。

　　特别说明：班组管理靠全员，班后清应做到人人参与。通过班前、班中、班后三阶段的持续推行，使员工内心感受到现场管理就是日常工作，树立生产前清爽，生产中不污染、物品不乱堆乱摆乱放，生产后清洁复原的职业认知，常态达标、班班循环、逐步实现星级现场管理目标。

（2）要点二：班组长班后清总体细则。

①召开班后会，把握两个重点。

其一，当班生产业绩的通报。依据班前、班中的生产完成情况，结合生产排程看板数据进行通报，如图8-4示例。

班组长清晰通报："全班成员请注意，本班开班8小时，生产A001产品，总任务量800PCS；通过全班同事们的共同付出和配合，我们完成了760PCS的实际任务，班中产生了两个异常分别是……，生产任务达成率95%，人均产能76PCS。"

特别说明：无论何时都必须保持团队目标感，使员工体会通过实际付出所产出的收获价值、使团队真切感受到因异常导致的损失影响和预防措施，班后会生产业绩通报应确保全班员工能清晰收到。

其二，当班管理不足的检讨、改善措施的部署。依据班中巡视管理的实际情况，结合巡视记录本（总结记录请参考第八章 十、巡视总结细则），对巡视中发现的细节不足，组织进行检讨，并清晰地将改善措施落实到相应岗位。

特别说明：所有的改善措施应包含具体责任人、实施时间、改善标准、复查核销计划等。

②填写生产日报表。

其一，按要求完成生产日报表各栏目的数据核算和填制。包含：生产任务完成数据、各项指标实际数据、投入资材及实耗数据等，于本班正式下班前提交相应责任岗位，并配合相应责任岗位处理数据误差，直至清晰完整，以利生产结果的综合统计。

其二，按要求完成交班记录的填制。

第一，为使下一班次生产业绩更佳，需将本班次生产事务执行情况进行描述记录：生产指令达成情况及本班次未完成的且需下一班次延续的生产任务；涉及班组绩效的成本、品质、交期、安全、士气等五项表现情况；本班生产中发生的工艺标准、质量要求等变更情况。

第二，为实现各班次各种管理要求持续达标，需将本班管理运行情况进行描述记录：需下一班次延续的安全、质量等重点管控事项、各类生产异常且需下一班次特别改善和预防的事项等。

特别说明：交班记录是接班工作的第一手参考记录，对下一班次生产和管理的指导意义非常重大。生产任务的本质是基于多班次之间的连贯性作业、生产管理要求的落地标志是多班次之间的持续达标，因此切勿形同虚设、不了了之，否则将造成班次脱节。所需填制的各项交班记录必须真实、完整、详细和具体，应包含交办的项目对象、涉及的数量、办理的时间、办理的标准等。

③检查下一班次的备料情况。

为进一步保证下一班次（接班的班次）的持续性，班组长还应于正式下班前参与对下一班次生产指令的备料检查，每班查下班，班班如此循环，落实合作事项，体现合作生产，形成精密齿轮般的相互咬合，实现生产任务的精准延续。

## 二、合理化建议提案收集细则

▶ 情景案例 9-3：每班合理化建议提案收集

老师问："合理化建议提案何时收集？收集完后该如何处理？"

班组长答："主要是员工自己主动交、忙的时候就没有合理化建议提案收集、即使有建议也会经常忘记……"

老师继续问："合理化建议平时是哪些人提出的？"

班组长答："实话实说，其实都是一些领导干部提出的，员工参与提出的很少……"

### 1. 意义

（1）班组管理是团队工程。

一方面，新时期的班组管理要求工作细、任务实、群众性、持续性等，突出体现团队工程的特征，依靠某个人是无法管到方方面面的，而发挥全体员工做到共同管理才能做到真正的事无巨细；另一方面，生产型企业讲究务实，越往基层越能接近实际，岗位操作员工提出的建议是最符合生产实际的，基于改善效率而言，员工的建议应该是受到特别重视的。

（2）规范合理化建议程序。

结合情景案例9-3，部分企业即使实施了合理化建议活动，但并未呈现持续化和全员化，最终不了了之。合理化建议是十分重要的全员改善活动，应始终坚持持续化、全员化运行，其运作程序应与班组日常工作体系相融合，从而真正实现其规范化、常态化运转。

### 2. 管理要点

（1）要点一：收集提案并整理。

①班组长应于正式下班前，主动征集本班员工的各类建议，按提案格式要求指导员工填制提案表，并依据公司合理化建议管理规范进行提案分类。

②将分类整理的提案以安全和品质类为优先排序，进行提案真实性、实际性、格式规范、数据记录等的班组初审，初审结果为不符合的应反馈提案员工并负责解释。

③将初审通过的提案提交相应责任岗位进行复审，全程跟踪提案流程，及时向员工清晰反馈提案进度。

特别说明：关于合理化建议活动的整体原则、提案改善流程及管理细则等结合第六章第二节 五、创新型班组建设实务：合理化建议实施的作用和实施原则实施。

（2）要点二：资料存档和价值转化。

①为实现价值最大化的目标，应精细整理每一项合理化建议的资料。包含提案资料、附属资料、改善方案、实施资料等，并执行全套存档，其原则是"一案一档"予以集中存放。

②基于人才培养计划，针对优秀提案、结合存档资料，进行经验总结、编制培训教程，并在合适的时机开展团队培训、实现价值转化。

### 三、隔日或隔班展望细则

▶ 情景案例9-4：隔日或隔班生产是否提前展望？

老师问："隔日或隔班生产任务是否需要提前预知？哪些方面需要预知？"

班组长答："这……好像没有……隔日或隔班等上班的时候再准备吧！"

## 1. 意义

（1）凡事预则立不预则废。

所谓隔日或隔班展望，即作为班组长于本班后提前掌握隔日或隔班次的具体情况，达到提前预知、前置准备、前置预防和提前应对，此为班组前置生产的重要课题。正所谓："凡事预则立不预则废。"

（2）任务多变的生产班组尤为重要。

因少批量多品种的生产特性，每班次生产任务极有可能产生变化，提前预知隔日或隔班的生产任务、掌握变化信息、提前采取应对措施、减少执行时的不确定性，对稳定隔日或隔班生产态势起重要作用。

## 2. 管理要点

（1）要点一：隔日或隔班生产指令的前置确认和应对。

为保证班组生产管理持续顺畅，班组长应于班后确认隔日或隔班的生产指令，针对指令任务采取前置准备。

①当指令序列与当班一致的前置准备。

首先，提前与生产指令下达单位进行确认，确保隔日或隔班生产指令的正确性，含：指令对象、任务数量、先后顺序、工艺标准、质量要求等全套信息。正所谓："指令不对、努力白费。"

其次，提前参与协调隔日或隔班生产指令的各项所需资源，包含"人、机、料、法、环"等各类需求到位情况。

注意事项：每班次的生产活动是存在动态变化的，切勿侥幸地认为指令一致而轻视隔日或隔班的各项管理事项。

②当指令序列与当班不一致的前置准备。

首先，核对隔日或隔班生产指令，确保各项指令信息识别精准。包含：指令对象、任务数量、先后顺序、工艺标准、质量要求等全套信息。

其次，分析指令差异，针对新指令的新要求事项应重点标注、重点协调、重点监管，确保各项新要求于隔日或隔班生产前取得一致。

注意事项：少批量、多品种或指令任务多变的班组，生产要求班次变化频繁，此项工作尤为关键。

（2）要点二：当日问题次日应对。

针对当班生产异常，结合当班处理措施和经验，提前预判在隔日或隔班生产时是否还会出现，采取预防和应对措施，防止同类异常再次出现。结合图8-4案例模拟示例如下。

▶ 情景案例9-5：隔日或隔班展望之当日问题次日应对模拟示例

第一步，当日生产出现两个异常。

1. 机：11：40-12：00 M01设备转动部位70号皮带断裂更换，影响20PCS。

2. 料：15：30-16：00 F01原材料因为料废20PCS而导致现场物料短缺且仓库无存货，影响20PCS。

第二步，分析、预防和应对。以上本班的两个异常是否会在隔日或隔班生产中出现？如果会，采取预防或应对措施，防止或减少该损失影响。例如：

1. 70号皮带属于易损件消耗品则前置预备，防止问题出现后积极寻找替换品而产生异常工时。

2. F01原材料还会有一定比例的料废应前置备料、查料，防止问题出现后紧急寻料产生异常工时。

（3）要点三：向上和向下事项征集。

班组长于本班下班后应提前预知上下级，提前征集团队动态信息，防止信息不同步造成隔日或隔班生产异常。

①向上级征集。为防止出现接收上级指示课题或新要求的信息滞后而产生仓促应对、影响隔日或隔班生产延续性的问题，班组长应于班后主动向上征集。明确向上级主管报告本班生产结束详情，同时预告隔日或隔班生产的具体时间或任务详情，提前请示隔日或隔班新的指示课题。同时，收集上级主管关于隔日或隔班生产的新指示课题，在隔日或隔班生产启动前，及时、清晰地下达于责任班组

长，并保证接收确认。

②向下属征集。为防止隔日或隔班生产时岗位操作员工的信息滞后而产生异常临时调整、影响隔日或隔班生产延续性的问题，班组长应于班后主动向下征集。本班生产结束后，预告隔日或隔班生产的具体时间、任务详情、工艺变化或质量要求，提前下达新的指示课题或注意事项，提前确认各操作员工的出勤动向、组织安排、作业配合等，确保隔日或隔班生产的预知、预备工作完整。

# 第三节　班后"三清"注意事项

## 一、体现班后清的总结、改善、合作、预知、前置功能

为什么称为"班后清"？切勿将班后清理解为走过场、走形式。应通过本章节各细则要点，着力体现：事后经验和教训的必要总结，追求进步、精益求精的实际改善，如精密齿轮般的班次间合作，清晰、精准、高效的信息预知和前置准备等核心生产管理功能。

## 二、构建班组工作实务管理体系化

许多企业管理者都存在"甩尾巴问题"：认为班前准备是为了班中、班中努力是为了结果，只要前和中做好了、结果达成了，其他可以不计，班后说说而已就算了……走过了95%的班前、班中，却倒在了5%的班后，非常可惜。此亦是一项生产管理大忌，往往很多生产问题都是因为班后未总结、后续无改善、班次不合作、生产没前置、团队不预知等而造成的。为此，尽管"班后清"各项细则相对于班前、班中要简洁，但也应高度重视和完整全面地实行，最终才能构建班组工作实务管理体系化。

第十章
# 沈怀金班组长工作事务体系口诀

**本章要点荟萃**

- 班前"五查"口诀——"八句要领"。

- 班中"十控"口诀——"十八句要领"。

- 班后"三清"口诀——"五句要领"。

为强调"班前、班中、班后"各阶段管理细则的重要性,增进读者的综合理解能力,提升一日工作体系的可操作性,作者综合多年班组管理、授课、咨询实操等工作经验,特整理系列管理口诀,供使用参考。

# 第一节　班前"五查"管理口诀之"八句要领"

表 10-1　班前"五查"管理口诀

| 序号 | 口诀 | 要领解析 | 对应体系内容 |
|---|---|---|---|
| 1 | 我是好班长，提前到现场 | 一名优秀的班组长，应在开班前赶到现场。 | 班前查原理 |
| 2 | 做好班前查，避免忙乱杂 | 赶到现场后组织班前备查，防止班中无序混乱。 | |
| 3 | 看板要更新，任务要列清 | 生产指令要列在看板上，并分解为本班时段排程。 | |
| 4 | 状态情绪对，源头在班会 | 员工状态、情绪要做好，班前会是源头。 | 班前会管理细则 |
| 5 | 物料要到位，开班勤核对 | 保证生产物资前置到位，开班前的核对是重点。 | 岗位材料核对细则 |
| 6 | 变更要统一，付出有意义 | 前班次现场工艺的变化情况，本班次要掌握清晰。 | 现场变更点核对细则 |
| 7 | 标准要生效，每班确认到 | 作业指导书标准要落地，班前确认是必须。 | 作业指导书检核细则 |
| 8 | 正常生产前，点检很关键 | 动工生产前各点检项目非常关键。 | 其他点检项目表细则 |

## 第二节 班中"十控"管理口诀之"十八句要领"

表 10-2 班中"十控"管理口诀

| 序号 | 口诀 | 要领解析 | 对应体系内容 |
|---|---|---|---|
| 1 | 一线做管理，巡视是真理 | 动态达标、持续达成，班中巡视化管理是必备。 | 班中控原理 |
| 2 | 班中管动作，越细越收获 | 动作分解、班中精细，细节出精品。 | |
| 3 | 人机料法环，样样需盯完 | 管理要求、动态达标，"人、机、料、法、环"全面。 | |
| 4 | 员工职业化，严禁吼压骂 | 科学管理、素质提升，绝非简单粗暴。 | 人员巡视管理细则 |
| 5 | 团队要满意，教育加鼓励 | 以人为本、鼓励教导，问题解决，员工满意。 | |
| 6 | 设备体系化，重点全员化 | 设备稳定、重在全员，落实全员保证细则。 | 设备巡视管理细则 |
| 7 | 物料精益化，账物卡量化 | 物料精益、全在精细，落实班中物控是重点。 | 物料巡视管理细则 |
| 8 | 工艺精准化，严控无偏差 | 精准工艺、严控执行，落实过程工艺执行是重点。 | 工艺方法巡视细则 |
| 9 | 环境舒适化，纠正常态化 | 环境基础、过程塑造，塑造职业化、提高归属感。 | 现场环境巡视细则 |

续表

| 序号 | 口诀 | 要领解析 | 对应体系内容 |
|---|---|---|---|
| 10 | 质安进异总，切勿太笼统 | 工作业绩、持续达成，质量安全进度异常总结是重点。 | 班中控原理 |
| 11 | 质量与安全，就是效率源 | 质量安全是效率的本源。 | 过程质量控制细则 过程安全控制细则 |
| 12 | 机制加控制，才有好品质 | 保证品质靠机制和控制，全员质量靠机制和工序控制。 | |
| 13 | 安全控过程，重点是规程 | 行为安全、过程重点，班中行为安全要有明确规则。 | |
| 14 | 看板时段拉，业绩全靠它 | 生产进度、看板拉动，拉式生产目标保证业绩。 | 生产进度控制细则 |
| 15 | 异常是常态，摆正好心态 | 异常常态、摆正心态，生产有异常是正常的。 | 生产异常处理细则 |
| 16 | 快速反应在，处理异常快 | 备好快速反应小组，生产异常处理关键在于迅速。 | |
| 17 | 异常记清晰，事后可分析 | 异常分析、记录清晰，异常断根记录是关键。 | |
| 18 | 不忘巡视稿，班后会检讨 | 细节受控，班组总结预防，细节和不足绝不放过。 | 班中巡视总结细则 |

## 第三节  班后"三清"管理口诀之"五句要领"

表 10-3  班后"三清"管理口诀

| 序号 | 口诀 | 要领解析 | 对应体系内容 |
|---|---|---|---|
| 1 | 班后别忘记，生产要持续 | 班后管理，确保生产多班组间的连贯性作业。 | 班后清原理 |
| 2 | 落实班后清，合作放我心 | 落实班后交接，始终体现班次间的紧密合作关系。 | 班后清总体细则 |
| 3 | 成果与不足，分享和找出 | 班后会分享业绩和不足，总结改善。 | |
| 4 | 实施好建议，发挥团队力 | 全员建议，应用全员合理化建议提案和改善。 | 合理化建议收集细则 |
| 5 | 展望隔日班，成功在预先 | 前置生产，下班后展望隔日或隔班生产，预则立。 | 隔日或隔班展望细则 |

# PART4　精益现场管理

- 现场治理之彻底的 5S 活动

- 现场改善之浪费发掘与消除

前述三个部分为《金牌班组长职业化成长体系》的第一阶段"固本稳基"，在根本和基础有效建立的情况下，我们进入第二阶段"持续改善，成就卓越"。本部分内容属于第二阶段的第一部分：精益现场管理。

持续改善、精益求精是生产型企业追求的永恒管理课题，班组精益现场改善更是企业精益管理的重要构成部分，出于对该管理需求的必要性研究，本部分设计了两大必备课题。

### 第十一章　现场治理之彻底的 5S 活动

章节内容包含：5S 对于改善的关键性、5S 为何不好做、5S 该如何做得更好？

—— 5S 管理理念和活动价值、彻底的 5S 活动之实施实务等内容。

### 第十二章　现场改善之浪费发掘与消除

章节内容包含：组织活动分类和改善的必要性、哪八种浪费及该如何治理、班组长消除浪费的改善增益手法有哪些？

—— 精益生产之组织经营活动分析、现场改善之八种浪费发掘与消除、班组长精益改善方法及工具等内容。

第十一章

# 现场治理之彻底的 5S 活动

# 第一节　5S 活动价值与正确理念

## 一、5S 活动价值

### 1. 5S 是生产管理的基石

生产是"人、机、料"依据法来实现的活动，而"人、机、料、法"四大要素必须依靠"环"来有效支撑。实现生产结果必先构建生产现场，推行 5S 就是高效生产的前期管理活动。

### 2. 推行 5S 成就最佳的产品质量

产品是依靠良好的现场秩序生产出来的，只有规范、完善的生产现场才能获得最佳的生产秩序，推行彻底的 5S 管理是最佳办法。

### 3. 推行 5S 塑造员工职业化

改变员工观念、形成职业习惯最直接的管理行动从 5S 开始。5S 提倡员工从小事和一点一滴做起、持续精进、练就习惯，同时激发员工的工作热情和对事业的热爱。成功企业案例表明：员工的综合素质能靠推行 5S 一步步缔造出来。

### 4. 5S 是实现精益管理目标的基础

如图 11-1 所示：万丈高楼平地起，实现精益管理目标的前提是平准化管理，构建平准化管理的首要工作是成就彻底的 5S 活动。

综上所述，彻底的 5S 活动是企业各时期十分重要的管理工作，也是提高生产效益、高质量交付、塑造职业化、成就精益管理的源头性工程，更是成功企业的标志。

实现精益目标：

杜绝浪费，达到品质最优、成本最低、周期最短、士气最高。

**精益管理二：**
**准时化交付**
少批量、多品种
策略
拉式生产
管理应用

浪费消除

**精益管理四：**
**持续改善机制**

精益求精

**精益管理三：**
**自动化机能**
自动运转
多技能工
问题断根
工业工程

**精益管理一：平准化管理**
彻底的 5S 活动
精细的标准化作业
高昂的员工士气和正向的企业文化

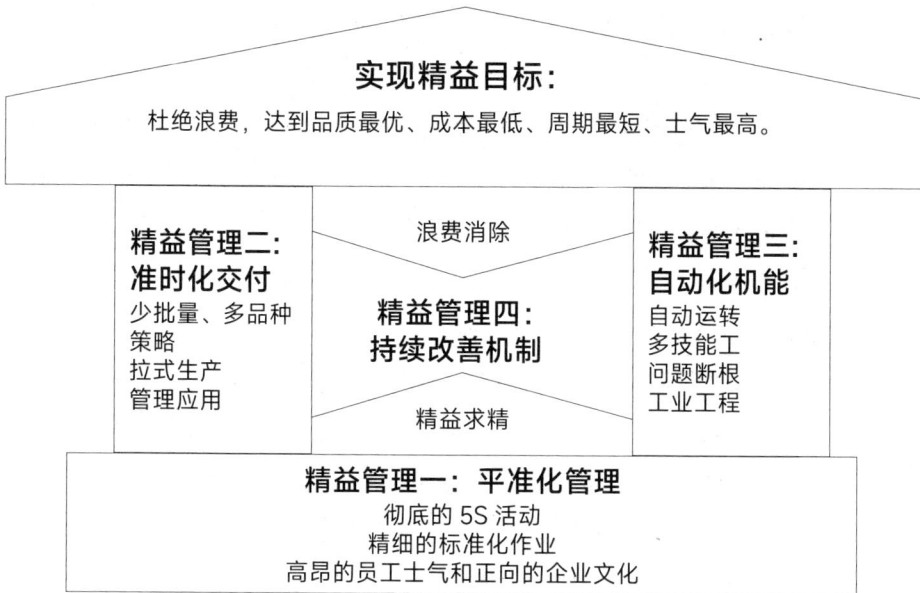

▲ 图 11-1 精益生产的基础——"彻底的 5S 活动"

## 二、5S 正确理念

5S，即整理、整顿、清扫、清洁、素养五大方面，其管理要求着重强调：地和物的明朗、人的习惯、团队的规范化三个方面。结合多种案例分析，企业成功构建 5S 管理首先应端正其管理理念。

### 1. 不在多，而在于精

提到 5S，常有部分管理者心存疑惑：现在都已经 6S、7S、8S 了，现在还说 5S 会不会感觉太落后……

结合成功案例分析：企业如果能将 5S 做好，其他 S 都会好，反之如果做不好 5S，其他 S 再多也没有用。对此，作者特别强调：5S 不在于多、而在于精，5S 管理活动应讲究实务。

### 2. 持续化、日常工作化

推行5S经常遇到这样的问题：一时好做，长期不好做；空闲好做，繁忙不好做；客户或领导来视察有5S，不视察就没5S；检查时有5S，不检查就没5S……久而久之陷入"一紧、二松、三放空、四重来"的管理怪圈。结合成功案例分析：

（1）规范现场、塑造职业化的可持续化管理工程。

5S活动绝不是为了装样子，也不是一种管理负担，更不是短期做做而已，而是企业实现可持续化发展的长期必修课题。

（2）日常生产管理和员工作业均离不开5S。

无论是生产前、生产中、生产后现场各岗位都需要使用5S、执行5S、管理5S、提高5S，生产必须依据5S，5S管理就是生产管理。

对于此作者特别总结：5S管理应是企业追求可持续化发展的长期管理工程，5S管理是企业各级员工日常工作的一部分。

### 3. 形式化、行事化、习惯化、企业文化

说到5S，部分管理者会产生"所谓5S活动就是选选地方、扔扔废品、画画线条、扫扫卫生、来回检查、加分减分"等片面理解，甚至对于5S的实施往往呈现一时性起、大脑发热般的间断式现象……综合成功案例分析，构建5S活动需要以下几点。

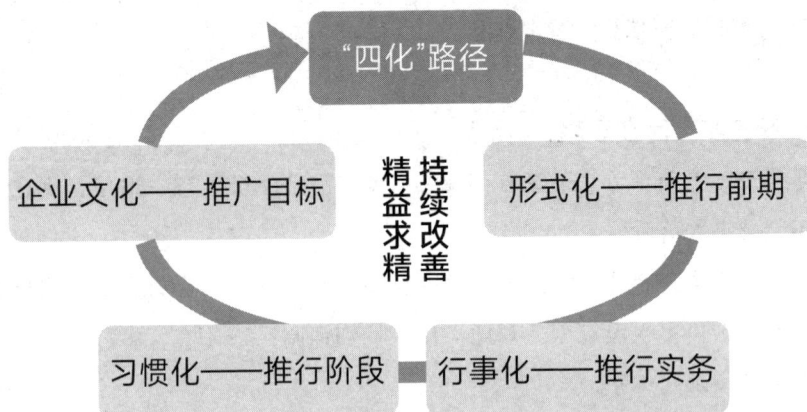

▲ 图 11-2 构建彻底的 5S 活动"四化"

（1）形式化。

如图 11-2 所示，通过形式化的宣导，使各级员工提升 5S 意识、加强 5S 对生产管理的认识程度、学习 5S 知识和技能，具备操作 5S 的技能。

（2）行事化。

如图 11-2 所示，不仅仅是第一步，还应针对具体的实施区域制定实施计划、明确责任标准、分工协作、过程优化，形成标准。

（3）习惯化。

如图 11-2 所示，在行事化的基础上，各级管理干部矢志不渝地监督指导、岗位操作员工长期坚持，形成一种职业习惯。

（4）企业文化。

如图 11-2 所示，当受控的区域、设备、物品长期均具备规范标准，绝大多数员工都养成了共同的习惯、发生了共同的行为、产生了共同的结果，并进行了持续改善、精益求精，即形成了统一的企业文化。

对此作者特别总结：构建彻底的 5S 活动是一项具有规划性的、方法性的、系统性的管理工程。

# 第二节　彻底的 5S 活动之实施实务

## 一、彻底的 5S 活动之 1S：整理实施实务

### 1. 1S 整理含义

（1）规划功能区域。

根据车间生产活动的特点，现场划分不同的功能区域。例如：生产管理区（含岗位作业区、现场放置区等）、通道（含物流、人行等通道）、存储区（含统一存储室或仓库）。

（2）区分物品要与不要。

根据岗位作业活动判定现场资源的使用状态，明确区分要与不要；根据物品

判定的不同状态，采取不同的处置方式。

## 2. 实施目的

（1）合理布局、利用空间。

一方面，任何生产现场的作业空间都是有限的，结合车间生产活动特点、科学规划各功能区是充分利用空间的保证；另一方面，根据岗位作业活动进行各类物品合理的处置，能进一步改善和增加"空间"，达到现场无杂物、行道通畅。

（2）防止误用、提高效率。

对各类物品合理的处置，能消除管理上的混放、混料等差错事故，进一步提高生产效率、保证质量。

（3）浪费减少、工作减负。

一方面，通过功能区域规划，改善作业布局、优化物流动线等能减少搬运和动作浪费；另一方面，随着不要物的减少，在线库存减少、磕碰机会减少、保障安全、塑造清爽的工作场所，也实现了现场工作量减负。

## 3. 特别说明

（1）针对生产功能区的规划。

结合生产活动和物流动线特点，明确划定现场各功能区域，形成一目了然的现场作业布局，是获得井井有条的生产秩序的前提条件。

（2）针对物品不同状态的处置。

整理不要物，可使员工不必因每天反复整理、整顿、清扫不必要的物品而形成做无聊、无价值的事情，造成时间、成本、人力等的浪费。

## 4. 1S 整理实施的"四大方法"

（1）基准判别法。

在受控现场根据岗位作业活动的需要，对各类物品进行基准判定、编制需要或不要的整理标准，如表 11-1 所示。

### 表 11-1　基准判别法

| 类别 | 基准分类 | |
|---|---|---|
| 要 | A. 设备 / 用具类 | 1. 使用的机器设备、电气装置；2. 工作台、材料架、板凳；3. 使用的工装、模具、夹具等；4. 栈板、周转箱、防尘用具；5. 办公用品、文具等；6. 各种清洁工具、用品等。 |
| 要 | B. 物料类 | 1. 原材料、半成品、成品等；2. 检验用的样品。 |
| 要 | C. 作业方法和图表类 | 1. 文件和资料、图纸、表单、记录、档案等；2. 作业指导书、作业标准书等；3. 使用中的看板、海报等。 |
| 不要 | A. 地板上 | 1. 杂物、灰尘、纸屑、油污等；2. 不再使用的工装、模具、夹具等；3. 不再使用的办公用品；4. 破烂的垃圾桶、周转箱、纸箱等；5. 呆滞物料等。 |
| 不要 | B. 工作台 | 1. 过时的报表、资料；2. 损坏的工具、样品等；3. 多余的材料等；4. 私人用品。 |
| 不要 | C. 墙上 | 1. 蜘蛛网；2. 老旧无用的标准书；3. 老旧的海报标语。 |
| 不要 | D. 空中 | 1. 不再使用的各种挂具；2. 无用的各种管线；3. 无效的标牌、指示牌等。 |

①基准类别制定。

针对"要"的类别：为防止遗漏，可根据岗位作业活动特点，分析作业用品的基准类型，然后一一纳入单项物品，如本例：采取设备 / 用具类、物料类、作业方法和图标类等三类归集。

针对"不要"的类别：推荐按本例地板上、工作台、墙上、空中等四个维度进行基准分类，然后单项纳入。

②特别操作说明。

针对生产作业岗位的基准判别应与岗位操作员工进行检讨，一旦建立基准，该作业岗位各班次员工务必遵照执行，如需补充和调整需再次讨论后形成基准。

辅助或办公作业岗位基准判别制定可参照同类岗位，如需补充和调整经讨论形成本岗位个性化基准。

（2）使用频率确定法。

经基准判别法形成物品基准后，再根据各物品工作中的使用频率确定其处置方式，如表11-2所示。

表11-2　使用频率确定法

| 使用频率 | 不能用或不再使用 | 可能会用到（一年左右） | 半年或一季度左右用到 | 每月用到 | 每周使用 | 每日使用 | 每时取用 |
|---|---|---|---|---|---|---|---|
| 状态 | 不用或不明 | | 很少使用 | | 少使用 | 经常使用或正在使用 | 随时使用 |
| 处置方式 | 申请报废部门处理 | | 统一存放储藏室 | | 现场放置区 | 岗位作业区 | 携带 |

①明确车间功能区。

应根据车间整体生产活动特点，合理划分全车间功能区域，如本例：采取生产管理区（含岗位作业区、现场放置区）、存储区（含统一存储室或仓库）、通道（含主、辅、物流、人流）等的划分。

②明确物品使用频率。

应针对每一物品结合岗位实际操作情况，采取现场观察、经验检讨、实际分析等多种方式，确定其使用频率。

③特别操作说明。

该方法仅针对岗位物品放置区域锁定的整理工作，对于物品具体位置的定置管理请见（本章第二节 二、彻底的5S活动之2S整顿实施实务内容）。

（3）定点摄像法。

该方法为推行5S活动的全过程方法。即在推行活动中，一方面因企业初次推行5S，缺乏内部参考经验、缺少模范标杆，团队对于突如其来的活动呈现迷茫状态；另一方面，若前期采取全面推行，则受控区域广泛标准繁杂、内部精力有限，无法定位重点。

基于两方面的目的，在推行5S的过程中对待受控区域应采取：先期定点选择、形成定点样板、增添推行信心、汲取成功经验择优复制推广，应用该方法的要点有以下几个方面。

①定点样板选择。

首先，选择的区域与其他待受控区域功能性相似、代表性强，便于后期复制推广；其次，选择的区域现场管理较为混乱、问题点多、改善成本低、见效快，凸显结果价值大；再次，亦可选择为了达成某一管理需求而指定的区域；最后，不建议先选择难度大的区域，因为其成本高、周期长。

②改善价值凸显。

首先，定点样板确定后应拍摄改善前状态的图片存档，对改善前系列问题进行总结；其次，应先详细规划该定点样板的5S推行计划和目标，再确定推行方法，按计划进行推行，并总结推行过程的阶段变化；再次，对推行完成后拍摄改善图片存档，对改善的收获、变化、价值进行总结；最后，结合改善前、改善中、改善后全过程的各类记录编制5S定点样板实施报告，邀请上级领导进行评价，并列入5S推行活动看板或纳入企业文宣，召开总结会。

③经验萃取推广。

首先，当改善价值凸显完成后，将该定点样板推行的经验进行萃取，包含：推行前的计划编制、方法选择、机制设定；推行中的过程调整、中间补充、实施优化；推行后的上级评价、维护标准等全过程收获。其次，将萃取的全过程收获经验编制培训教案或同区域5S推行标准等，进行内部学习或同区域推广实施。

④特别操作说明。

首先，该方法不仅限于1S整理过程使用，在5S推行全过程中皆可应用；其次，其定点样板选择、改善价值凸显、经验萃取推广为本方法的全流程工作，二者相辅相成，只有完整应用方能展现管理价值。

（4）红牌作战法。

在推行活动中，充分发挥推行组织团队的他律作用，即：5S 推行组织的成员，人人都是 5S 问题发掘人、执行检查人，应用该方法的各要点如下。

①成立 5S 推行小组（或 5S 推行委员会）。

确定小组成员，制定问题红牌改善单，其格式参考如表 11-3 所示。

### 表 11-3  5S 问题红牌改善单

| 责任部门 | | 场所 | | 责任人 | |
|---|---|---|---|---|---|
| 提出人 | | 提出日期 | | 整改期限 | |
| 问题描述： | | | | | |
| 对策： | | | | | |
| 执行人 | | 完成日期 | | 确认人 | |
| 验收结果： | | | | | |
| 验收日期 | | 验收人 | | | |

注意：推荐该单印刷底色为红色。

②根据 5S 的各推行阶段，赋予小组各成员检查他人的权力，执行全区域的 5S 达标检查。

推荐采取：在推行前期，每名成员每周须查找 5 个问题、贴出 5 张红牌；在推行中期，每名成员每周须查找 3 个问题、贴出 3 张红牌；在推行成熟期，每名成员根据实际问题予以执行，不限制数量。

③揭收红牌，改善问题。

区域责任人应在 5S 各推行阶段密切关注本责任区的问题红牌，在规定的时间揭收红牌（推荐红牌张贴后应在 30 分钟内揭收并通知提出人），在整改期限内执行整改，且于整改完成后通知验收人进行验收，未合格的应再次整改，直至验收通过。

④根据 5S 的各推行阶段，实行问题红牌的评比奖惩机制。

推荐采取：推行前期，管理导向是暴露问题、发现问题越多越好，对于贴红牌、揭红牌采取正激励；推行中期，管理导向是进步越明显越好，对于重复发生的问题应采取负激励，对于新问题、新挑战贴红牌、揭红牌采取正激励；推行成熟期，管理导向是越标准、越一致越好，对于发生违反标准的问题应采取负激励，对于创新型问题贴红牌、揭红牌采取正激励。各周期内可根据不同的管理导向，依据问题红牌数量的多少，进行团队评比、制定清晰的奖惩机制。

⑤特别操作说明。

首先，该方法不仅限于 1S 整理过程使用，在 5S 推行全过程皆可应用；其次，尊重人性，强调科学，切勿形成以奖罚代管、致使管理导向偏差。红牌作战法在于营造 5S 推行活动的正向团队氛围，其核心是问题意识、方法技能、团队进步；最后，应高度重视红牌作战法的应用，不断发挥监督作用、促进现场管理水平进步，呈现持续改善、逐步成就精益求精。

## 二、彻底的 5S 活动之 2S 整顿实施实务

### 1. 2S 整顿含义

（1）优化准备周期现场。

生产活动至少包含准备期和加工期，在总交期不变的情况下，管理改善追求

的原则是：准备期越短，加工期越长，生产管理越为有利。

（2）通过定置管理优化准备。

生产所需要的各类资源进行科学的定置化管理，达到消除无谓的寻找，随时保持立即可取的状态，从而实现缩短准备期的目的。

### 2. 实施目的

（1）精准取放，提高效率。

繁忙的生产现场，每一次取放都需要时间，通过整顿将各资源精准定置化，帮助各岗位操作员工实现快速取放。一方面可以消除寻找生产物资的时间浪费；另一方面可以降低作业强度，提高生产效率。

（2）一目了然，清晰生产。

繁多的生产任务，每一项信息的获得都需花费精力，通过整顿将各资源和活动目视化呈现，实现各类信息的清晰解读，使生产工作一目了然、实现精细生产。

（3）整整齐齐，井然有序。

众多的生产工序，每一个生产动作都需要精密配合，通过整顿使各项生产资源、活动过程规范定置，形成井井有条的工作秩序，保证产品质量达标。

### 3. 特别说明

（1）整顿的重点是将各类物品定置化管理，使任何人立即能找到所需要的东西，减少寻找时间上的浪费。

（2）整顿并不是将物品摊开陈列，而是将需要的各类物品以最简便的方式放好，实现一目了然，使用时随时取得。

### 4. 2S 整顿实施的"三定"

（1）定位。

①针对现场各功能区、生产所需的全部物品均须采取定位。

其包含：各功能区；设备、用具类；物料类；各类辅助用品、办公用品等，正所谓："区域明确，物尽其位。"关于定位管理的部分细节参考表11-4。

表 11-4　5S 定位管理参照标准

| 常见定位标识 | 常见应用对象 | 常见规范要求 |
|---|---|---|
| 定位胶带 | 桌面物品<br>试行定位 | 颜色、大小统一<br>试行便于调整 |
| 固定线条（实线、虚线） | 功能区域、通道划分<br>设备、物体、物品定位 | 线条本身宽度、虚线间隔<br>受控区域宽度<br>背景与本色反差明显 |
| 方向（箭头）定位 | 通道指向<br>物品取放朝向 | 指向明确<br>指向含义清晰 |
| 识别（颜色、图标、文字、标识牌、行迹）定位 | 质量、安全状态<br>快速识别或注意<br>物品、工具定位 | 红、黄、蓝、绿含义<br>图标简洁直观<br>文字释义直接<br>标识牌位置准确<br>行迹吻合能识别 |

②定位强调规范和标准。

应编制企业 5S 定位标识字典和实施标准，包含：标识规范（颜色、跨度、幅度、尺寸、角度、颜色、图标等）、临时试行、永久固定等实施标准，并强调执行标准的一致性。

③定位目的是实用和高效。

一方面，应针对车间生产活动特点，分析整体物流动线，本着相近相连并线接流、尽量减少长线运输等直接化、顺畅化的原则开展功能区定位；另一方面，应分析岗位作业活动特点，本着少搬运、轻体力、科学化的原则展开作业区定位。针对推行 5S 初期，定位规范不应仅停留于理论设计阶段，而应进行实际检验试行，有计划地制定试行规则，并于试行期采取临时定位，试行周期结束后予以总结和调整，正式制定定位标准。

（2）定量。

针对生产过程中的流通品，即原材料、半成品、成品、备品备件等随生产活动的进行而同步流通的物品，应在定位管理的基础上采取定量化管理，即减少在线库存，应用定量化管控。关于定量化管控的细节参考图11-3。

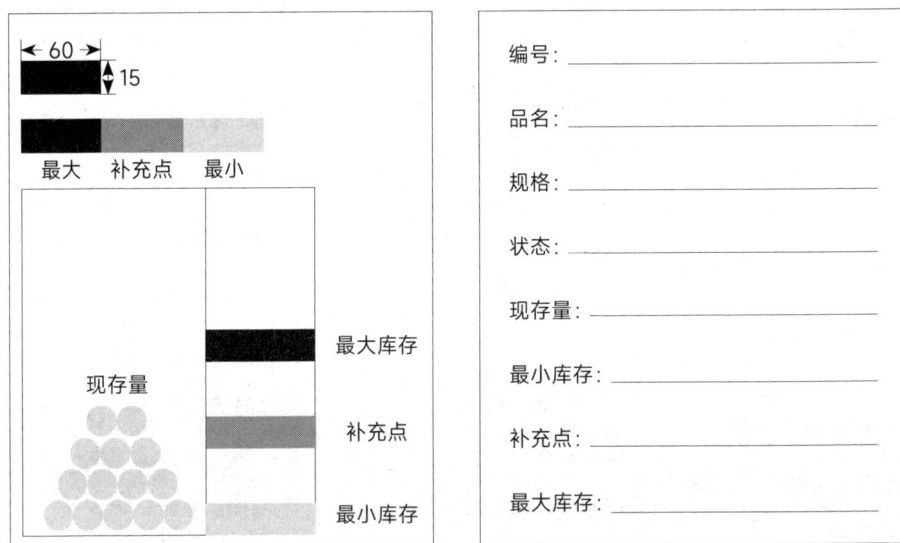

▲ 图 11-3　在制品定量管控

①受控物品的放置区位支持应用水平标识线管理场景的（如靠墙边或固定边，能使用水平标识线进行识别的），可如图11-3左图参照应用：识别物品现存量的对应管控标识线，若现存量达到最大库存量时必须入仓以减少在线存量；若现存量为补充点时应及时增补防止缺料；若现存量为最小库存时应立即增补防止断料。

②受控物品的放置区位无法支持标识线识别场景的，可如11-3右图参照应用：该表单与受控物品放置同区域，核对物品现存量。

③建立定量化管控的前提条件：首先，应明确受控物品；其次，确保受控物品现场码放有序、便于核对清点；最后，保证受控物品现存数量精准。

（3）定品。

现场物品除了前述的所有物品须定位、流通品须定量之外，还有部分特殊物品须采取定品管理（定至单个物品），包含：高价值物品、危化品以及使用频率很高且型号很多的工具。

①高价值物品定品。

其详细定品管控细则包含：确定其物品的详细属性（编号、品名、规格或养护要求、状态或保质期、详细记录流通情况、精准计算其现存数量）；确定存放位置和存放条件、检查防护记录、防止损坏和遗失；本着早使用早流通早折现的原则，加快流通速度，防止呆滞。

②危化品。

应按危化品存放标准规范，严格执行隔离、使用、防护规定，执行高频率检查消除安全隐患，防止事故发生。

③使用频率很高且型号很多的工具。

如：安装用的螺丝刀、扳手等。首先，应利用行迹管理做好定位存放，防止因种类多、取放频率高而发生存放混乱或遗失，做到取放有序；其次，应详细做好每一个物品的目视化标识，防止因型号多、寻找识别难度大，做到精准取放。

④特别操作说明。

首先，应长期坚持做到持续化达标杜绝走过场、一阵风的形式化现象；其次，应用三定管理时，应注意标识的规范统一，坚持简单化、标准化的原则，防止出现五花八门、无形增加执行困难的现象；最后，摆放位置要相对固定，防止随意性、个性化的现象发生，应坚持一致化执行，逐步使 2S 整顿形成团队习惯化。

## 三、彻底的 5S 活动之 3S 清扫实施实务

### 1. 3S 清扫含义

（1）场地环境打造。

通过清扫活动，针对生产现场使之无垃圾、无灰尘，达到全车间现场、各作业岗位干净、整洁、舒适，打造一种一尘不染的工作环境。

（2）零事故、零故障行动。

通过各种点检复原活动，开展生产前、生产中、生产后全时段除污染、消隐患、控异常等，将各生产设备和现场物品恢复至整洁完好，成就零事故的管理目标。

## 2. 实施目的

（1）保持良好工作情绪，获得最佳岗位秩序。

经验分析，一名合格员工发生工作异常其中一项主要原因就是情绪不佳。推行 3S 清扫，实现工作现场干净、整洁和舒适，有利于使员工保持良好的工作情绪，获得最佳岗位秩序。

（2）达到零事故、零损耗。

剖析所有的事故原因我们发现：因存在大量的隐患、无有效的控制措施，通过量变最终发生了事故、带来了损失。3S 清扫管理导向的本质为预防思维，即针对导致事故的前期隐患进行检查、消除，并进行管理状态复原、实现事故断根，最终达到零事故、零损耗的目的。

（3）精控点滴细节，成就最佳品质。

3S 清扫以规范为准绳，强调从小事做起，从细节做起，周而复始地贯彻标准意识、执行标准操作要求、形成职业工作习惯，成就最佳工作品质。

## 3. 特别说明

（1）推行 3S 清扫除了上述目的之外，还能增强职场归属感。当今时代没有一名工人愿意在脏、乱、差的环境中开展工作，干净、整洁、明亮的工作现场是新时代所有员工的共同追求，亦是员工爱岗敬业、建立氛围、以厂为家形成职场归属感的基本硬性条件。

（2）3S 清扫并不是一次大扫除式的运动，而是使用科学管理方法和机制经全体员工共同参与实施，达成现场规定标准常态化的过程。

## 4. 3S 清扫实施的"等级标准"和"三大方法"

企业应制定各区位清扫工作等级标准，包含责任区位、清扫部位、标准要求（文字配图片清晰说明）、清扫方法和频次、检查要求等。

▶ 情景案例 11-1：3S 清扫标准简洁版

某责任区位 3S 清扫标准描述：漆见本色铁见光、油路通畅油窗亮、物流通道人人让、人流通道物物清。

具体释义如下：

油漆见本色、脏污要擦掉、掉漆要补上；需要涂漆但无漆的要涂上；金属散发出光泽，灰尘脏污要擦掉、锈蚀要除掉；外表需防护的应涂漆；设备油管、气管、水管等管道应畅通无阻，各类油表、压力表、温度表等标尺应干净明亮；各物流通道必须通畅，禁止人进入、各人流通道必须通畅，防止堵塞，即人车分道。以上要求按场地、责任区位、生产设备、各类物品、各种通道等分别制定和落实清扫标准。

注意：本例仅供大致参考，企业应结合实际情况详尽制定 3S 各项标准。

（1）"三大方法"之点检复原法。

针对设备类的 3S 清扫活动，最为常见的方法是点检复原法，使用该方法的应用细则如下。

①深刻理解点检复原法原理。

首先，核心原理和功能。如图 11-4 所示，从设备前期存在灰尘，到中期附着氧化、锈蚀、松动、脱落、部件变形、断裂，再到最终事故发生的整个过程分析，追根溯源预防设备故障的本质思维是加强前期、中期的管理行动，而点检复原法的核心原理和功能是：前期消除微缺陷，中期预防中缺陷，后期防止大缺陷，逐步实现零故障。

其次，方法构成解析。点检复原法不只是看、摸、闻、问、记，还应包含发现微缺陷的复原行动。为此，点检复原法包含点检（清点、检查、记录）和复原（清扫、修复、预防）两方面的完整动作。

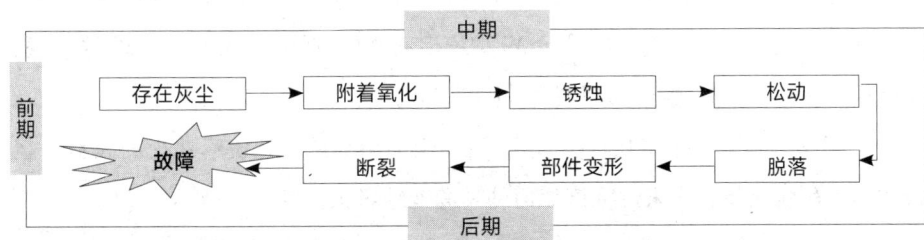

▲ 图 11-4  设备故障致因分析

②科学建立受控设备的点检复原管理标准，包含 A. 点检方式：岗位日常点检、专业人员周期点检、技术人员精密点检；B. 各点检部位：污染源、问题点、磨损点、紧固点、润滑点、各类数据标尺等；C. 锁定点检责任人：岗位操作员工、设备专业人员、设备技术人员；D. 操作方法：岗位操作员工点检方法含目视、触摸、嗅闻、询问等方法。复原作业方法包含：A. 清扫、加油、紧固等；B. 专业人员和技术人士点检复原各项技术指引书等；执行频率包含：点检复原单项的每班、日、周、月、年操作频次和完成时间；明确受控部位点检复原完成标准，可结合本章节要点 4、3S 清扫实施的"等级标准"和"三大方法"、参考情景案例 11-1 编制点检复原标准。

综合要求：文本和图示相结合，清晰明确说明各点检复原项的完成标准。

③落实点检复原管理标准，包含教导、检查、执行、考核。

首先，责任区管理者应对执行者进行方法教导、过程检查、结果评价，确保各执行者落实受控设备的各项点检复原工作；其次，5S 推行小组（或 5S 项目委员会）成员应加强受控设备 3S 清扫工作的专项检查，针对此项内容推荐实行必要的管理考核；最后，特别强调推行 3S 清扫要先控源头，设备是影响现场整洁状态的主要发生源或污染源，设备点检复原法应用切勿走形式，应采取多种措施确保该工作有效。

（2）"三大方法"之划分责任区法。

推行 3S 清扫活动应建立全员分工体制。

①根据企业组织功能和生产活动分工，一般采取分级划分责任区域，包含部门级、车间级、班组级、岗位级，并锁定具体责任人。

②明确"责"：本责任区推行 3S 清扫活动所承担的工作内容和完成标准，包含本责任区范围、每周期的具体工作内容、各工作内容的执行和完成标准等。

③明确"权"：本责任区推行 3S 清扫活动所拥有的岗位权力，包含执行权、监督权、教育权、处置权、建议权、申报权等。

④明确"利"：本责任区完成 3S 清扫活动后经结果评价所获得的收益，包含达标了该收获什么、未达标该如何处理等业绩考核标准。

⑤发挥责、权、利，实行循环改善。一方面，建立责任区标识并执行目视化公开，召开启动会宣导各项活动政策，统一活动步调，宣布活动实行；另一方面，分周

期评价各责任区成效，实行优先排名，召开总结会公开表彰，总结经验进行推广。

（3）"三大方法"——"三五十法"。

①所谓"三五十法"仅是一个规律性总结。该方法与大扫除式的清扫运动完全相反，强调生产发生中执行 3S 清扫活动，该方法与班前查、班中控、班后清体系相结合，将生产发生源、污染源控制于发生时，通过长期实际的点滴要求、过程塑造，建立常态环境管控机制，使操作人员养成一致的工作行为习惯。

②该方法操作详情请参考本书第八章第二节 "班中十控"管理细则之情景案例 8-7 的关键内容详解。

## 四、彻底的 5S 活动之 4S 清洁实施实务

### 1. 4S 清洁含义

（1）将 1S 整理、2S 整顿、3S 清扫进行到底。

坚持全面、全过程、全时段、全天候、全达标的管理原则，矢志不渝地分阶段深化前 3S 活动，持续改进、凸显活动价值，不断提高现场治理水平。

（2）将前 3S 活动内容形成标准化和制度化。

建立健全前 3S 活动的各项管理标准，确保各项标准的有效实行、持续优化各项标准的精准度和高效性，并将各项标准进行整合，形成管理制度体系。

### 2. 实施目的

（1）成为惯例和制度。

推行 4S 活动，形成管理常态化，使之成为各岗位操作员工从事日常工作不可或缺的一部分，并使其成为企业从事经营活动不可分割的管理制度。

（2）是标准化的基础。

推行 4S 活动，不断提高"人、机、料、法、环"等要素的精细化水平，为实现企业标准化管理提供基础保证。

（3）形成企业文化。

推行 4S 活动，持续增强意识、提高管理认识、规范操作行为、养成职业习惯、逐步构建团队规范、形成企业文化。

### 3. 特别说明

4S清洁活动的核心功能是将前3S活动持续保持并不断优化提高，为此应建立多种管理机制，保证各项机制的可执行性、权威性、持续性。

### 4. 4S 清洁实施的"四大机制"

（1）持续加强全员5S意识。

①厘清员工意识培养原理。

何谓有意识？如图8-2，经分析得出：员工大脑里想的、心中装的、嘴上说的就是意识，而管理者提高员工意识的具体方法就是不断地说且让员工持续地听，不断地做且让员工持续地看，通过持续地说和做来提高员工意识。

②持续地听。

管理者通过不断的教育培训，使员工消除5S活动的认知障碍，彻底认识到5S活动的必要性；掌握5S活动各项方法，提高操作技能和执行效率，快速呈现结果价值。

③持续地看。

管理者经常组织员工观摩5S管理好的企业、部门、车间、班组，形成鲜明对比、吸收先进经验；应周期性地更新现场5S活动简报、宣传画、标语等，吸引员工主动参阅，增加实施的信心、培养追求进步的原动力。

④特别操作说明。

通过以上各种形式，加强员工的长期5S意识，不断营造新鲜的活动气氛，使员工看不惯脏污和混乱、受不了无序和落后，从而达到身心变化、行动改正、追求进步的转变，逐步养成爱好整洁的习惯。

（2）持续运用前3S并凸显价值。

①持续才产生价值。

绝不可存一朝而就的心态，也不可为舍这求那的自我简化，更不可有三天打鱼两天晒网的散漫。成功案例证明，追求5S活动的管理价值，应本着长期坚持的心态、系统完整的体系、持续不断的执行改善，才能达成管理减负、缩短准备周期、零故障零损耗等的管理成效。

②过程中总结经验。

生产管理的任何成功经验都源自实践，只有持续地运用前 3S，才能使各管理方法和工具得到充分的验证，最终产生实用的经验技巧。

（3）制定清洁手册。

建立健全的、精细的清洁手册，包含如下各方面。

①确定责任区域和界线，规定完成后的应有状态。

②工作现场地板、桌面、台面等具体清洁程序、方法和完成的应有状态。

③设备机台的清扫、点检的进程和复原完成的应有状态。

④设备动力部分、传动部分、润滑油、油压、气压等部位的清扫、检查进程及完成的应有状态。

⑤特别操作说明：首先，各手册应制定清晰、描述简洁，便于理解和掌握，操作实务部分应步骤分明、细则详尽，结果要求部分应精准明确，并采取图文并茂的形式；其次，各手册制定应采用目视化管理，确保使用时能快速获得、便于指导参照；最后，管理者应通过监督检查，并结合考核机制，确保各岗位清洁手册有效执行。

（4）定期检查、形成标准。

应建立 4S 活动定期检查和考核机制，逐步形成标准化管理，如表 11-5 所示。

### 表 11-5　4S 清洁检查标准

| 项目 | | 检查内容 |
|---|---|---|
| 生产现场类 | 1S 整理 | 1. 工作现场是否有多余的物品，含零部件、工具。<br>2. 现场各物品的摆放是否符合使用频率要求。<br>3. 材料的包装盒、包装袋用之后是否仍留在工作现场。<br>4. 是否定期实施红牌作战。<br>5. …… |

| 项目 | | 检查内容 |
|------|------|----------|
| 生产现场类 | 2S 整顿 | 1. 零部件、半成品、成品、工装夹具等摆放区域是否划分和定位清楚，是否合理。<br>2. 通道是否通畅，部品、台车是否越黄线。<br>3. 工量检具等是否采用目视管理。<br>4. …… |
| | 3S 清扫 | 1. 是否按时打扫卫生，地面是否清洁。<br>2. 产品、设备有无附着灰尘、是否存在带病作业的设备。<br>3. 上班前是否进行工作准备。<br>4. 作业结束，下班后各工作岗位有无清扫。<br>5. …… |

①结合表11-5所示，将现场需要检查的3S活动项目一一纳入，包含生产现场类（本例）、办公区类、仓储物流类等。

②根据1S整理、2S整顿、3S清扫各活动管理，结合岗位受控要求，编制检查内容，包含各活动过程需落实的场地、设备、物品的工作事项、各事项是否符合清洁指导手册要求等。

③管理者应对责任区各岗位采取定期检查，纠正偏差事项，确保标准落实。

④5S活动推行小组（或5S活动委员会）应对所有受控区进行定期检查，并对各受控区进行检查结果评价，突出优先排名、总结成功经验，执行绩效考核并公开全部结果。

## 五、彻底的5S活动之5S素养实施实务

### 1. 5S素养含义

（1）5S素养是一种习惯。

5S素养是一种针对全体员工的习惯比喻，即对于管理规定的事情，全体员

工都按要求去执行，并形成一种习惯，且体现于人的内心和行动层面。

（2）5S素养是活动的成效结果。

必须指出的是5S素养是一种结果，只要过程中的1S整理、2S整顿、3S清扫得到充分执行且4S清洁长期坚持，就会形成5S素养的结果。

### 2. 实施目的

（1）塑造执行力，使员工遵守各项规章制度。

每一名员工的执行力都是塑造而来的，5S要求各级员工对现场各受控对象持续按管理要求执行，这本身就是塑造执行力的过程，其他生产管理的各项规章制度也会遵照执行。

（2）塑造职业化，培养良好素质的人才。

推行5S素养活动，不断使人的思维意识提升、职业认识提高、专业化技能增强等，其本身就是塑造职业化、培养人才素质的活动。

（3）展现组织特色，构建企业文化。

通过5S素养活动的成功导入，使绝大多数员工达到思维意识一致、职业认识一致、沟通语言一致、工作行为一致、结果业绩一致，即形成了组织特色，成功构建了企业文化。

### 3. 特别说明

（1）素养是5S的核心，也是5S的最终目的，没有人员素质的提高，各项活动就不能顺利地开展，即使开展了也不能坚持长久。

（2）成功实现5S素养将使企业各管理成本得到明显降低，各项业务活动效率显著提高，这既是每一名管理者持续追求的目标，也是现代企业追求的目标。

### 4. 5S 素养"实现逻辑"和"常规塑造方式"

（1）5S素养实现的逻辑。

实现5S素养的逻辑应本着循序渐进的原则，依据PDCA科学法则进行：定目标、按阶段、出计划、盯执行、勤检查、善总结等全过程持续循环改善，如图11-5所示。

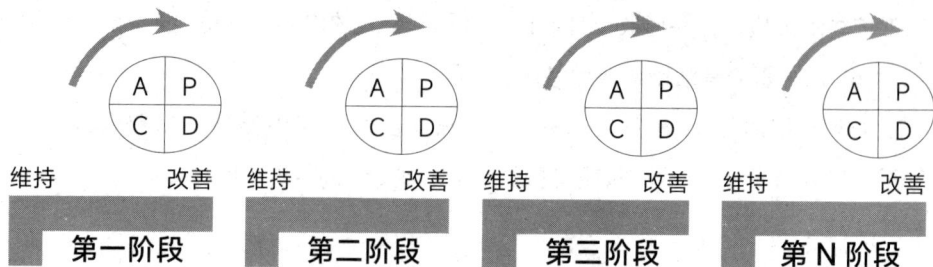

PDCA 释义说明：Plan 计划、Do 执行、Check 检查、Action 处置

▲ 图 11-5　5S 素养达成逻辑 PDCA 持续上升的循环示意图

①根据团队实际处于的阶段，总结本阶段的不足，定义下一目标阶段。

②分析目标阶段和本阶段的差距，找到需要改进的事项，并列出清单。

③依据改进事项清单，遵循 PDCA 科学法则，编制改进计划（Plan）。

④依据改进计划（Plan），进行分工协作执行（Do）；过程中执行检查（Check），分清哪些对了、总结经验，哪些错了、找到原因；对检查结果采取处置（Action），成功经验标准化，失败原因再执行 PDCA 循环，直至达成。

⑤向下一阶段执行上述步骤过程，按科学法则脚踏实地地逐步实现团队 5S 素养的塑造与提升。

（2）5S 素养塑造的常规方式。

①持续推进 4S：形式化、行事化、习惯化、企业文化。

其操作详情内容见本章第一节内容。

②制定员工手册。

一方面，制定职业规范，包含员工着装规范、员工行为规范等；另一方面，制定礼仪规范，包含接待礼仪规范、问候礼仪规范、电话礼仪规范等。

③实施各种教育培训。

一方面，由责任部门组织开展针对 5S 意识和认识、新操作技能的培训，不断提高 5S 活动的推行能力；另一方面，由管理者主导，发动广大员工参与自主学习，组织班组级心得体会、成功经验、技能技巧等的常态分享会，形成互帮互助、内部造血的正向氛围，营造积极的组织特色。

④开展各种精神提升的活动。

组织针对 5S 活动的早会、竞赛和征文等，持续营造 5S 活动氛围，达成全员关注、全员参与的目的。

⑤建立更多需共同遵守的规章制度。

一方面，以阶段的成功为基础，纵向深入，使全企业更多区域或功能模块开展 5S 活动，逐步使全企业实现彻底的 5S 管理；另一方面，结合推行 5S 活动所收获的成功管理经验，进一步横向开展其他规章制度的制定和实施活动，实现 5S 活动价值的最大化。

第十二章

# 现场改善之浪费发掘与消除

# 第一节　企业经营活动分析：改善无处不在

## 一、活动发生分类：增值和非增值

企业发生的经营活动从"价值角度"衡量总体可分为增值和非增值两大类活动，如图 12-1 所示。

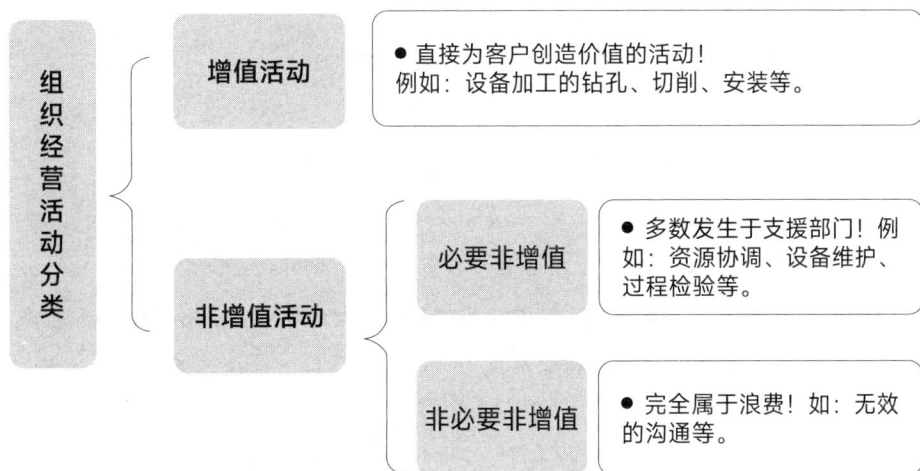

▲ 图 12-1　组织经营活动分类

### 1. 增值活动
改变产品内外结构或构造的活动，即直接为客户创造价值的活动，如生产客户所需的产品、提供客户所需的服务。管理者应追求所有的经营活动均为增值活动。

### 2. 非增值活动
（1）必要非增值。

为实现增值活动而提供的支援性活动，该类型虽是必要但并未增值，多数发生于支援单位，应予以优化改善。

（2）非必要非增值。

该类型活动完全无必要且不增值，属于浪费，应予以彻底消除。

## 二、活动效率分析

企业发生的经营活动从"效率角度"分析可分为真效率和假效率、个别效率和整体效率等，结合情景案例 12-1 所述如下。

▶ **情景案例 12-1：选出真效率的选项并予以说明**

A. 外部市场需求 100PCS，10 名员工实际生产了 120PCS。

B. 外部市场需求 100PCS，12 名员工实际生产了 100PCS。

C. 外部市场需求 100PCS，9 名员工实际生产了 100PCS。

真效率为选项 C，解析：按市场需求完成了"生产目标"，相对于其他选项，既实现了目标，又投入了最少的资源代价。经总结分析，该生产活动为真效率。

选项 A 解析：从任务角度来看该生产活动"超目标完成"，但多余的 20PCS 因市场不需要而成了"存货"。最终出现：该订单利润完全等于"多余库存"，或者多余 20PCS 付出的成本超过了该订单的总利润，此生产活动并未盈利甚至出现了亏损。经总结分析，此生产活动实为假效率。

选项 B 解析：从任务角度来看该生产活动"完成了目标"，但相较于选项 C 其投入的资源代价明显"过多"。该选项虽然达成了目标且并未产生多余库存，但其成本高、利润低。经总结分析，此生产活动也为假效率。

▶ **情景案例 12-2：个别效率和整体效率**

某产品生产线：工序一产能 150PCS/ 小时、工序二产能 120PCS/ 小时、工序三产能 80PCS/ 小时。生产强调过程效率平衡，整体有效产出，而该生产线明显存在工序间产能失衡的问题现象。

从最终产出效率角度总结：该生产线总体产能实际只有瓶颈工序三的80PCS/小时。为此，工序一仅仅为个别效率、瓶颈工序三才为整体效率。

从管理问题的角度总结：一方面，随着该生产线的正式启动，因各工序间的产能差异，工序二、工序三定会出现任务积压，造成在制品库存；另一方面，因工序一产能最大，久而久之定会出现后工序无法按时消化生产任务，最终形成工序一闲置、工序二繁忙、工序三最忙的非均衡管理乱象。为此，生产管理应追求整体效率。

### 三、精益生产：持续改善、精益求精

实施精益生产是现代企业重要管理活动的目的。综合上述章节的企业经营活动分类和效率分析，我们发现企业中可改善、待改善的课题繁多，在竞争越来越激烈的时代，管理者应本着"浪费到处都有"的改善原则，进行持续优化，成就精益求精。

# 第二节　精益现场改善之八种浪费发掘与消除

## 一、浪费定义

浪费指不增加附加价值，但成本增加的一系列活动。对于精益生产来讲，凡是超出增加产品价值所必需的、最少量的物料、设备、人力、场地和时间等的部分都是浪费。其有两层含义：一是不增加价值的活动是浪费；二是尽管是增加价值的活动，但所用的资源超过了"必须和最少"的界限，也是浪费。

基于上述定义和结合生产型企业的特点，浪费可归纳为八种类型，亦称"八种浪费"，即不良品修正浪费、库存过多浪费、搬运过多浪费、动作过多浪费、加工过度浪费、过早过剩浪费、等待浪费、管理浪费。我们可采取分类分析，制定针对性的改善措施。

## 二、不良品修正浪费

### 1. 定义

过程中因来料、制程、成品等品质不良，造成的各种损失浪费。此包含因原材料、半成品、成品、委托外加工件、售出品等的品质不良而造成的各种损失。

### 2. 影响

（1）成本损失。

因一次投入不合格，而造成本次投入的物料、时间、设备、能耗等的成本损失。

（2）返工、重工损失。

因前次品质不良而造成后期一次或多次的修复返工甚至重工等附加代价的损失。

（3）时间损失。

因交付所需二次或多次准备、加工，致使交付周期增长，造成大量的时间损失。

（4）品牌损失。

因质量不稳定导致客户抱怨，忠诚度降低，同时不良品库存增加，供应计划、生产计划产生紊乱等。

综上所述，不良品修正浪费直接影响生产工作的正常进行、订单交付、企业获利，长此以往将导致企业各项经营活动出现严重困难，最终不可持续。

### 3. 主要原因分析

（1）来料不良。

因采购品来料报检、判定、处置等管控过程失效而造成的不良品；进一步可追溯至供应商质量管理不善而造成的不良品流入本厂。

（2）制程不良。

因生产过程的加工、自检、互检、巡检等管控过程失效而造成的不良品；进一步可追溯至工艺实现条件、执行标准精准度、设备完好情况等出现管理缺陷而造成的不良品产出。

（3）使用者破坏。

因用户的装配、使用等应用过程失效而造成的不良品；进一步可追溯至使用说明指引、产品易用性、使用者技能等情况出现缺陷而造成的不良品退货。

### 4. 主要改善方向

（1）制止来料不良。

①强化质量管理体系功能，管理者应着力细化来料检验标准，并使检验标准与受控项目相适宜，常态化核对修正，确保检验标准的精准度。

②加强对来料检验人员的培训、执行督导，确保其对标准的正确识别和按标准落实来料检验的各项程序。

③保证来料源头的质量水准，设立供应商质量管理工程师，对核心供应商进行质量辅导。

注意：来料质量管控是企业质量管理的源头，应确保其各项环节的实效性，为整体质量管理打好基础。

（2）制止制程不良。

①落实作业标准化管理，管理者应着力细化作业指导标准（关键工艺尤为突出），并使指导标准与实际作业相适宜，常态化核对修正，确保作业标准的精准度。

②优化工艺实现方式，工艺管理者应结合现场实际，采取防错、简化、自动化等改善措施，减少工艺复杂度，优化工艺实现方式。

③强化生产岗位工作质量控制细则，班组长应注重班中督导，切实使生产岗位员工按标准执行作业，落实自检、互检和履行三不原则。

④持续化质量工程分析与改善，管理者应根据制程不良数据，定期对其进行汇总、分析，找出制程不良的突出因素，制定改善对策进行持续改进，科学化地提高制程质量水准。

注意：制程不良是生产质量管理的中心环节，也是体现管理者提高价值的重要课题，切勿"从不分析、相互指责，简单粗暴、一罚再罚，不做提高、从未改变"形成恶性循环，应体现本源思维、事实依据，进行追根溯源、科学提高。

（3）完善用户服务。

①产品信息清晰化。出厂产品标识信息、说明信息清晰化，便捷的应用沟通

渠道，防止因用户对产品信息接收模糊、功能性能信息不了解、咨询交流渠道不通畅而产生的产品损坏。

②强调产品易用性原则，建立安装、使用、维护等操作的防错设计，从根本上减少用户应用不熟练而产生的产品损坏。

③对于应用难度系数大、价值度高的产品，应提供在线视频或现场培训等服务，防止因用户应用错误而产生的产品损坏。

注意：品质即品牌，用户感受才是真正的品质和品牌，解决用户用料的问题就是改善不良，关切用户的体验才能成就品质、拥有品牌。

## 三、库存过多浪费

### 1. 定义

由于不同步生产而产生的或前后工序产能不均衡导致的库存过多而产生的浪费。

### 2. 影响

（1）搬运损失。

因各类物品库存过多产生更多的挪动、调整和搬运，直接增加了搬运次数，产生浪费。

（2）仓储损失。

库存过多必然增加出入库、在库管理的复杂度，必然需要投入更多的资源进行监管，增加了仓储管理的各项成本。

（3）管理困难。

库存过多容易造成虚假繁荣、隐藏管理问题、看不到改善价值，更会因库存过多影响仓储数据账目的准确性，日常生产管理产生混乱。

（4）经营损失。

因库存过多，导致资金滞压严重缺乏灵活性，市场反应速度慢而丧失机会，导致经营困难。

综上所述，库存过多直接带来了生产作业、日常管理等层面的系统性浪费，长此以往将影响企业正常经营，最终陷入经营困境。

### 3. 主要原因分析

（1）需求计划不同步。

市场需求把握不精准，太过于依靠历史经验或完全依赖个人主观性，导致需求计划编制不准确，从源头产生了多重不确定因素，最终致使原材料、半成品和成品等不能如期流通，逐步形成库存过多。

（2）存货优化未设置。

在库物资长期保管不善、未设置存货优化策略等，导致产生积压且未得到及时有效处理，久而久之形成呆滞或报废，逐步带来库存过多。

（3）多种管理因素综合不达标。

从销售订单到产品出货整体管理缺失、考核执行不彻底。销售订单未根据市场变化而调整、生产计划和物料需求计划未按科学流程而编制、采购订单未按物料需求计划而下达、生产现场未按生产计划而执行、仓储物流未按科学方式管理等，未设立库存预警机制、未实行库存品处置的管理考核机制等，基于多种管理因素，逐步形成库存过多。

### 4. 主要改善方向

（1）精准需求和计划是首要。

①在少批量、多品种、需求多变的时代，应加强前端需求和计划的精准性。

减少完全依靠历史经验或个人主观性的猜测，应依据企业经营计划，参考历史成交、现实市场需求，周期性（一般情况年、季、月）地进行产供销平衡协调（一般以正式会议形式进行，由企业PMC计划部门主持），科学合理地制定周期内（一般情况年、季、月）的经营计划、生产主计划，确保周期内目标方向的正确性。

在需求多变的市场环境下，市场销售系统不仅仅注重订单签订，更应该重视对已签订单周期内的变化采取跟进（俗称跟单工作，亦可分客户、分类、分品项等针对性调整跟进频率），将市场突发性变化及时准确地反馈企业内部，以利于内部做出调整，确保外部需求和内部执行的一致性。

注意：减少依赖历史经验和个人主观性因素，尊重历史数据和客观事实，市场销售亦如此；减少已签订单的变化风险，应将销售业绩和销售订单准确定义为同等重要。

②在少批量、多品种、质量要求越来越高的时代，宜采取滚动计划模型。

注意：企业自上而下应达成共同认知，即在少批量、多品种、任务多变的时代，企业层面应建立适宜的计划编制、组织、执行、优化体系（详情见第十六章）。

（2）对现有存货建立优化策略。

①设置存货优化的 ABC 管理策略，即将现有存货按价值度、存货品目量进行区分，区分重点。

A 类物品：品目累计 5% ~ 10%，平均资金占用额 60% ~ 70%，该类物品采取严控精管、库存量减少、盘点频率加大、投入主要的管理精力等，保证 A 类重点物资加快流通，确保其不过期、不变质。

B 类物品：品目累计 20% ~ 30%，平均资金占用额 20% ~ 30%，该类物品采取较 A 类物品管控宽松的管理机制，对于价值度较高、流通率高的物品应分区重点管控，强调流通效率和管理效率。

C 类物品：品目累计 60% ~ 75%，平均资金占用额 5% ~ 10%，该类物品可以采取更为宽松的管理机制，可以加大库存量，减少订货成本，或对于很快能订到的该类物品不设置安全库存，减少其占用库容积和搬运活动。

注意：为科学合理区分在库物资，应对在库物资价值度和日常存量进行计算、统计。该策略适用于企业全体物流管理人员，其效率在于企业物料计划单位、采购供应单位、仓储单位、现场用料单位、财务核算单位等共同配合进行。

②虚拟库优化。

在线虚拟库 WIP 优化。尽管我们强调 WIP 越少越好，但因生产线实现绝对平衡代价太大或不现实，所以一旦生产线启动，理论上来讲会存在或多或少的 WIP。首先，应追求生产线的相对平衡，防止因工序不平衡而产生的 WIP；其次，应对定额领料、超额补料制定流程化管控，防止因领用料失控造成非定额物料积压于产线；最后，对于生产线滞留的 WIP 应采取周期盘点、余料回仓的管理。

建立供应链虚拟库 VMI 或 JMI。供应链虚拟库存的建立能有效缓解企业总库存，使企业内部库存管理更为灵活，为此，我们强调 VMI（供应商库存）和 JMI（同行、客户联合库存）应用越深入越好。首先，应重视供应链虚拟库存设立的价值，强调负责、共赢的立场；其次，应对本企业物资需求进行核定，重视供应商的开发、选择、培育和扶持，以真正实现大宗、高价值物品普及 VMI，减少储备库存；最后，建议设立同行、客户的 JMI（联合库存）管理机制，使本企业滞留库存信息能与同行、客户需求共享，在合适的时机执行等值交换、置换或变现，减少呆滞库存。

注意：WIP 越少越好，其重在对现场进行持续化改善。VMI 越深入越好，在竞争越来越激烈的时代，各级管理者应充分认识到合作共赢的重要性，树立"供应商和客户同等重要"的经营价值观，开拓稳定、灵活的供应链，提高企业经营敏捷性和灵活度。

③物流管理体系建设。

没有体系不可持续。应彻底梳理从销售接单、订单评审、计划编制、物料需求、采购供应、现场用料到成品出货的横向业务流程；重点关注从物料属性定义、BOM 物料清单制定、MPS 主生产计划编制、MRP 物料需求计划编制到精益物料供应储运管理的关键管理要点。

建立库存品处置考核机制。首先，明确处置对象和设定处置目标。根据库存品的数额大小、所属种类、市场需求特点等，定义高价值、大数量等重点对象，设定处置周期、处置数额等目标；其次，分配处置任务和设立处置考核机制。根据库存品处置对象和目标明确处置责任，包含责任人、完成期限、处置方式、完成奖励等；最后，分析库存品产生原因并预防。为防止库存品产生，应进行库存品产生的综合分析，包含但不限于市场预测是否有误、已签订单是否存在过程修改或取消、安全存量是否设置不合理、设计变更或定额标准是否有异常、采购是否超量或未及时回料、仓储数据是否准确、物料需求计划是否计算错误等，并制定预防措施予以改善。

注意：物流管理体系建设应强调高效、科学，切勿以完成流程任务而造出流程，影响正常管理效率；企业各级管理者应树立正确的物流认知观，并积极履行处置责任，同时应确保考核和预防改善机制的正常运行。

## 四、搬运过多浪费

### 1. 定义
流程中因两点间距离远而造成的挪动、搬运等浪费。包含人和机器，如上下工序间、本工序加工过程中等，因规划和改善不合理而造成过多的搬运活动。

### 2. 影响
（1）物流损失。

搬运活动即物流，对于精益生产来讲是不增值的活动，过多的搬运必然会增加物流损失。

（2）时间损失。

过多的搬运占用了过多准备时间，交付总周期不变的情况下准备时间越长，加工时间就会越短。过多的搬运活动属于典型的时间损失。

（3）动作损失。

过多的搬运将增加不必要的动作，动作增多极大可能造成不可控的因素增加（物料、产品、工具模具、设备、人员等碰伤），从而产生动作损失。

（4）劳动强度、设备磨损。

过多的搬运增加了人员劳动的强度、搬运设备的磨损等。

（5）其他损失。

信息沟通断层、供应脱流、在制品库存、生产停线、交期紊乱、成本增高等。

综上所述，搬运过多浪费会严重影响生产效率的发挥，长此以往生产管理体系将出现严重混乱。

### 3. 主要原因分析
（1）整体生产布局和工序物流未规划或规划不合理，导致前后工程未接流或物品未及时转流，由此造成人员、设备的搬运活动。

（2）工位布置和作业者问题。作业工位布置未开展 5S 活动或执行不彻底，导致各类作业物品混乱，由此增加人员作业中不规则的寻找、取放、调整等活动。作业者本身作业活动并未优化，由此产生人员作业中不经济的重复、反复等搬运活动。

（3）生产计划和组织管理问题。因生产计划编制不准确或生产组织管理不合理等因素，导致错误准备、错误执行或错误加工等，由此产生重新调整的搬运活动。

### 4. 主要改善方向

（1）生产布局规划和工序单件流优化。

①实施整体生产过程物流动线优化。尽可能缩短整体物流长度，生产线亦可考虑 U 字形重新布局，强调前后工程并线结流和工程间不停滞，若现实条件受限（固定设备、固定空间等），则可考虑引进自动物流。

注意：需结合整体生产过程和现场条件，并综合考虑投入产出的适宜性，制定科学合理的方案，依据理论设计与实际论证的方式逐步予以改善。

②制订标准生产流程，实施单件流优化。测算各工序的人员量、设备量，使各工序效率趋于一致，工序输入输出呈单件依次流动，达到件件动、单单结、班班清，避免无序积压、重新整理、重新堆积等现象，减少搬运次数和降低转运强度。

注意：需进行岗位再培训，提高员工作业的主动性和积极性，建立工作责任感，或另需一定的设备工具投资。

（2）工位彻底的 5S 活动和岗位作业标准化。

①作业工位实施彻底的 5S 活动。进一步贯彻 1S 整理，从工位现场清理不要的物品，以杜绝产生不必要的搬运活动；切实落实 2S 整顿，贯彻定位、定量、定品的物品三定要求，以避免因定置管理不到位产生无规则的搬运活动。

注意：避免走过场、一阵风的现象，应充分结合第十一章内容进行体系化、持续化地实施改善。

②推行岗位作业标准化。在彻底的 5S 活动基础上，建立岗位作业标准，设计作业前、中、后的运动线路，导入培训、实训、督导等，形成岗位作业标准化，以减少因人员无序作业而产生的各类搬运活动。

注意：以 5S 为基础、结合人因工程、工艺要求等进行标准设定，同时注重员工的培训、督导，以形成习惯。

（3）精准生产计划和前置生产组织管理。

①精准生产计划。计划不对，努力白费！为此，应保证生产计划的精准度。

作为生产计划的编制和执行管理人员，应注重落实生产计划的"前置排查"，以减少因生产计划不准而造成的无效搬运活动。

注意：生产计划单位应与现场通力协作，杜绝"明知不可为而为之，不知可为否而为之"等模糊执行计划；同时，现场执行单位也应贯彻"前置排查义务"，应杜绝"不知可不可为，为了再说"等赌博式生产。应确保下达生产一线的执行计划（生产指令）是精准的，否则不可避免地产生搬运浪费。

②前置生产组织。凡事预则立不预则废！为此，应科学落实第七、八、九章内容进行排程发布、排程跟踪、异常处理、班后总结等工作管理细则，采取前置组织、前置预防、有条不紊地推行生产，以避免紧急事态频发、救火式处理事件等造成的无序搬运活动。

注意：应科学落实"排程发布、排程跟踪、排程前置排查"等科学生产管理细则，否则极有可能因执行排程的未知态势而产生搬运浪费。

## 五、动作过多浪费

### 1. 定义
生产作业时发生调整位置、翻转产品、取放物料工具等不必要的动作浪费。

### 2. 影响
（1）动作损失。

过多的动作产生必然会带来疲劳，力不从心则无法持续正常作业，由此发生一系列人为事故，是为动作损失。

（2）效率损失。

过多的动作必然会占用更多的时间，单位时间内产出低，是为效率损失。

（3）质量损失。

过多无序地翻转、调整、取放，大幅度增加对原材料、半成品或产品本身的损伤，是为质量损失。

（4）品牌损失。

因动作繁杂、繁多、繁重，导致劳动效率低下、员工满意度差、交期拉长、成本高、质量差。

综上所述，动作过多浪费直接影响一线员工的劳动效率和满意度、生产质量、交付速度，长此以往将导致企业效益低下，最终丧失竞争力。

### 3. 主要原因分析

（1）设计不符合。

设计标准作业程序时未考虑人体工效、规划不合理等，造成标准作业时同时产生了过多的动作。例如：同一加工面不在同一步骤、不同加工点同一步骤加工、一个一个地取放工装等，导致生产人员经常发生"来回、交叉、重复、穿插、倒置"等作业现象。

（2）动作未优化。

生产一线操作普遍未采取优化，从未考虑生产操作的经济性，致使员工实际发生的操作动作过于繁杂、繁多、繁重，产生大量不经济的操作动作，从而造成浪费。

### 4. 主要改善方向

（1）设计优化。

在满足工艺实现和产能达标的前提下，管理者应坚持人体工效原则，检视对现有采取标准作业程序，优化操作不顺畅、不延续、不合理的项目，并于生产一线验证通过。

注意：应对现有标准作业程序进行综合检视，并评估突出改善点；对突出改善点进行优化后，应于生产一线验证评估；检视和评估应尊重综合劳效，含单位产出和持续产出、员工满意度、产品质量等因素；设计优化验证通过后，应注重操作人员的培训、督导，以便形成习惯。

（2）动作优化。

管理者应本着积极的心态，选择特定岗位按动作经济原则，充分检视员工现发生的所有动作，汇总动作清单，突出重点，予以综合改善。

注意：突出重点选择特定岗位时，应选取动作强度大、复杂度高、执行效率慢等的特定岗位；对特定岗位发生的所有动作采取记录并形成动作检查清单。按

ECRS 动作经济原则进行改善，即取消（Eliminate）、合并（Combine）、调整顺序（Rearrange）、简化（Simplify）依次进行优化。

取消（Eliminate）：动作能完成什么，完成得有无价值？是否为必要动作？能不能不做？

合并（Combine）：如果动作不能取消，则能否与其他动作合并或部分合并到其他可合并的动作或作业中。

重排（Rearrange）：对动作的顺序进行重新排列。

简化（Simplify）：工作内容和步骤的简化，亦指动作的简化，能量的节省。

## 六、加工过度浪费

### 1. 定义
作业的流程过多、过长、重复或过度设计等造成的浪费。

### 2. 影响
（1）动作损失。

过度的加工必然导致过多动作的发生，由此产生动作浪费。

（2）时间损失。

过度的加工导致需要投入过多的时间，并因此产生等待浪费。

（3）效率损失。

因过度的加工导致材料投入过多、设备应用过度，由此导致材料损失、设备折旧成本高。

（4）顾客损失。

加工难度增加、交付周期增长，资产变现周转慢，不能把握更多的商机，最终损失潜在顾客。

### 3. 主要原因分析
（1）工艺设计落后或过度。

工艺设计落后，导致工艺一次合格率低，后续弥补工作太多；未掌握客户需求，工艺采取过度设计，导致超出标准所需的生产资源消耗。

（2）执行工艺错误。

生产凭经验开工或生产前对工艺确认精细度不够，因识别错误而返工或过度加工，导致超出标准所需的生产资源消耗。

### 4. 主要改善方向

（1）需求识别和工艺优化。

①品质是以客户要求为依归的。在少批量、多品种、任务多变的市场时代，工艺设计人员应全程保持多频次的客户沟通，精准识别各阶段客户需求，切勿完全依据自我经验，致使设计偏差发生，造成加工过度浪费。

注意：首先，追根溯源在产品立项或订单评审阶段，此时工艺设计人员就应介入，同步明确是否能实现、如何实现，以及结果要求；其次，在产品正式投产前，工艺设计人员也应介入，同步明确客户是否需要更改、如何更改，以及更改后的要求；最后，在产品生产中，工艺设计人员还应介入，同步应明确客户是否需要更改、生产是否能顺利实现、如何更改、如何更好实现，以及结果要求。

②设计工艺优化一小步生产效率提高一大步。工艺研发和管理人员应本着理论与实际相结合的原则，主动于生产一线就工艺实际执行情况进行排查，在满足结果要求的基础上，以实现效率提升为中心，发掘可改善的工艺进行优化。

注意：工艺设计和管理人员应善于学习、勇于参与行业对比、勤于创新实验，同时应具备良好的现场沟通能力、分析问题能力、总结改善能力。

（2）工艺识别、执行、反馈。

①生产前识别。

根据班组任务排程，班组长应正确指引岗位员工做好生产前的工艺识别确认，针对新产品或特殊工艺应编制特殊识别，并提供正确指引，强调标准化生产准备、杜绝不准备或经验化猜测。

②生产中执行。

品质是制造出来的，现场工艺应切实得到贯彻；好员工也需要督导，班组长应履行在线督导职责。

③生产后反馈。

要想品质更好，必须建立反馈、改善机制。针对新产品或特殊工艺，生产一线单元应与工艺设计人员保持沟通，交流应用心得、总结不足、提取经验，以利于后续工艺改善。

注意：首先，品质是生产制造出来的，工艺是过程质量的保证。生产执行单位务必建立生产前准确识别、生产中切实执行、生产后及时反馈的工艺纪律体系，没有过程质量保证就不会有结果质量达标，其次，不要把品质交给人为因素，一线督导是关键。班组长应着力落实第八章第二节内容强化班中的工艺执行督导。

## 七、过早过剩浪费

### 1. 定义

前工程投入量超过后工程单位时间内的需求量而造成的浪费。

### 2. 影响

（1）效率损失。

过早过剩的购买或生产直接带来了堆积，不可避免地产生了搬运活动，同时必然需要投入更多的管理成本等，由此造成效率损失。

（2）库存浪费。

日积月累地过早过剩购买或生产，必然加大库存量，形成呆滞，乃至报废，带来库存浪费。

（3）成本损失。

超过终点需求而造成的拆卸、报废等，使原本的投入完全损失，而本次还得付出拆卸、报废等成本代价。

（4）资金损失。

好钢用在刀刃上，有限的资金并未用在合适的时机或周转未及时转化，长此以往资金不畅、市场反应不及时，最终造成企业转型困难。

### 3. 主要原因分析

（1）生产线不平衡或工站间不均衡。

因工序或工站效率高而产生单位时间内的过早过剩，长此以往现场定会形成WIP。

（2）定额标准制定不精细或未建立校准机制。

因半成品、成品定额掌握不精准，导致为满足订单交付凭经验放大计划、放大需求、放大投产；因原材料定额核算不精细，导致为满足生产需求而过量过早核算、过量过早采购，日积月累形成了过量、过剩。

### 4. 主要改善方向

（1）生产线平衡改善，实行单件流优化。

①针对流水线式的生产方式应考虑工序间的平衡率，对瓶颈工序应采取增加人工、改造或添置设备、优化工艺等方式进行改善，努力追求工序间的相对平衡度，减少工序间的过早过剩积压。

②对于独立工作站的生产方式应制订标准生产流程，实施单件流优化。测算各工序的人员量、设备量，使各工序效率趋于一致，工序输入输出呈单件依次流动，达到件件动、单单结、班班清，减少工站的过早过剩积压。

③因生产线实现绝对平衡代价太大或不现实，所以一旦生产线启动，理论上来讲会存在或多或少的过早过剩积压，为此应采取周期盘点、余料回仓的方式防止长时间积压，充分盘活利用过早过剩的物资。

注意：经努力改善后如未实现瓶颈工序突破，则管理上需追求一个流的平衡结果，应采取其他工序减产、适应瓶颈的改善对策；加强岗位作业培训，不断提高员工作业技能，或需要一定的设备工具投资。

（2）定额标准精准化，及时的校准机制。

①准确掌握不良率。

针对原材料应准确掌握不良率（含工废率和料废率），防止未经核算的过多过剩采购补充。针对半成品、成品应准确掌握其一次合格率，减少放大计划、放大需求、放大投产的误差，防止不受控制的过多过剩计划生产。

②及时的校准机制。

针对设计不良率和实际发生不良率，本着风险控制最小化的原则，周期性采取校准机制，该机制一般由物料计划、生产用料、采购供应、仓储物流等单位申报，由工艺设计单位验证后予以调整。

注意：从改善的角度来讲，没有最好只有更好。定额精准化亦是企业永恒的改善课题，应重视各管理职能及时的校准机制。从效益角度来讲，定额标准优化一小步，结果效益进步一大步，同时应确保校准机制得到常态化实行。

## 八、等待浪费

### 1. 定义

没有成果的时间浪费，亦包含因备料、作业、搬运、检查等活动造成后续过程需要等待的浪费。例如：设备故障、材料短缺或不良的等待；生产安排不当的人员等待；上下工程间未衔接好造成的工程间等待；作业充实度不够的等待等。

### 2. 影响

（1）时间利用损失。

发生等待，必然会占用时间，影响整体任务进度，随着时间的推移未在规定时间内完成任务，为了交付不得已安排加班，甚至延误交货期，由此产生了时间损失。

（2）团队效率损失。

因为发生等待，未能延续生产活动，导致人员、设备、资财等处于未执行任务的状态，未发生效率转化的同时相应的成本项目（工资、能耗、资产投入）却在发生，产生了整体效率损失。

（3）品牌损失。

频繁等待、频繁加班、团队疲惫、交期不准、客户抱怨。

综上所述，等待浪费直接影响团队效率、员工满意度、客户忠诚度，长此以往将导致生产忙乱、竞争力低下的困境。

### 3. 主要原因分析

（1）生产计划和执行指令不精准。

生产计划和指令的编制并未考虑现场实际情况，由此带来多重不确定因素，导致现场实际执行时发生停工待料、停工待发、停工待机等异常而等待。

（2）前置排程准备不到位。

生产班组未对生产指令采取排程分解，致使各阶段任务缺乏针对性准备（复查、修复、协调），从而导致阶段任务执行时突发异常而等待。

（3）生产线不平衡或工站间不均衡。

生产线或工站间显著不平衡、不均衡，导致各工序、各工站产能不匹配，造成部分岗位或工站空闲的等待，而部分岗位或工站过度紧张又会导致异常频发，造成临时停滞的等待。

### 4. 主要改善方向

（1）在少批量、多品种、任务多变、质量要求越来越高的时代，宜采取滚动计划模型。

（2）依据班组排程，进行前置生产准备。

①应科学落实第七、八、九章关于"排程发布、排程跟踪、异常处理、班后总结"等工作管理细则。

②前置准备、前置预防。推荐建立现场任务排程的三级排查体制，即岗位员工执行排查（走一步看几步）、班组长进行巡视排查（提前考虑下阶段）、车间主管根据任务完成情况进行协调排查（提前预警协调），以减少紧急事态发生，杜绝救火式突发事件等造成停工、停产等待。

注意：应科学落实"排程发布、排程检查、排程跟踪、排程前置排查"等科学生产管理细则，否则极有可能因执行排程的未知态势而产生等待浪费。

（3）平衡改善生产线，实行单件流优化。

## 九、管理浪费

### 1. 定义

因管理系统不善而引起的浪费，管理浪费直接影响上述七种浪费的产生和治理。例如：职责不清的扯皮拉筋、无效的形式会议、团队执行力差、部分无价值又耗成本的管理活动等。

### 2. 影响

（1）效率损失。

管理体系漏洞百出、管理活动经常无效，团队内部充满内卷、耗精力、耗时间，达不成管理效果，此为效率低下的损失。

（2）改善损失。

无效的管理导致无效的结果，久而久之各级管理者认为各类问题都是正常的，哪怕有人指出其突出性但依旧满不在乎，甚至找理由说明该问题的合理性，长此以往，习以为常，则丧失了改善和进取的时机。

（3）事业损失。

盲目应对、混天度日、无头苍蝇、满意度差、价值度低，管理业绩江河日下，事业最终不了了之。

### 3. 主要原因分析

管理系统问题就是管理者问题。按四级管理体系简述，企业管理系统可分为一级纲领手册、二级制度流程、三级作业指导书、四级记录表单。各级管理体系均由管理者制定，管理问题追根溯源来讲主要是管理者的问题，改变和提高管理者是消除管理浪费的根本导向。

### 4. 主要改善方向

（1）不断学习输入。

因未知太多、已知很少，面对问题往往没有头绪，处置问题简单粗暴，缺乏能力是不行动或乱行动的主要因素。只有不断地学习输入，才能获得看待问题的正确思维、解决问题的技能方法。

注意：管理者学习应强调系统性，应知原理、会方法、善实践、多思考，切勿只追流行不知脚踏实地、只知概念不知精髓，这样只会耗费精力、身心疲惫。

（2）持续改善输出。

学习的作用是补充能量，学后的行动是价值呈现。为此，在注重学习输入的同时，应同步重视学后实践，这样才能真正凸显其改善价值。

注意：切勿胡子眉毛一把抓、不清楚情况乱定义，应充分考虑现实情况定义合适的改善对象，同时深入现场、分析现状现物，制定科学的改善方案。

# 第三节　班组长消除浪费的做法

## 一、持续改善的意识

### 1. 管理者应牢记"八种浪费"

脑海里思考的、内心中记忆的、常在口中相传的就是意识最直接的表现。一线班组长只有记住浪费，才能思考改善和消除浪费。经验总结，"八种浪费"为搬、不、动、库、管、等、过、加，如图 12-2 所示。

▲ 图 12-2 "八种浪费"速记技巧

## 2. 管理者应宣导"浪费消除"

有效发动全员共同进行浪费治理，才能真正达成持续改善的效果。班组长应通过不断地宣导，员工不断地吸收，提高员工意识（亦可参考图8-2），以此有效动员全体员工参与浪费消除、持续改善活动。

## 二、精益求精的心态

摒弃错误的心态，弘扬正确的心态。认识到浪费到处都有，到现场问题堆积如山；没有最好的作业，要时刻警醒、反省自身，精益求精图进取；杜绝等待推诿，消除浪费关键在于行动；培养全员改善能力，加强学习输入，持续追求"人、机、料、法、环"等全方位管理水平的提升。

## 三、定期盘点和三现主义

### 1. 制定点检表、定期盘点

结合实际情况，制定现场浪费点检表，动员全体员工定期查找，是消除浪费的重要机制，详情参照表12-1。

表12-1 现场浪费点检表

| 序号 | 现场浪费问题 | 主要改善方向 |
|---|---|---|
| 1 | 工序间、工站间是否有原材料、半成品、成品、备品备件等堆积，数量是多少？ | 线平衡、单件流等 |
| 2 | 原材料数量是多少，可满足生产多长时间？ | 需求计划与供应保证等 |
| 3 | 仓库成品有多少、安全库存量是多少，差异是多少？ | 市场需求、生产计划等 |
| 4 | 每天生产任务是否能按时完成，有多少时间加班？ | 前置生产准备、工艺优化等 |

续表

| 序号 | 现场浪费问题 | 主要改善方向 |
|---|---|---|
| 5 | 工序间、工站间作业员的等待时间有多少？ | 人员、设备、物料、方法、环境等各因素优化 |
| 6 | 是否有停工待料？共有多少次、影响有多大？ | 需求保证、排程材料备查等 |
| 7 | 设备故障有几次，停线时间有多少、影响有多大？ | 排程设备、备品备件备查等 |
| 8 | 工序间、工站间原材料、半成品是否存在搬运，搬运距离有多长？ | 物流规划、改造等 |
| 9 | 原材料、半成品、外发件是否有不良，有几次？ | 来料控制、生产过程标准化、三检制等 |
| 10 | 生产过程的不良是否超出标准？超出多少？ | 生产过程标准化、三检制等 |
| 11 | …… | …… |

注：因现场实际情况的不同，此表仅作为参考；基于持续改善的原则，此表应定期更新。

## 2. 坚持"三现主义"进行务实改善

（1）坚持现场主义。

管理者只有到现场才能真正掌握事态现状，基于真正的现状才能做具体的原因分析，制定的改善对策才会切实合理。

（2）坚持现物主义。

管理者应坚持本源思维、基于事物的根源因素，推理问题发生、过程发展和结果现象，依据科学法切实解决问题。

（3）坚持现实主义。

强调实际行动，切勿追求"空大上"，一切以实际改善效果为中心，管理者制定的行动对策应切实符合企业的现实情况。

## 四、实施改善的"五项原则"

管理者应本着"五项原则"的态度，即通过五大步骤，以科学管理方法和工具，完成改善闭环行动，达成彻底消除浪费，切实提高管理水平的效果。

### 1. 分析现状、把握事实

现状分析是解决问题的出发点，应予以高度重视。为此，应使用客观存在的数据记录表（如暂无数据记录的需要进行再收集），并抓取真实照片或录制问题视频等，以把握课题的事实。

### 2. 查明原因、确定要因

（1）根据现状利用排列图、直方图、相关图、控制图等图表工具查明原因，具体操作请相应参考图 12-3 至图 12-6。

①排列图：通过排列图查明"关键少数和一般多数"，其应用案例如图 12-3 所示。

8 月份 ×× 车间"等待浪费"原因分析

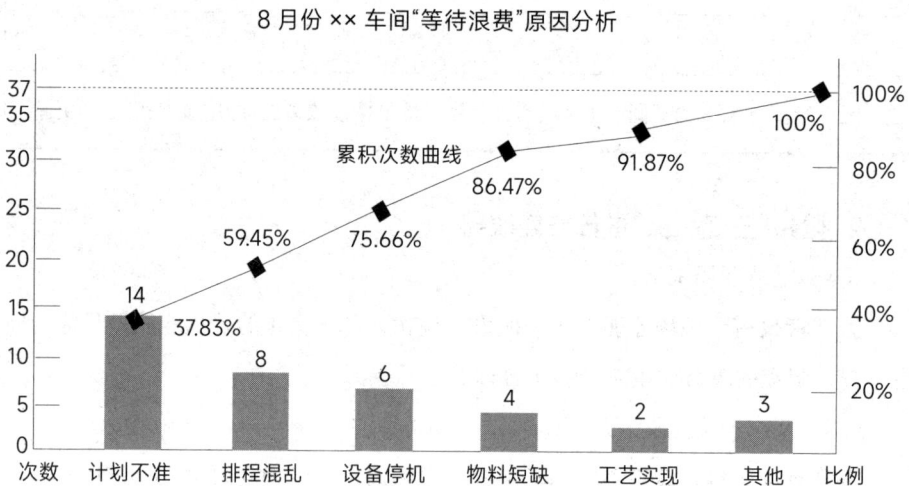

▲ 图 12-3 图表工具之排列图

②直方图：通过直方图查明"分布情况"，其应用案例如图 12-4 所示。

8 月底 ×× 车间各工站"过多过剩积压分布"直方图

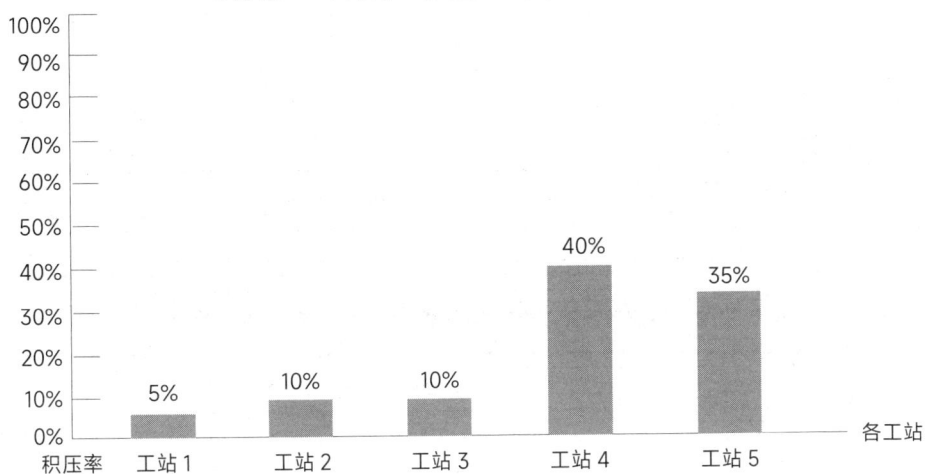

▲ 图 12-4 图表工具之直方图

③相关图:通过相关图查明"因素相关性",其应用案例如图 12-5 所示。

8 月份 ×× 车间"新员工比例 ×× 加工一次合格率"相关图

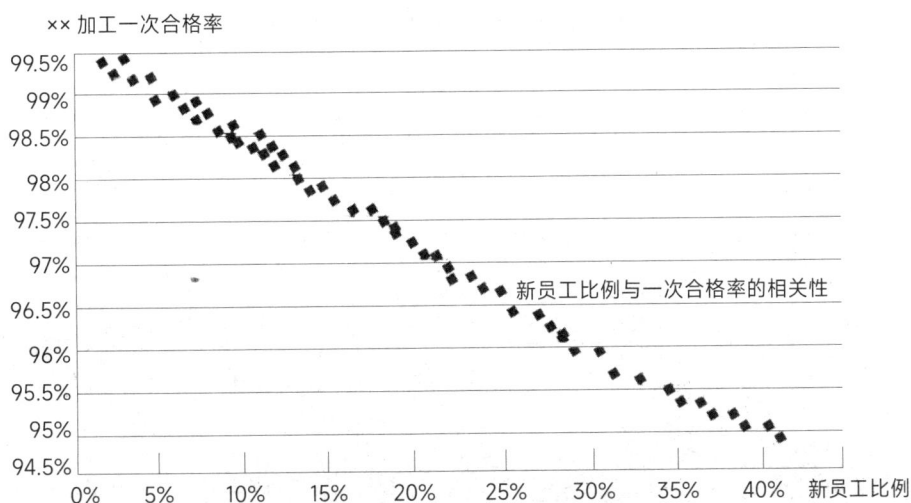

▲ 图 12-5 图表工具之相关图

④控制图：通过控制图查明"控制的有效性"，其应用案例如图 12-6 所示。

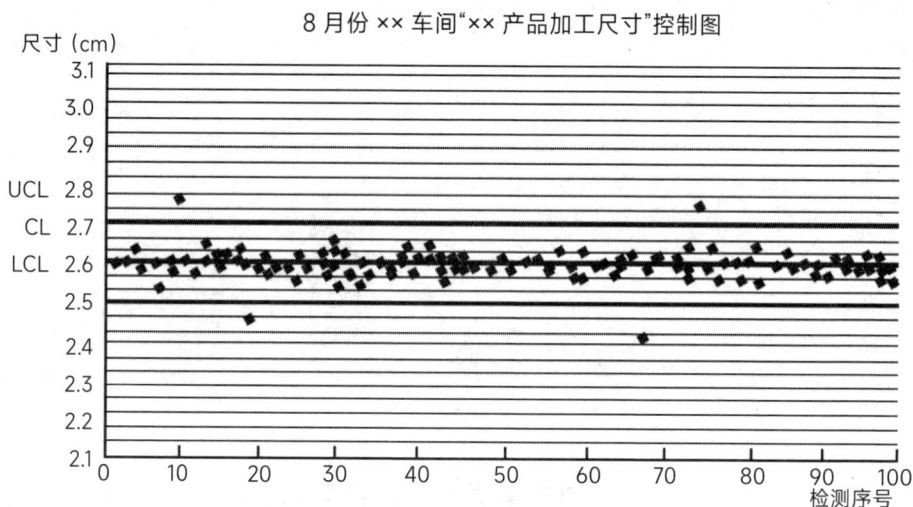

▲ 图 12-6　图表工具之控制图

（2）多重原因之下亦可使用因果分析图、系统图、关联图等分析工具找出主因，具体操作请参考图 12-7 至图 12-9。

①因果分析：通过因果分析图查找"末端原因"，一般单一因果关系不超过四层，超过四层需使用系统图，其应用案例如图 12-7 所示。

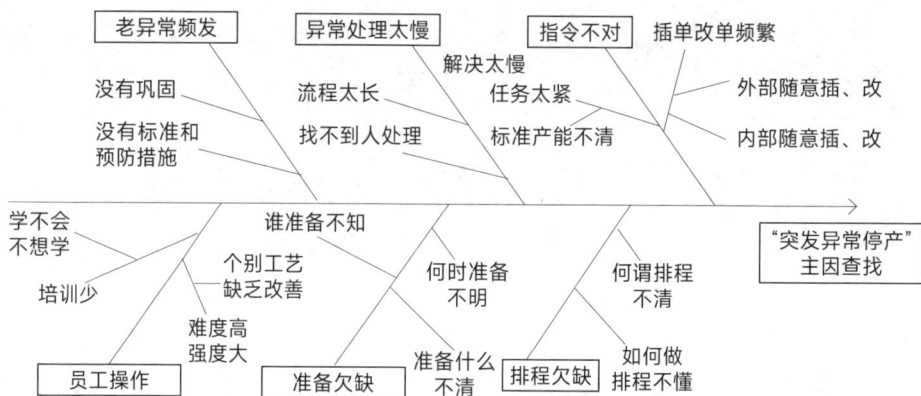

▲ 图 12-7　分析工具之因果分析图

②系统图：通过系统图查找"末端原因"，一般单一因果关系没有层级限制，其应用案例如图 12-8 所示。

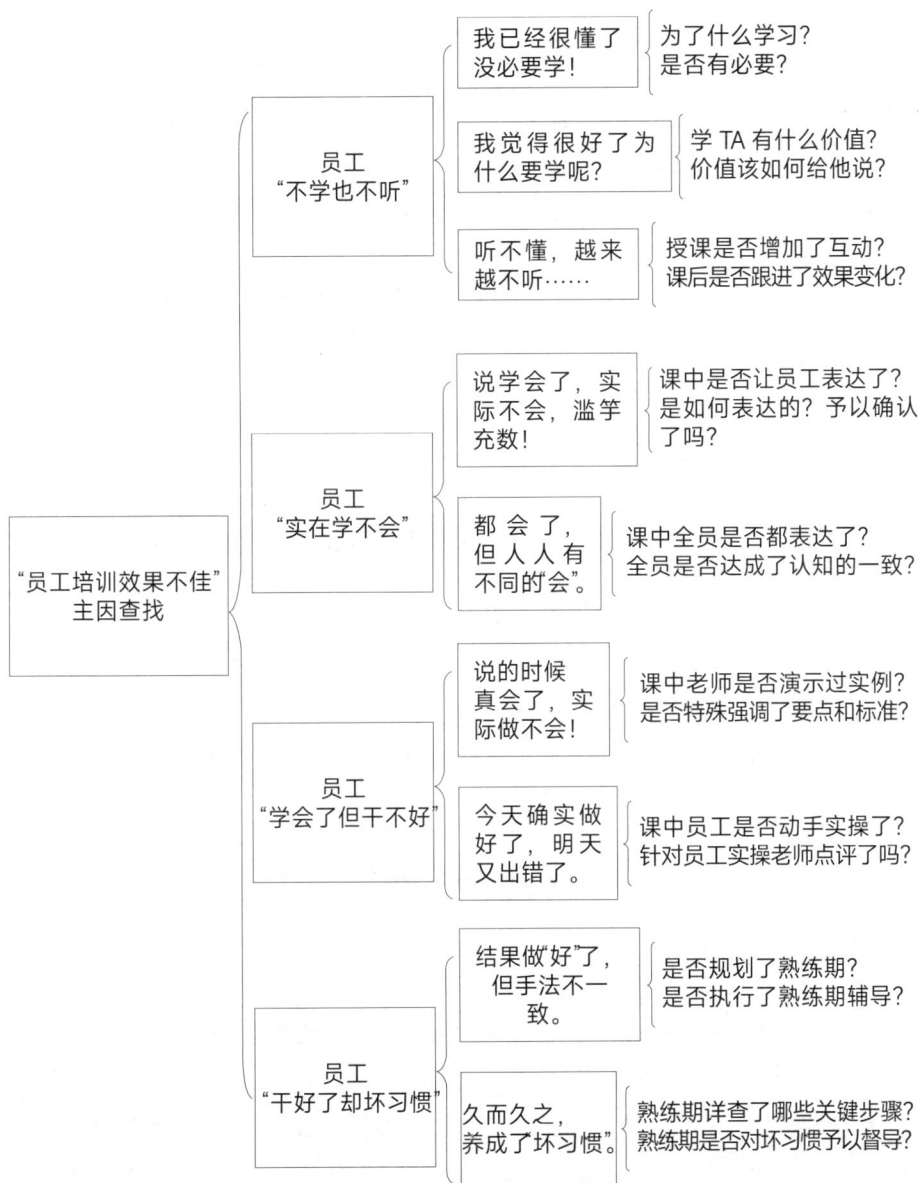

员工
"不学也不听"

我已经很懂了没必要学！
为了什么学习？
是否有必要？

我觉得很好了为什么要学呢？
学 TA 有什么价值？
价值该如何给他说？

听不懂，越来越不听……
授课是否增加了互动？
课后是否跟进了效果变化？

员工
"实在学不会"

说学会了，实际不会，滥竽充数！
课中是否让员工表达了？
是如何表达的？予以确认了吗？

都会了，但人人有不同的会。
课中全员是否都表达了？
全员是否达成了认知的一致？

"员工培训效果不佳"主因查找

员工
"学会了但干不好"

说的时候真会了，实际做不会！
课中老师是否演示过实例？
是否特殊强调了要点和标准？

今天确实做好了，明天又出错了。
课中员工是否动手实操了？
针对员工实操老师点评了吗？

员工
"干好了却坏习惯"

结果做好了，但手法不一致。
是否规划了熟练期？
是否执行了熟练期辅导？

久而久之，养成了坏习惯。
熟练期详查了哪些关键步骤？
熟练期是否对坏习惯予以督导？

▲ 图 12-8 分析工具之系统图

③关联图：通过关联图分析查找"末端原因"，一般用于多重因果关系分析，其应用案例如图12-9所示。

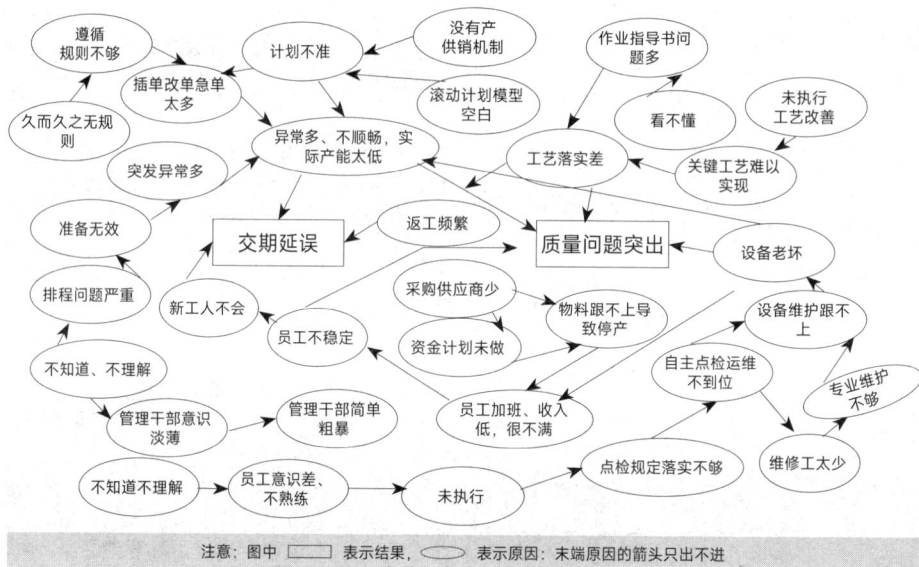

注意：图中 ▭ 表示结果， ⬭ 表示原因；末端原因的箭头只出不进

▲ 图 12-9　分析工具之关联图

（3）参照图12-10，针对主因筛选：系统性因素（即关联的因素）、关键因素（即必要的因素）和可控制因素（即能实现控制的因素）等确定要因。

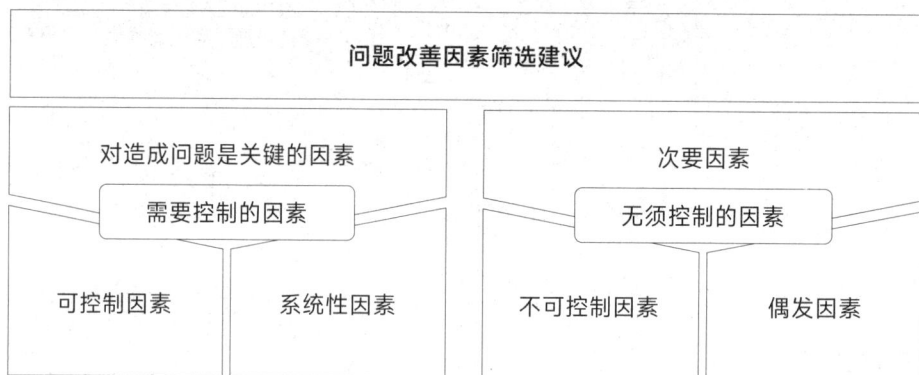

▲ 图 12-10　问题改善因素筛选建议

### 3. 制定对策、强调实施

　　针对确定的要因制定改善对策，强调实施的可执行性，推荐遵循"SMART"法则编制改善实施计划，如表 12-2 所示制定实施计划。

表12-2　改善对策实施计划"表头设计"

| 序号 | 针对的主要因素 | 具体改善措施 | 改善目标 | 实施和监督责任者 | 完成期限 |
|---|---|---|---|---|---|
| 1 | | | | | |
| 2 | 相关的(Relevant) | 具体的(Specific) | 可测量的(Measurable) | 相关的(Relevant) | 有时间限制的(Time-bound) |
| 3 | | | | | |
| N | | | | | |
| 可实现的（Achievable） | | | | | |

### 4. 实施对策、跟踪验证

　　（1）谨防改善工作形式化，根据改善对策实施表，逐项对"针对的主要因素"督导"实施和监督责任者"，确保其在"完成期限"落实了"具体改善措施"。

　　（2）对改善结果进行跟踪验证，是否达成了"改善目标"，若未能实现改善目标，则先从第一步、第二步、第三步进行复盘再执行本步骤，直至达成目标。

### 5. 成果巩固、建立标准

　　（1）为维持改善成果和防止问题再发生，应制定巩固措施。巩固措施不能与对策脱节，巩固期内用数据证明成果的巩固状况，直到达成稳定状态为止。

　　（2）将改善对策表中经过实施证明有效的措施，报主管部门或上级批准，纳入业务标准进行推广，督导现场应按新方法操作或执行新标准。

# PART5　全员保全和安全生产

- TPM 全员生产保全班组级实施精要

- 班组安全生产管理精要

基于班组生产管理工作的必要性和预防哲学原理，我们于第五部分专门设置了针对设备和生产安全的管理课题。

### 第十三章　TPM 全员生产保全班组级实施精要

章节内容包含：设备管理的关键性、TPM 设备保全体系知识、班组级 TPM 实施的重点是什么？

—— 设备管理内涵、TPM 全员生产保全体系、TPM 班组级实施精要之个别改善和自主保全、TPM 体系要务之点检维护制等内容。

### 第十四章　班组安全生产管理精要

章节内容包含：安全生产管理意识和安全生产事故认识、班组级安全生产重点内容有哪些？

—— 安全生产管理内涵、事故致因与安全生产管理原理、班组级安全生产管理规范等内容。

第十三章

# TPM 全员生产保全班组级实施精要

**本章要点荟萃**

- TPM 体系—— 零故障实现方式、TPM 概念与绩效圈、TPM 活动内容框架。

- TPM 班组级实施精要之个别改善—— 意义和概念、个别改善实施步骤。

- TPM 班组级实施精要之个别改善要领—— 确定对象设备、六源查找法。

- TPM 班组级实施精要之自主保全—— 意义和概念、自主保全实施步骤。

- TPM 班组级实施精要之自主保全要领—— 改善七视点、评价诊断机制。

- TPM 体系要务之点检维护制—— 含义和要求、实施原则和内容、点检维护制要点"八定"。

## 第一节　设备管理内涵

### 一、设备就是我们的"饭碗"

设备是生产必备的资源要素，亦是现代工业的象征，设备效益就是现代企业效益，直接形容设备就是我们的"饭碗"也毫不过分。为此，保证设备的稳定性、提高设备综合利用效益等是生产管理者必须研究的课题。

## 二、设备的一生是"管理的一生"

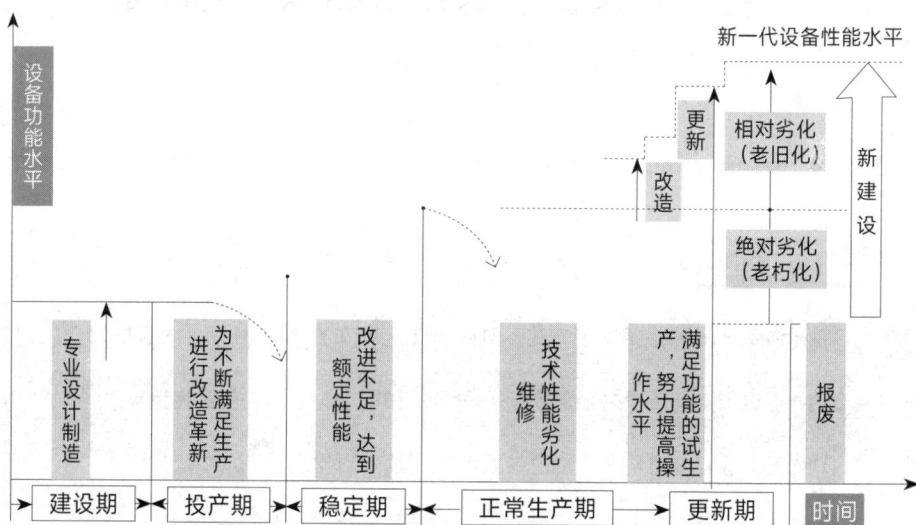

▲ 图 13-1　设备全生命周期管理

　　从经营角度来说设备就是企业的资产，发挥其功能水平就是实现了资产效益。如图 13-1 所示，设备的一生历经五个周期：建设期、投产期、稳定期、正常生产期和更新期，因每一个周期都有一定的浪费、闲置、效率损失等风险，所以必须经一系列的管理措施，才能确保周期内功能水平得到最大发挥，由此可见设备的一生就是"管理的一生"。

# 第二节　认识 TPM 全员生产保全

## 一、设备可以实现"零故障"

首先，从理论角度来说，故障发生是有原因的，若找到原因采取提前预防，理应不会发生故障。如图 13-2 所示，改变人的思考和行动方式，就能实现设备"零故障"。

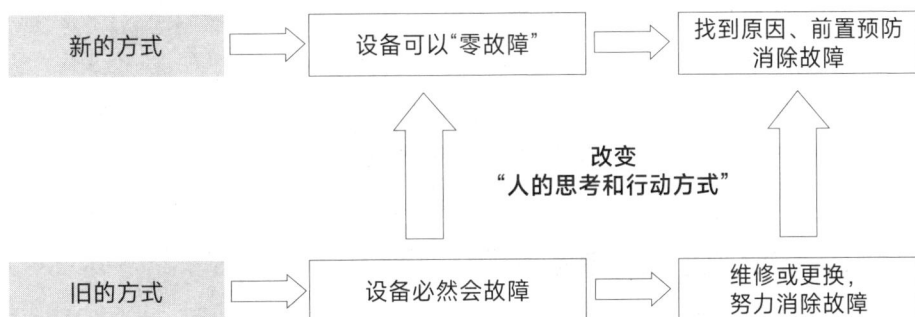

▲ 图 13-2　"零故障"思考和行动方式转变

其次，从设备故障本源角度分析，故障是"人故意使设备发生了障碍"。如图 13-3 所示，设备是由于存在管理缺陷而人未及时处理最终导致了故障的发生。

（1）故障致因是缺陷，包含微缺陷、中缺陷、大缺陷。微缺陷，随着生产活动的展开同步会孕育，暂时不影响功能，但不采取措施予以控制，其本身会积累；中缺陷，由微缺陷积累而来，会产生小规模停机或影响设备的正常功能，若不采取措施予以处置，其本身还会发展；大缺陷，由中缺陷发展而来，已经到了故障边缘，若置之不理将造成严重停机后果。

（2）设备是存在缺陷的，即使暂时没有大缺陷，但随着生产活动的展开缺陷也在同步发展。其规律是：孕育着微缺陷、发展为中缺陷、造成大缺陷。

（3）故障是缺陷由量变到质变的发展过程，设备管理者应及时采取措施控制微缺陷、减少中缺陷、杜绝大缺陷，最终实现"零故障"。

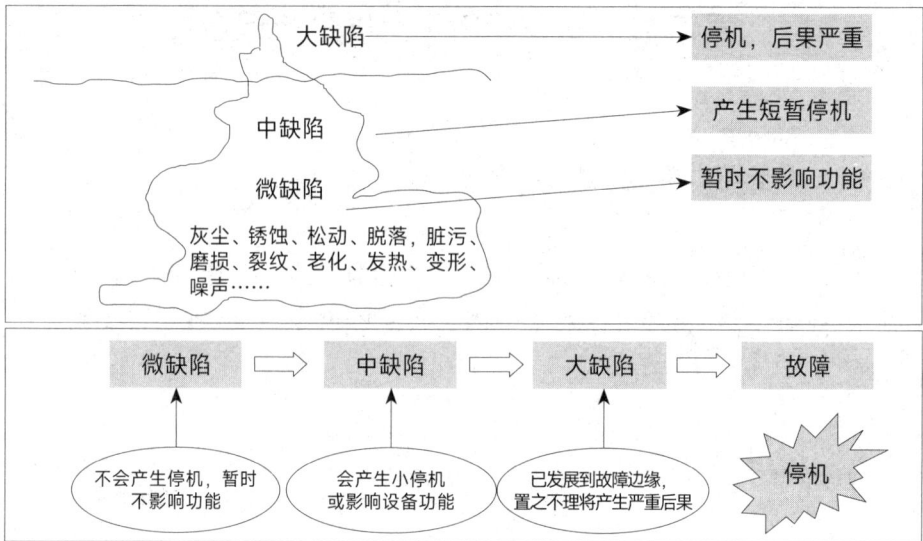

▲ 图 13-3 设备故障致因分析

## 二、TPM 概念和绩效圈简述

### 1. TPM 概念

TPM，即"Total Productive Maintenance"的英文缩写，意为"全员生产保全"，是实现设备"零故障"的最佳管理活动方案。

### 2. TPM 绩效圈实现路径

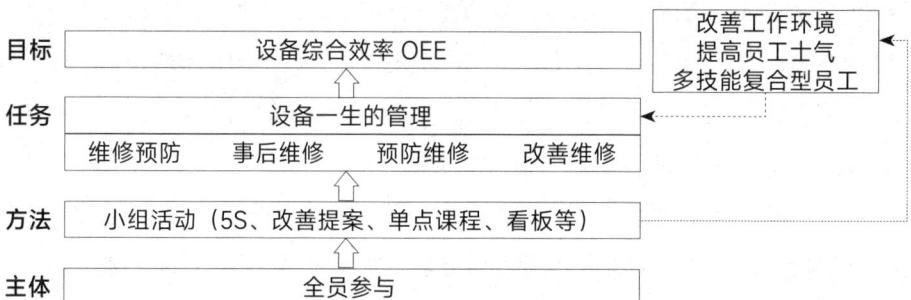

▲ 图 13-4 TPM 绩效圈

（1）TPM 主体组织。

如图 13-4 所示，全体人员，包括企业领导、生产现场工作人员及办公室人员参加的生产维修、保养的体制。

（2）TPM 活动方法。

如图 13-4 所示，以小组活动形式，方法包含但不限于 5S 现场治理、改善提案、单点课程、活动看板等。

（3）TPM 活动任务。

如图 13-4 所示，涉及设备一生的管理。

①维修预防。

从设计、制造阶段充分改正其可靠性、维修性，从根本上防止设备故障和事故发生。

②事后维修。

改善计划外故障和事故的维修效率，也可采取前置预防，减少突发抢修。

③预防维修。

按计划内的要求进行预防性维修，防止设备性能、精度劣化或降低。

④改善维修。

为消除先天性缺陷或频发故障，对局部结构或零件加以改进，结合修理进行改装以提高设备的可靠性和维修性。

（4）TPM 活动目标。

公式表达式及演算案例如下：

①设备综合效率 OEE= 时间利用率（可用率）× 性能利用率（表现指数）× 良品率（质量指数）。

②时间利用率（X）= 正常开动时间（A）÷ 可用时间（B）×100%，若 A=80，B=100，则 X=80%。

③性能利用率（Y）= 正常开动的产出时间值（C）÷ 正常开动的产出额定时间值（D）×100%，若 C=90，D=100，则 Y=90%。

④良品率（Z）= 合格品时间值（E）÷ 总产出时间值（F）×100%，若 E=90，F=100，则 Z=90%。

⑤演算 OEE =（X）80% ×（Y）90% ×（Z）90% = 64.8%。

一般情况下，该 OEE 综合指标值越高代表企业设备效率越好，若要使 OEE 指标提高，我们需要从时间利用率（可用率）、性能利用率（表现指数）、良品率（质量指数）三大方向进行改善。

（5）TPM 活动的间接价值。

如图 13-4 所示，通过小组活动持续改进，将有效改善现场工作环境、塑造多技能复合型人才队伍，提高团队士气，获得最佳生产效率。

## 三、TPM 活动内容框架简述

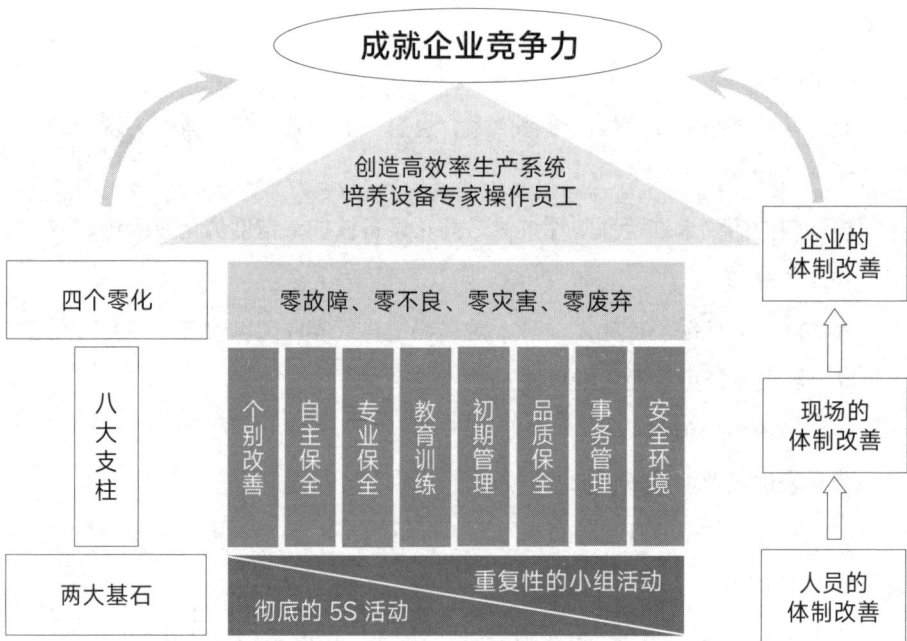

▲ 图 13-5 TPM 活动内容框架

### 1. TPM 两大基石

（1）彻底的 5S 活动。

现场 5S 管理水平是 TPM 的先决基础，塑造良好的工作环境是设备可靠性的保证，构建团队职业化素养是保全工作的基础。经验证明，5S 活动越彻底设备管理越稳定。为此，应结合第十一章内容，切实落地现场 5S 管理工作。

（2）重复性的小组活动。

TPM 强调以小组形式持续开展提升活动，企业应建立以现场小团队为主体、设备保全课题为核心，不断发掘、积极研究、相互促进，提升技能本领和达成改善目标。

### 2. TPM 八大支柱

（1）个别改善。

即重点改善，一般情况下该支柱放在 TPM 活动推进的第一位，其含义是全员针对设备保全问题采取突出重点的先期改善，其强调代表性、突出性，目的是针对短板课题、集中优势资源、短期内进行重点突破，以点带面、水平展开更多的设备改善课题。

（2）自主保全。

该支柱是 TPM 活动的主要组成部分，亦是实现设备自主管理的基本呈现，其含义是设备使用部门在设备管理部门的指导和支持下，自行对设备实施日常管理和维护。

（3）专业保全。

设备专业维保部门针对设备开展专门的维护活动，有计划地定期点检、周期性保养，以及中修、大修和专门解决设备专业技术问题等活动，专业保全亦可称为计划保全。

（4）初期管理。

初期管理是指对设备及生产从概念设计、结构设计、试生产、评价等一系列量产前期的控制活动，亦追溯至开发阶段，从头开始防患于未然的活动。

（5）技能教育训练。

TPM 全体系活动中"人的要素"是核心，应建立以小组为单位的周期性交流和学习机制，确保人员技能不断提升、形成持续改善的原动力。

（6）品质保全。

涉及设备质量、产品质量的保全活动，亦包含设备保全质量和产品结果质量。

（7）事务管理。

管理间接部门的效率化改善活动，包含但不限于设备流程事务的改善、备品备件的采购与管理、办公设备的管理等。

（8）安全环境。

创造良好的工作和运行环境，确保安全生产，亦可称为不断完善整理、整顿、清扫、清洁、素养和安全的 6S 活动。

注意：为聚焦班组长能力提升和总结企业班组的实际需求，本书仅对"个别改善""自主保全"两支柱进行详尽阐述（分别于本章第三节和第四节）。

### 3. TPM 四个零化与三强体质

（1）四个零化。

如图 13-5 所示，即以"零故障、零不良、零灾害、零废弃"为目标，推进两大基石和八大支柱的持续改进活动，创造高效率的生产系统、培养专家级的设备操作员工，成就企业竞争力。

（2）三强体质。

如图 13-5 所示，即通过 TPM 体系实施活动，强化两大基石以增强人员体制改善、持续推进八大支柱活动以增强现场体制的改善、实现四个"零化"创造高效率生产系统和专家级设备团队，增强企业体制的改善。

### 4. TPM 三全经营与两大思想

（1）三全经营。

TPM 活动的有效导入应覆盖全员、全系统、全效率，亦称为"三全经营"，即所有与设备相关的内外部人员，从供应商到客户的全流程系统，包括品质、成本、交期、安全、士气、效率等全部生产经营指标。

（2）两大思想。

TPM 活动应改变"设备必然会坏"的旧有思考和行为方式，本着零故障的管理导向，坚持预防哲学，理清故障致因并采取前置预防措施，成就四个零化目标。

# 第三节　TPM 班组级实施精要之个别改善活动

## 一、个别改善活动实施步骤规划

　　合理规划实施步骤是个别改善活动持续开展的保证，基于全员参与、突出重点、精准高效、彻底改善、以点带面等活动特点，整合规划，为确定对象设备成立研究小组、现状把握、确定课题、设定目标、制定计划、改善实施、效果确认、成果固化及标准化、水平展开等八个步骤，详情参照表 13-1 所示。

表 13-1　个别改善活动实施步骤

| 步骤 | 内容 |
| --- | --- |
| 第一步：<br>确定对象<br>成立研究小组 | 1.1 确定对象：依据三大方面六个种类损失数据统计，确定瓶颈线或设备中损失较多的项目、操作详情按"本节二、个别改善活动实施关键内容之确定对象设备"予以实施。<br>1.2 成员构成：由改善对象设备相关的技术、工艺、设计、生产等部门成员构成。<br>1.3 团队建设：确定小组长、组名和口号等。 |
| 第二步：<br>现状把握 | 2.1 把握现状并明确损失：利用统计工具，分析损失数据，若无数据或不完整则先收集数据。 |
| 第三步：<br>确定课题、<br>设定目标 | 3.1 确定课题：针对改善对象进行六源查找，锁定调查结果，确定改进的课题，操作详情按"本节三、个别改善活动实施步骤关键内容之二六源查找法"予以实施。<br>3.2 设定目标：以损失为零为出发点，设定具有挑战性的目标及时间；验证目标的适宜性。 |
| 第四步：<br>制定计划 | 4.1 制定计划：针对课题进行问题解析、探讨对策，确定改善实施顺序及必要的投资，编制日程实施计划，提交审核。 |

| 步骤 | 内容 |
|---|---|
| 第五步：<br>改善实施 | 5.1 实施改善：以计划为依据分工实施改善。 |
| 第六步：<br>效果确认 | 6.1 核对实施效果：改善实施中确认对各损失的效果，如效果不明显，则重新制定改善计划。 |
| 第七步：<br>成果固化及标准化 | 7.1 硬件性固化：为防止复原，对实施过程进行总结，提炼验证硬件性（物理化）固化措施。<br>7.2 标准化管理：实行作业标准、保全标准等必要的标准化，并为防止再次发生进行教育。<br>7.3 改善成果发表：小组发布成果，表彰贡献者。 |
| 第八步：<br>水平开展 | 8.1 水平展开：同一生产线或同类设备的改善。 |

## 二、个别改善活动实施关键内容之确定对象设备

以主要设备和重要辅助设备优先，收集"三大方面损失"的记录，分六类汇总损失情况，找到符合瓶颈特性且能快速实现突破改善的项目。

### 1. 停机损失方面

第一类，因设备产生故障而造成停止损失，包含因突发故障而造成的停机损失、因抢修需要临时协调的损失等；

第二类，因换线换模调整带来的损失，包含因生产计划不准而插单、改单的调整损失，因现场布局物品定位、人员切换操作等未优化而无法实现快速切换的损失。

### 2. 速度损失方面

第一类，因设备临时停机（空转）造成的损失，包含因任务安排不当或劳动

组织不合理造成设备临时闲置或空转的损失；

第二类，因设备不稳定多发瞬停的损失，包含因多发瞬停而非满负荷运行的性能损失、多次故障不得不临时停机检修的损失。

### 3. 不良损失方面

第一类，因设备性能退化而造成的缺陷或不合格产品的损失，包含直接报废损失、返工修复损失；

第二类，因不合格品重新投产或缺陷产品需紧急返工，致使原定计划不能顺延进行，不得不停止等待的损失。

### 4. 对"三大方面损失"进行汇总统计和实施改善

确定重点改善对象应注重记录收集、使用数据说话，汇总结果应呈现"目标设备信息、损失工时数值、损失产值数额"等关键价值信息。推荐在数据记录得到充分收集的前提下，结合图 12-3 至图 12-6 等统计工具确定目标改善对象。

## 三、个别改善活动实施关键内容之"六源查找法"

针对确定的目标设备，可以从六大源头查找问题根源、制定改善对策，即"六源查找法"。

### 1. 污染源

污染源是指造成设备或环境被污染的根源，包含灰尘、油污、废料、加工材料屑、有害气体、有害液体、噪音和辐射等。只有有效管控污染源才能控制微缺陷。

### 2. 困难源

困难源即清扫工作难以开展、难以彻底的部位，包含难以去除的污垢、持续清扫还不能彻底消除、难以打扫的部位、难以清扫的角落、清扫时具有一定的局限性或危险性等。清扫困难源因长期得不到治理，久而久之形成了污染积累，为彻底控制微缺陷必须对清扫困难源进行根治。

### 3. 故障源

故障源是指造成设备故障的潜在因素，通常包含以下四方面。

（1）设备本身。

因设备的初期设计或技术改造不足而造成先天性功能故障、多发瞬停事故；

（2）使用操作。

因操作标准或督导不足导致员工操作不善而造成设备故障；

（3）保全管理。

因设备的日常点检、清扫维护、维修等保全工作的不足而导致设备故障；

（4）自然劣化。

因设备部位自然劣化管理未受控而造成的设备故障等。

### 4. 浪费源

浪费源主要指不能增加任何附加价值的事或投入过多过剩的物。通常包含三方面：一是流程过度，如设备故障发生后只顾到处申报、签单、审批，而无人及时修复等不增值事务的浪费；二是能耗浪费，如产线无人生产而开灯、5吨的行车起吊30公斤的模具等能耗浪费；三是四漏，即漏水、漏气、漏油、漏电等浪费；四是材料浪费，即备品备件、产品材料投入过剩、消耗过多等浪费。

### 5. 质量缺陷源

质量缺陷源主要指影响加工质量不合格和造成保全质量不达标的根源。包含设备本身精度劣化、设备工艺参数定义错误或不精细、工装模具更换容易发生错误、因设计缺陷容易产生操作错误；保全人员、设备操作人员技能不熟练引起保全或操作失误；点检不落实、设备保全工作形同虚设造成了质量缺陷源；原材料、半成品本身的不良等。

### 6. 危险隐患源

危险隐患源是指潜在的安全事故发生源，主要包含生产现场环境危险源、设备运转中的危险源、人员作业动作不合规的危险源等。

## 7. 对"六源"进行汇总统计和实施改善

管理者应针对目标设备的"六源"查找情况，参照表13-2汇总不合理项目，落地改善对策、消除目标设备损失问题源。

表 13-2　不合理清单

| 序号 | 发现日 | 发现者 | 设备名称（编号） | 设备部位（配件）不合理情况 | 改善对策 | 责任者 | 实施日期 | 验证日期 |
|---|---|---|---|---|---|---|---|---|
|  |  |  |  |  |  |  |  |  |
|  |  |  |  |  |  |  |  |  |
|  |  |  |  |  |  |  |  |  |
|  |  |  |  |  |  |  |  |  |
|  |  |  |  |  |  |  |  |  |
|  |  |  |  |  |  |  |  |  |
|  |  |  |  |  |  |  |  |  |

# 第四节　TPM 班组实施精要之自主保全活动

## 一、自主保全活动实施步骤规划

为确保自主保全活动的高效实施，基于全员参与、自主管理的活动特点，整合规划了事务化、标准化、数据化等三大阶段，包含初期清扫实施、发生源困难点治理、初期点检保养基础、总点检改善优化、自主点检周期、自主点检保养标准化、自主保全目标管理等七个步骤，详情参照图13-6。

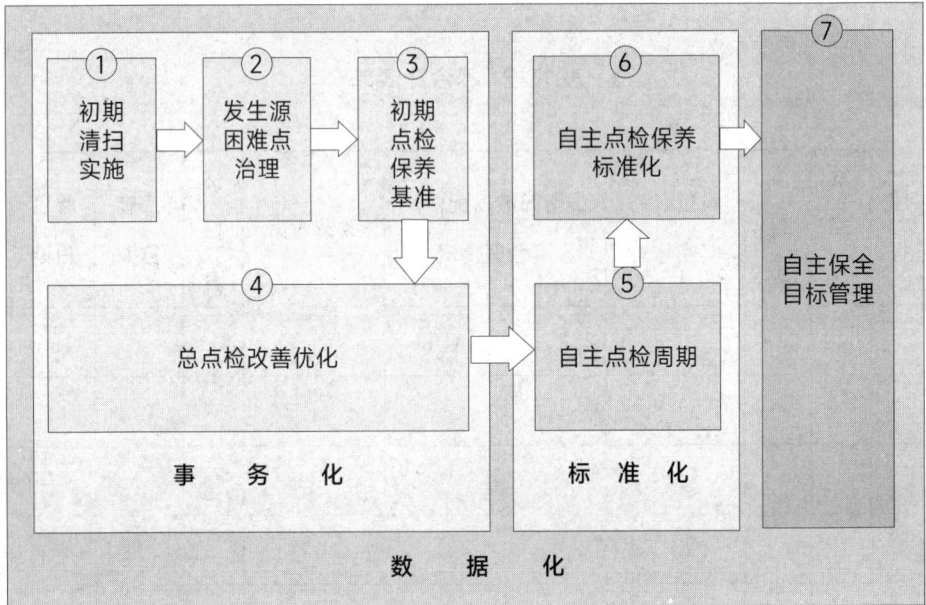

▲ 图 13-6 自主保全活动实施步骤

### 1. 事务化阶段

该阶段为自主保全活动全面展开的基础整改阶段，应聚焦设备改善七视点（详情参照"本节二、自主保全活动实施关键内容之设备改善七视点"），重点突出使设备有效复原的具体事务操作。

（1）步骤一，初期清扫实施。

由一线管理者组织全体操作人员，对设备开展先期的全面彻底清扫活动，集中消除微缺陷、短期内实现设备状态复原。

（2）步骤二，发生源、困难点治理。

为防止初期清扫成果退化，应查找致使设备产生微缺陷的发生源、清扫点检困难点、汇总污染源、记录困难点，参照表13-3所示编制改善计划，确保设备微缺陷得到有效控制。

表13-3　污染源与困难点改善计划

| 序号 | 区域 | 部位 | 问题类型及影响程度（污染源或困难点） | 具体控制措施 | 改善前照片 | 改善后照片 | 责任人 | 完成期限 | 验证人 | 验证日期 |
|---|---|---|---|---|---|---|---|---|---|---|
|  |  |  |  |  |  |  |  |  |  |  |
|  |  |  |  |  |  |  |  |  |  |  |
|  |  |  |  |  |  |  |  |  |  |  |
|  |  |  |  |  |  |  |  |  |  |  |
|  |  |  |  |  |  |  |  |  |  |  |

（3）步骤三，初期点检保养基准。

依照设备技术手册，对上述步骤一、步骤二的实践内容进行总结，形成自主点检保养的暂行基准。

（4）步骤四，总点检改善优化。

按照暂定基准要求，利用五官判定法（耳听、手触、嘴问、眼看、鼻嗅）进行总点检，判定良与不良，并执行优化调整，确保点检维护基准的实效性。

### 2. 标准化阶段

该阶段为自主保全活动的事务程序化、标准化阶段，重点突出使设备持续保证复原的管理措施。

（1）步骤一，自主点检周期设定。

根据点检维护基准的判定和优化结果、汇总点检维护项目，按设备划分合适的点检类型，包含日常、定期及年度点检保养计划。

（2）步骤二，自主点检保养标准化。

对各类点检保养计划的每一点检维护项目制定点检保养标准，包含具体项目、执行方法、参照图片、使用工具、所需工时、执行周期等详细内容，编制点检维护作业标准书（推荐参照表 13-4），并对自主保全人员进行教育和督导，确保按标准执行点检维护作业。

表 13-4 自主点检维护指导书

| | | | | | | 时间（秒） | 周期 | | | 责任人 |
|---|---|---|---|---|---|---|---|---|---|---|
| 序号 | 点检部位 | 维护项目 | 方法 | 用具 | 基准 | | 日 | 周 | 月 | |

**编制** | **审核**

设备编号/名称：

总时间目标值：

总清扫时间：

总点检时间：

总加油时间：

此处为对象设备图片

（应拍摄真实图片，须对"点检维护部位"采取序号标识）

### 3. 数据化阶段

该阶段为自主保全活动的目标优化阶段，应构建规范的评价诊断机制（详情参照"本节三、自主保全活动实施关键内容之评价诊断机制"），重点突出复盘设备周期内自主保全活动成果及后续持续改善计划。

步骤一，自主保全目标管理。

以提高设备利用率为最终目标，对每周期自主保全活动结果进行定量化或定性化统计，建立自主保全评级诊断机制：总结成功经验、发表改善成果、表彰优秀人员，并设定下周期自主保全活动目标；对未实现的改善目标采取分析并制定优化对策，列入下周期改善计划。

## 二、自主保全活动实施关键内容之设备改善七视点

### 1. 微缺陷

须消除的微缺陷包含受控范围内的"垃圾"及附着在设备内外的"尘埃和脏污"等，设备内外存在的"伤痕、锈蚀、破损、磨损、松动及变形"等。

### 2. 不要物

须清理的不要物包含生产及保全作业活动中不需要的"机器、部件、压力表、温度表、开关等，多余的工具、器具、备品及不用的配管、配阀、配线等。

### 3. 发生源

控制缺陷的发生源头才能有效预防，有两类问题发生源须控制。

（1）本工序发生源包含因本工序发生的粉末、半成品、成品、原材料、辅料等的溢出飞散；因本工序加工中发生水、润滑油、动作油、有害气体、粉尘、烟尘等的溅出和扩散；因管理不彻底造成的漏电、漏水、漏气、漏油等。

（2）外工序发生源包含因传送带、叉车、工作服及鞋等所带来的原材料、泥和灰尘；从空调冷气、换气扇、建筑物缝隙里产生的雨水、垃圾、灰尘。

### 4. 困难点

控制管理的困难点才能有效彻底，须治理的作业困难点有以下五类。

（1）操作难点。

因机器的配管、阀门的位置或朝向、地方狭窄或所处高度，导致日常操作困难的。

（2）清扫难点。

因机器的配管、阀门等的位置空间造成清扫困难。

（3）点检难点。

因制定的点检项目过于识别不易或不精准，例如皮带张力、刀具磨损等，因计测器的位置、朝向、高度或有障碍物造成的点检不易。

（4）加油难点。

因加油口、油脂注入口的位置、构造和空间狭窄等造成的加油困难。

（5）紧固难点。

因滑丝锈蚀、螺钉型号特异、工具匹配不当、位置朝向不利、松紧程度不易识别等造成的紧固作业困难。

### 5. 品质不良源

须改善的不良源包含因现场管理不当造成的混料差错及异物混入；因设备性能精度和生产操作不善造成的产品不良等；因保全标准、培训教育、实际操作等不到位造成的设备保全质量不达标。

### 6. 运转中的问题点

须消除的问题点包含因保全不彻底，造成过去的故障再发；因设备运转产生的异常声音、异常气味、温度过热、振动过频。

### 7. 设备管理简单化

设备管理有待改善、有待改造、有待优化三类。

（1）先期设计改善。

因设备先期设计失误，造成生产使用操作、日常清扫保养等困难，经分析表明可被改善的对象。

（2）工程施工改造。

因工程施工失误，造成现场管理、生产操作等困难，经分析表明可被改造的对象。

（3）管理体系优化。

因点检维护标准制定不合理或不精细、培训或督导不达标、落实不到位等，造成无法执行、过度执行、无效执行等问题，经总结表明可优化的对象。

## 8. 对"七视点"进行汇总统计和实施改善

（1）依据"自主改善七视点"进行问题分类汇总，如图 13-7 所示。

TPM 自主保全活动"改善七视点分布"统计图

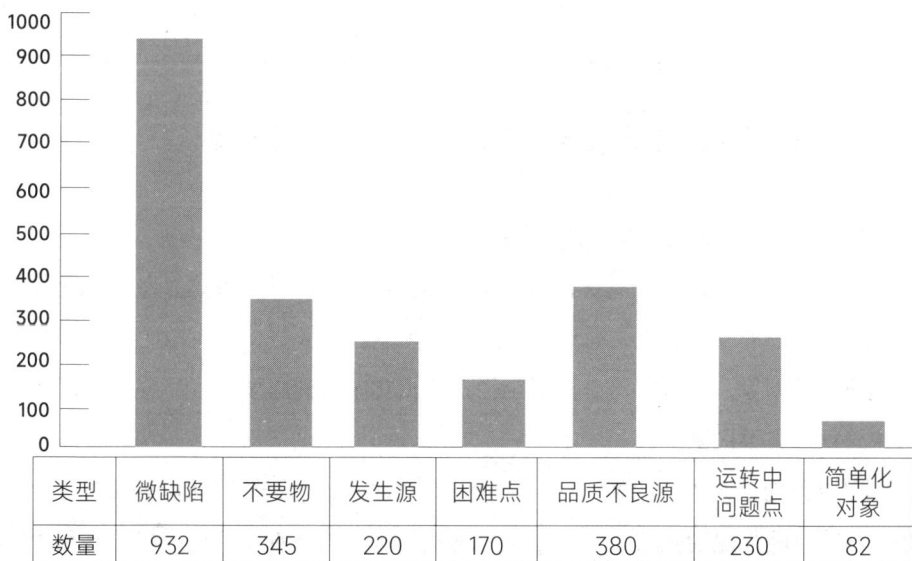

| 类型 | 微缺陷 | 不要物 | 发生源 | 困难点 | 品质不良源 | 运转中问题点 | 简单化对象 |
|------|--------|--------|--------|--------|------------|--------------|------------|
| 数量 | 932 | 345 | 220 | 170 | 380 | 230 | 82 |

▲ 图 13-7　TPM 自主保全活动问题统计图

（2）根据汇总情况。

分析改善项目的"任务大小、所在区域、难易程度和所需资源"等因素，编制改善计划，含制定改善措施、指定责任人、规定完成期限，直至消除各类问题点，如表 13-5 所示。

表 13-5　自主保全活动问题改善计划

| 序号 | 改善七视点类型 | 所在区域 | 任务总量 | 改善措施（含资源申报） | 责任人 | 计划完成期限 | 计划验收期限 |
|---|---|---|---|---|---|---|---|
| | | | | | | | |
| | | | | | | | |
| | | | | | | | |
| | | | | | | | |
| | | | | | | | |

### 三、自主保全活动实施关键内容之评价诊断机制

#### 1. 建立评价诊断机制的意义

一方面，评价诊断机制是指对周期内自主保全活动进行整体复盘，包含核对改善目标、发表改善成果、总结改善经验、表彰优秀人员、发掘改善不足、制定持续改善计划等，该机制是自主保全活动数据化阶段的必要过程，亦是实现团队自主管理的重要机制。

另一方面，通过自我部门评价、设备专家评价、高层领导评价等三级评价程序，达成自我肯定增强信心、专家肯定确认收益、领导肯定获得支持，有利于使自主保全活动实现全员化、实效化、持续化。

#### 2. 自主保全活动评价诊断实施

（1）制定自主保全评价诊断表。

应根据设备自主保全活动要求，以设备、人员两大纬度为评价导向，内容涵盖评价诊断项目、评价诊断内容、评分规则标准等。详情如表 13-6 所示。

## 表 13-6　自主保全评价诊断

| | | 自主保全评价诊断表 日期：＿＿＿＿ | | | | | |
|---|---|---|---|---|---|---|---|
| 改善阶段：＿＿＿＿ | | 小组名：＿＿＿＿　组长／主导人：＿＿＿ | | | | | |
| 评价级别：＿＿＿＿ | | 评价人及职务：＿＿＿＿＿＿＿＿ | | | | | |
| 序号 | 评价诊断项目 | 评价诊断内容 | 差 1分 | 一般 2分 | 良 3分 | 好 4分 | 优秀 5分 |
| 1 | 设备主体清扫维护 | 设备内外：是否有垃圾、尘埃、脏污、伤痕、锈蚀等；工具的状态：工具、夹具、工作台、配件等。 | | | | | |
| | | 设备是否存在：松动、破损、振动、异响、发热、磨损及变形；操作部、管线或连接部、传动部、滑动部、计量部等是否满足。 | | | | | |
| 2 | 附属设备清扫及其他 | 附属设备：是否有垃圾、尘埃、脏污、伤痕、锈蚀等。 | | | | | |
| | | 附属设备存在：是否有松动、破损、振动、异响、发热、磨损及变形等。 | | | | | |
| 3 | 润滑维护 | 润滑部位及用具：是否有垃圾、灰尘、油污等；计量仪、加油器及加油配管、油嘴及加油口盖等是否满足。 | | | | | |
| | | 润滑质量：油量、滴油量及润滑效果如何；油本身的脏污和老化等是否满足。 | | | | | |
| 4 | 设备周边状况 | 不要物品：是否存在生产不需要使用的物品；器具标牌：工具、检具、备品等；标牌、商标展示物等整理是否满足； | | | | | |
| | | 物品摆放：产品、部品的状态、区分良品、不良品；环境维护：各种通道是否符合要求；是否有从外工序产生的灰尘、泥、水及杂物。 | | | | | |

续表

| 序号 | 评价诊断项目 | 评价诊断内容 | | | 差 1分 | 一般 2分 | 良好 3分 | 好 4分 | 优秀 5分 |
|---|---|---|---|---|---|---|---|---|---|
| 5 | 发生源和困难点改善 | 本工序：是否应用了改善七视点、查找本工序的发生源，是否对本工序发生源采取了治理；<br>外工序：是否应用了改善七视点、查找外工序的发生源，是否有对外工序发生源采取治理。 | | | | | | | |
| | | 五大难点：操作难点、清扫难点、点检难点、加油难点、紧固难点等是否采取过统计和实施过治理。 | | | | | | | |
| 6 | TPM活动进展状况 | 小组活动、培训教育等全员参与度情况 | | 分值评价 | 10 | 20 | 30 | 40 | 50 |
| | | | | | | | | | |

| 评分标准 | 序号 | 项目 | 1分 (10) | 2分 (20) | 3分 (30) | 4分 (40) | 5分 (50) |
|---|---|---|---|---|---|---|---|
| | 设备 | 1—5 | 基本未实施 | 仅仅实施了能看见的地方 | 实施到了特定的部位 | 看不到的地方也实施了 | 实施了清扫检查，并对发生源、困难点采取对策 |
| | 人员 | 6 | 全员不关心 | 只是部分人在参与 | 只做了一些简单的部位 | 基本都在实施 | 责任明确，很好地在实施 |

注意：本评价诊断表仅以"设备和人员现场改善点"为评价对象，并未涉及"改善目标"等数据内容。

（2）明确评价诊断程序。

应建立三级评价诊断程序并确保持续推行，具体程序如图 13-8 所示。

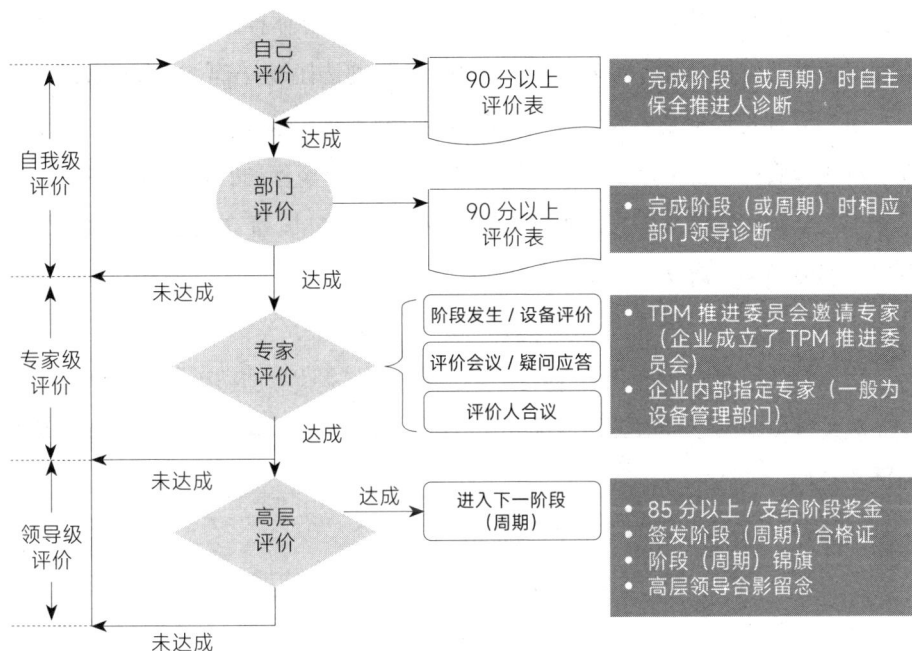

▲ 图 13-8　自主保全活动三级评价诊断体制

①第一级，自我级评价。

其一，小组自我评价。自主保全活动小组主导人于每一个改善周期完成时，参照表 13-6、结合本小组实际改善结果，执行自我评价诊断：总分在 90 分以上即提交部门领导升级评价；总分低于 90 分则应分析原因、制定对策，列入下一周期改善计划。

其二，部门领导评价。部门领导于每一个改善周期完成时，汇总本部门活动小组的自评诊断记录，如自评总分在 90 分以上的，部门领导应参照表 13-6、结合小组实际改善结果，启动评价诊断，总分在 90 分以上的即提交专家升级评价；自评总分和部门领导评价总分低于 90 分，则应督促活动小组进行原因分析、对策制定和周期改善。

②第二级，专家级评价。

TPM 整体项目推进人于每一个改善周期完成时，汇总各部门自我评价诊断在 90 分以上的记录，并以召开评审会的形式进行专家级评价诊断。

其一，组成专家团队。若企业成立了 TPM 活动整体推进委员会，则由委员会邀请内外部设备专家；若未成立推进委员会，则选任设备部门技术专家担任。

其二，评价依据及内容。包含周期内的"自我评价诊断资料表、自主保全活动现场改善实例、自主保全活动定量及定性收益评审及问题答疑"等。

其三，向高层领导汇报。根据专家级评价诊断结果、汇总评价诊断成绩，向分管高层领导申请启动三级评价。

③第三级，领导级评价。

经高层领导评价诊断分值在 85 分以上的，根据 TPM 活动机制颁发奖金；根据三级评价诊断的总分值排列名次，荣获第一名的颁发荣誉锦旗、合影留念及参与活动宣传。

（3）自主保全活动评价诊断依据。

除上述表 13-6 评价诊断表形式外，还可采取如下依据进行评价诊断。

①定量依据。

对自我保全活动改善成果进行数据量化，如图 13-9 所示。

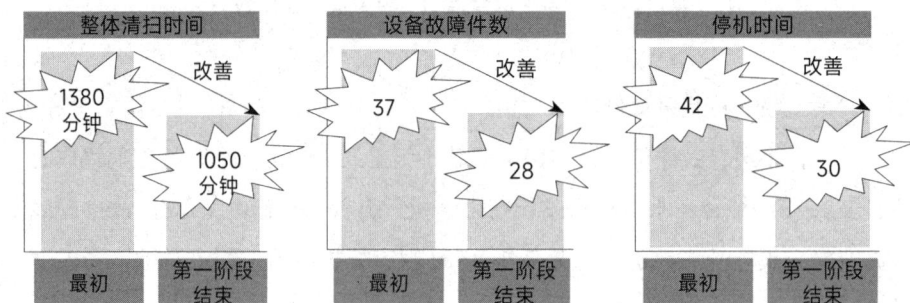

▲ 图 13-9 自主保全活动改善成果量化

②定性依据。

对自我保全活动改善成果进行定性说明。

其一，设备层面：开发更有效的清扫技术，彻底消除设备上的污染，让设备变得干净、容易发现微缺陷；掌握了判断基准，该重点清扫哪个具体的部位及具体做到何种程度。

其二，员工层面：亲自动手清扫干净后，产生不愿意再去污染、爱惜设备的心态；通过清扫条件恶劣的设备，锻炼了克服困难的能力，获得了成就感。

# 第五节　TPM 体系要务之点检维护制

## 一、点检维护制实施含义及要求

### 1. 点检维护制实施含义

点检维护制是实现设备零故障目标的必修课题，也是 TPM 预防哲学的重要体现，更是企业班组级设备管理的常规化工作。

为了维持设备原有性能，通过人的五感或简单的工具仪器，对规定的部位，按照预先设定的周期、方法和标准，进行有无异常的预防性周密检查，使隐患和缺陷能够得到早发现、早预防、早处理。这里的"点"即关键点、"检"即检查维护。

### 2. 构建点检维护制的突出要求

（1）目的明确。

减少设备故障时间，降低设备维修费用，获取最大的经济效益。

（2）预防为主。

以"防"为主，最大限度地减少设备事故和故障的发生，维持生产的连续性。

（3）标准化作业。

对每一保全项目都应建立标准，并按要求落实每项标准。

（4）推行设备倾向管理。

定量、准确把握设备状态，防止过度保全与欠缺保全。

（5）实行全员参与、强调技能多样化。

使参加生产过程的人员都参与设备保全工作，成为全员管理的基础；强调员工技能从单一化发展为多样化、提高设备保全技术，以适应设备发展的新要求。

## 二、点检维护制实施原则和内容

### 1. 点检维护制实施原则

应实施"操作人员日常点检、专业人员定期点检、技术人员精密点检"三个环节点检维护工作，落实设备维护管理的"五层防护"体制，即构建"三个环节"、落实"二层防护"，如图 13-10 所示。

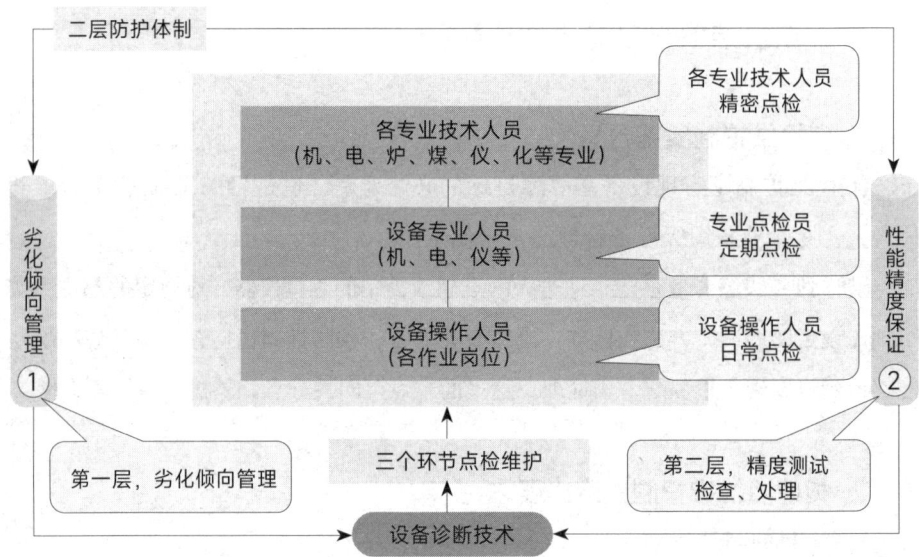

▲ 图 13-10 设备点检"三个环节""二层防护"

### 2. 点检维护制四项作业内容

（1）清扫。

去除各处的污染，清扫不仅仅是强调干净整洁，更重要的是通过对设备各部位及角落的清扫、观察，使设备潜在的缺陷或损坏等异常情况易于发现，强调防微杜渐。

（2）加油。

及时对设备须加油的部件按时、按质加油，使各部件保持良好的润滑状态。

（3）紧固。

防止设备连接件松动与脱落，如一组螺栓，螺母松动所引起的位置不准确、振动等现象。任何一个部件小松动如不及时加以紧固，最后很可能发展成为设备的一种故障，如连接件的折损、脱落，严重时会造成人员安全事故。

（4）调整。

对设备点检不符合项进行必要的纠正（简易的调整处理或更换），这应是点检人员必备的技能。为使各点检人员切实具备履行该工作的能力，应先期定义日常点检、定期点检、精密点检调整权责，并推荐编制点检调整技术指导书，进行必要的培训和督导。

## 三、点检维护制管理要点之八定管理

点检维护制是一项针对设备维护的可持续化管理课题，应科学构建从规划、实施到改善的全部内容，实现管理闭环。详细要点如图 13-11 所示。

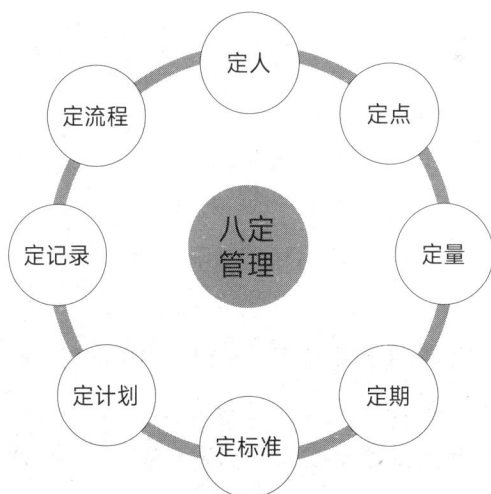

▲ 图 13-11　点检维护制八定管理

### 1. 定人

人是管理课题有效开展的关键要素，设备点检维护亦如此。确定点检维护的责任人，这里的责任人不是兼职形式，也不是巡回轮换方式，而是确定目标对象的点检维护责任者，做到"定区、定人（或具体岗位名称）、定设备"，不轻易变动。根据三个环节点检维护制原则，应包含日常点检、定期点检和精密点检等责任人。

### 2. 定点

确定点检维护的目标对象。因企业设备种类繁多、用途和状态不一，为切实突出重点呈现价值，切勿凭空设想或"一刀切"，管理者应秉持科学思维和方法实施，确保每一点检维护项目的精准性，如图13-12所示。

（1）应参照设备技术资料（一般厂家提供）、维修技术资料（一般设备管理部门制定），以各类技术资料作为权威依据，判定目标对象的技术必要性。

（2）应结合设备生产运行中的实际表现（一般使用部门提出、设备管理部门统计），通过数据记录和统计，判断目标对象的相符性和稳定性。

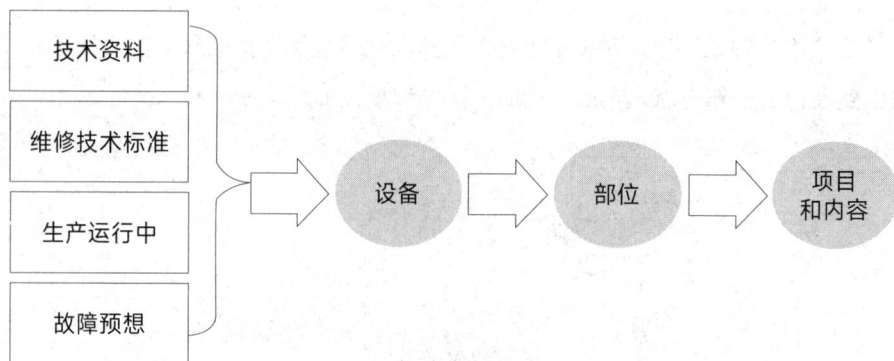

▲ 图13-12 点检维护制八定之定点

（3）应组织骨干团队（含设备管理部门、使用部门、技术专家等人员）利用经验判断法，采取先期计划，确定目标对象的必要性。

（4）应明确目标对象的关联关系：具体设备、具体部位、所需要点检维护的项目和内容，并一一列入定点记录清单。

### 3. 定量

针对点检维护项目进行故障、劣化倾向的定量化管理。采取数据化统计和分析，测定问题重心，科学定义不同项目的点检维护方法，如图13-13所示。

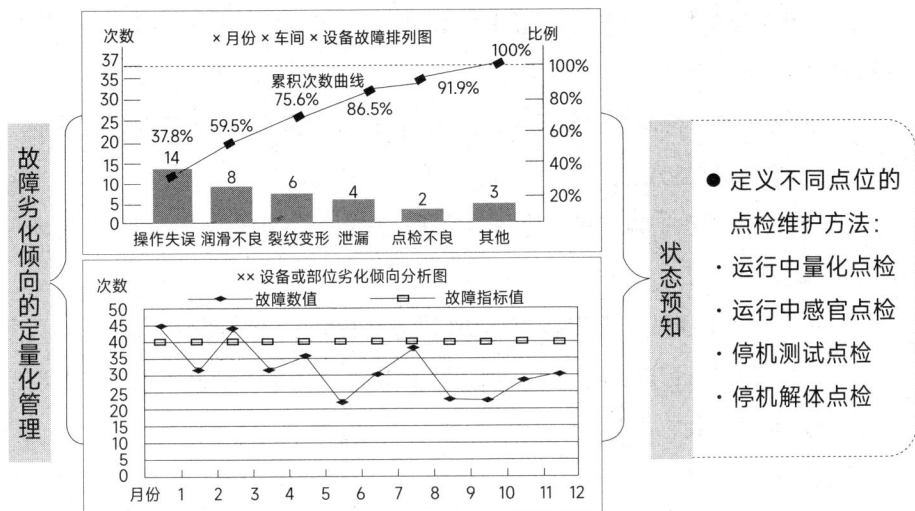

▲ 图 13-13　点检维护制八定之定量示意图

（1）收集故障、劣化情况的数据记录，并利用统计工具进行问题分析、论证实际状态。

（2）根据实际预知情况，确定不同点位（部位）的点检维护方法，包含运行中量化点检、运行中感官点检、停机测试点检、停机解体点检等。

## 4. 定期

进行点检维护目标对象的周期测定，如图 13-14 所示。

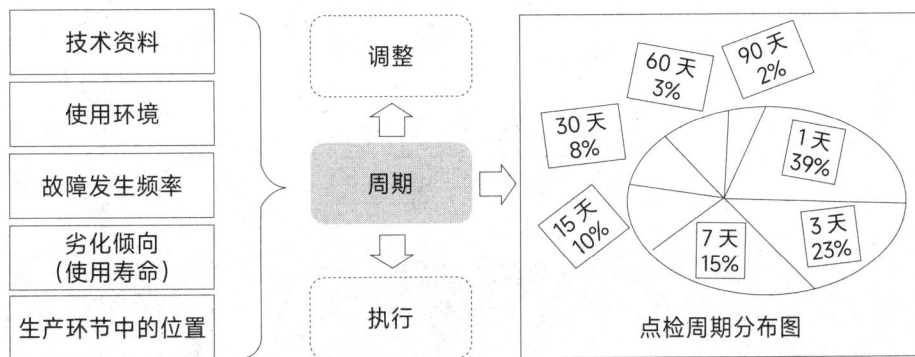

▲ 图 13-14　点检维护制八定之定期示意图

（1）参照设备技术资料（一般由厂家提供），以技术作为权威依据、判定目标对象的技术必要性。

（2）结合设备运行使用中的环境（一般由使用部门提出、设备管理部门核定），判断环境对目标对象稳定性的影响程度。

（3）结合故障发生频率和劣化倾向的状态预知（可参照图13-13），判断目标对象的稳定性。

（4）组织骨干团队（含设备管理部门、使用部门、技术专家等人员）利用经验判断法，判定目标对象处于生产环节中的位置（如是关键设备还是辅助设备等），确定目标对象的关键性。

注意：对所有目标对象周期测定完毕后，可进行整体周期分布统计，以利于掌握点检维护工作体量、分清工作重点、优化作业计划。

### 5. 定标准

在明确定人、定点、定量、定期的情况下，对点检维护项目逐一制定作业标准，包含点检项目、维护方法、作业用具、基准、作业时长、周期类型等细则项目。点检维护作业标准制定和维护程序参照图13-15。

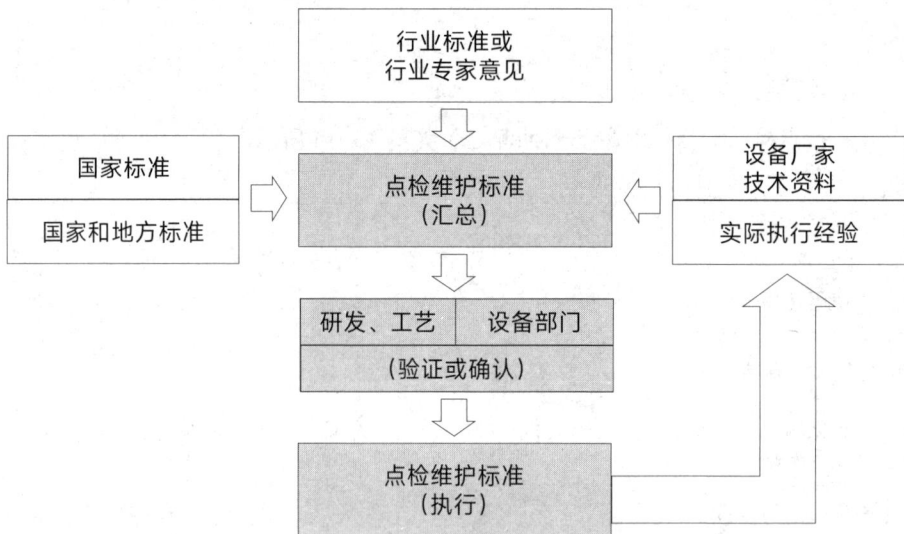

▲ 图13-15 点检维护制八定之定标准

注意：点检维护作业标准的编制格式范本请参考表 13-4。

## 6. 定计划

结合上述"五定"细则，制定点检维护行动计划，其主要内容有以下几个方面。

（1）优化区域点检维护路径。

针对各责任区的目标设备，结合生产技术要求、现场布局、属地责任情况等，进行作业路线规划，制定点检维护路线图，如图 13-16 所示。

**XX 区域点检维护路线图**

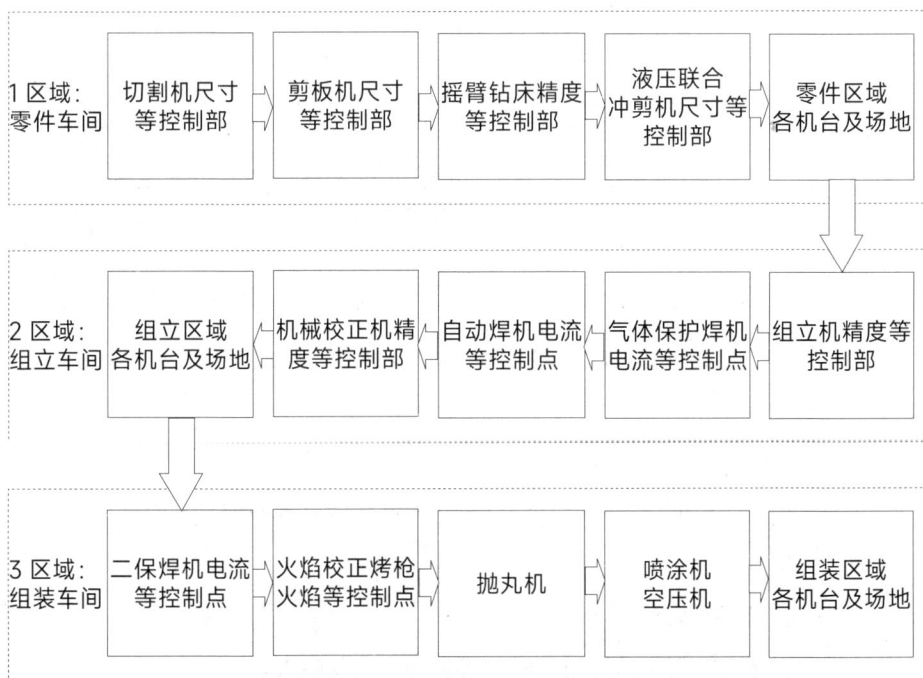

▲ 图 13-16　点检维护制八定之定计划路线图

（2）优化设备点检维护路径。

针对每一台设备，对具体的点检和维护项目，按自主点检、专业点检、精密点检分别进行作业路径规划，制定点检维护路径图，如图 13-17 所示。

XX 设备点检维护路径图

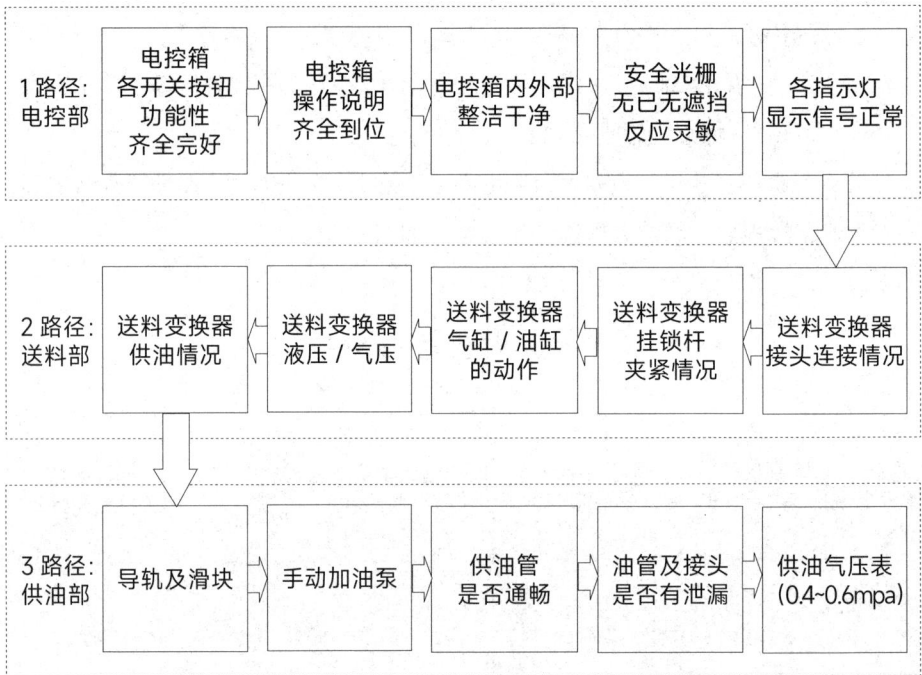

| 1路径:<br>电控部 | 电控箱<br>各开关按钮<br>功能性<br>齐全完好 → | 电控箱<br>操作说明<br>齐全到位 → | 电控箱内外部<br>整洁干净 → | 安全光栅<br>无已无遮挡<br>反应灵敏 → | 各指示灯<br>显示信号正常 |
|---|---|---|---|---|---|

| 2路径:<br>送料部 | 送料变换器<br>供油情况 ← | 送料变换器<br>液压 / 气压 ← | 送料变换器<br>气缸 / 油缸<br>的动作 ← | 送料变换器<br>挂锁杆<br>夹紧情况 ← | 送料变换器<br>接头连接情况 |
|---|---|---|---|---|---|

| 3路径:<br>供油部 | 导轨及滑块 → | 手动加油泵 → | 供油管<br>是否通畅 → | 油管及接头<br>是否有泄漏 → | 供油气压表<br>(0.4~0.6mpa) |
|---|---|---|---|---|---|

▲ 图 13-17 点检维护制八定之定计划路径图

（3）计划和完成。

对上述规划完成的各责任区目标设备、各设备点检维护项目设定具体的执行时间和完成时间。

（4）执行和验收。

依据按区域、按设备、按项目明确各责任人和验收人。

## 7. 定记录

对设备管理活动进行规范的记录和统计分析。记录内容应包含设备点检维护记录，可参考表 13-7、缺陷异常 / 故障记录、检修计划及检修记录、倾向管理记录等。统计分析工作应包含点检维护效果分析、功能和精度实绩分析、故障分析、定修计划实施分析等。

### 表13-7　设备点检维护记录表

| 设备点检维护记录表 | | | | | | | | | | | | | | | | | | | | | |
|---|---|---|---|---|---|---|---|---|---|---|---|---|---|---|---|---|---|---|---|---|---|

日　期：＿＿＿＿＿＿　　　设　备：＿＿＿＿＿＿　　单　位：＿＿＿＿＿＿

责任人：＿＿＿＿＿＿

| 项目 | 日　期 | | | | | | | | | | | | | | | | | | | | |
|---|---|---|---|---|---|---|---|---|---|---|---|---|---|---|---|---|---|---|---|---|---|---|
| | 1 | 2 | 3 | 4 | 5 | 6 | 7 | 8 | 9 | 10 | 11 | 12 | 13 | 14 | 15 | 16 | 17 | 18 | 19 | 20 | …… |
| 1 | | | | | | | | | | | | | | | | | | | | | |
| 2 | | | | | | | | | | | | | | | | | | | | | |
| 3 | | | | | | | | | | | | | | | | | | | | | |
| 4 | | | | | | | | | | | | | | | | | | | | | |
| 5 | | | | | | | | | | | | | | | | | | | | | |
| …… | | | | | | | | | | | | | | | | | | | | | |

| 点检保养项目 | 内　容 |
|---|---|
| 1 | 电控箱各开关按钮功能性是否齐全完好 |
| 2 | 电控箱操作说明是否完好 |
| 3 | 电控箱内外部整洁干净情况 |
| 4 | 安全光栅无异物遮挡且反应灵敏 |
| 5 | 各指示灯信号显示正常 |
| …… | …… |
| 填制说明 | 图标说明："√"表示日保、"△"表示周保、"○"表示月保（根据作业规程确定具体时间）、"/"表示未启动、"×"表示异常（按报修程序处理） |

注：应严格按照设备点检维护作业规程之基准落实各项目维护要求，现场主管应加强督导以确保本记录单的真实性；本记录单月底交由车间统一收集汇总。

## 8. 定流程

为体现高效性和持续性，对点检维护制的整体活动进行流程化管理是十分有必要的。坚持 PDCA 指导思想，对八定管理进行步骤梳理，制定出操作流程，制定计划。其具体内容如图 13-18 所示。

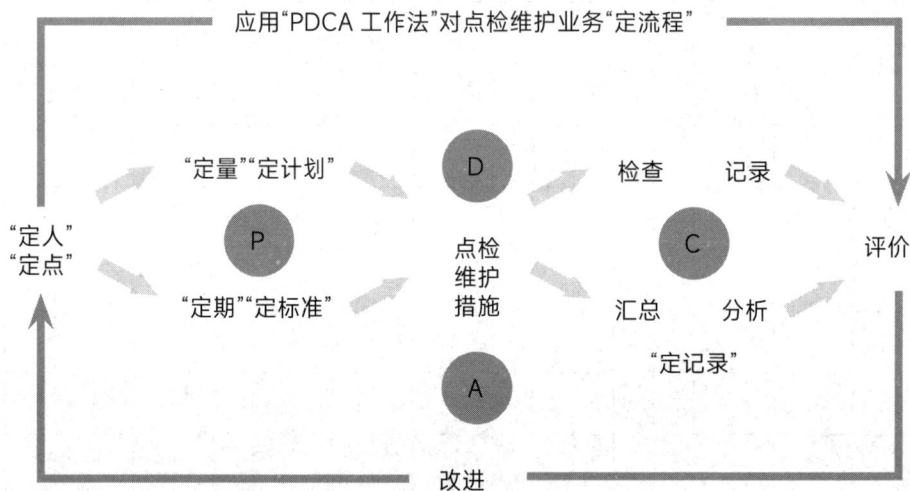

▲ 图 13-18 点检维护制八定之定流程

（1）Plan——精细计划。

基础工作或前期计划往往影响管理活动的正常开展。一方面，实现"定人、定点、定量、定期、定标准"等工作的精细化，使设备点检维护活动具备了坚实的基础；另一方面，通过"定计划"制定了点检维护的路线路径、时间和责任者等，为后续的实施、检查、改进等步骤指明了方向。

（2）Do——确保实施。

计划再精细也不能离开有效的实施。依据计划安排实施点检维护活动，着重计划达成和分工协调等情况，同时还应强调团队积累经验和技能教育。

（3）Check——加强检查。

实践证明，过程检查是管理活动取得成功的有力保证。首先，对点检维护制的实施过程各环节进行确认，对关键环节应加强检查，并对实施记录进行保存和收集；其次，应对实施记录进行汇总和数据分析，并开展周期评价诊断活动（详情可参照本章第四节 三、自主保全活动实施关键内容之评价诊断机制予以展开），突出阶段性成效和明确问题与不足。

（4）Action——持续改进。

持续改善、精益求精，实现零缺陷、零故障的设备管理目标。首先，应肯定阶段性成果，表彰优秀团队、总结经验成果并予以固化；其次，依据数据分析结论，针对阶段性的问题和不足，对八定管理内容进行持续优化，直至达成点检维护制目标。

第十四章

# 班组安全生产管理精要

**本章要点荟萃**

- 安全生产管理内涵——管生产必须管安全、安全生产对于企业的重要性、安全生产管理方针。
- 事故致因和安全生产原理——事故发展的基本规律、安全生产管理原理。
- 班组级安全生产管理规范——管理干部层面、岗位员工层面、现场防护层面。

# 第一节　安全生产管理内涵

## 一、管生产必须管安全

安全是一切活动开展的前提，确保安全生产环境和秩序才能实现理想和追求。《安全生产法》规定"管生产必须管安全。"安全生产管理工作是企业各级管理者必须履行的法律义务。

## 二、安全生产对于企业的重要性

安全是事业的前提，任何以牺牲安全为代价的活动都是不可取的，也是不可能长久的。安全是价值的体现，其后果是无法用金钱弥补的，其代价也是无法承受的。为此，必须确保安全生产，杜绝安全事故的发生。安全是团队的保证，一个团队最重要的财富是人，实现团队愿景首先应确保每一名员工的安全。安全是文化的首要条件，要使安全生产上升到企业文化的首要位置。

## 三、安全生产管理方针

《安全生产法》指出，安全生产管理工作必须坚持"安全第一、预防为主、综合治理"的方针。

### 1. 安全第一

所有生产单位在组织日常生产活动过程中，必须把保护人的生命安全放在第一位；所有生产活动的管理人员应将安全生产作为首要管理工作来对待；所有从事生产作业活动的人员应充分具备安全生产意识、认识安全生产的重要性、切实履行安全生产行为，做到对本人负责、对他人负责。

### 2. 预防为主

安全生产管理工作应坚持零事故管理导向，落实预防为主的管理方针，对事故致因原理进行充分认识，前置分析危险源，控制安全风险，采取有力措施消除隐患，杜绝安全生产事故发生。

### 3. 综合治理

安全生产是一项关系全员、覆盖全面的管理工作，更是一项科学、系统、持续改善的管理课题，应结合实际、构建和落实完整的安全生产管理体系，落实综合治理的管理方针。其内容包含但不限于安全生产制度体系、双重预防机制和全员安全生产责任制体系等一切关于安全生产管理的措施。

# 第二节 事故致因和安全生产管理原理

## 一、事故发生的基本规律

### 1. 事故原因和预兆

如图 14-1 所示，一次重大安全事故的背后是 1 起重伤或死亡事故、29 起轻微受伤、300 起无伤害的事故、大量不安全行为和状态。为此，安全生产事故的发生是有原因和预兆的，其基本规律是孕育、发展、发生、伤害。

### 2. 追根溯源保安全

往往容易忽视"大量不安全的行为和状态"，轻视"无伤害的事故"，大意应对"轻微受伤"，最终导致了惨剧的发生。本着安全第一、预防为主的管理方针，管理者应树立溯源断根的原则，对现场一系列不安全的行为和状态（危险源）进行科学管理，有效控制风险隐患，杜绝安全事故发生。

大意酿惨剧

1 起重伤
或死亡事故

29 起
轻微受伤

300 起
无伤害的事故

大量不安全行为和状态
（危险源、风险隐患）

杜绝保安全

▲ 图 14-1 安全生产事故"金字塔"

## 二、安全生产管理原理

### 1. 危险源、风险隐患、事故的演变和管理原理

如图14-2所示,安全事故是量变到质变的发展和累积过程,其演变过程如下。

(1)一次事故是由多个隐患构成。

(2)每一个隐患都是由一项风险控制措施失效而产生的。

(3)每一项风险控制措施的失效是对危险源的识别和控制的失败而造成的。

(4)追根溯源杜绝事故发生应从识别危险源开始,进行风险控制,消除隐患,确保安全。

(5)企业应按《安全生产法》要求有效建立"双重预防机制",即风险分级管控和隐患排查治理,从源头防范化解安全风险。

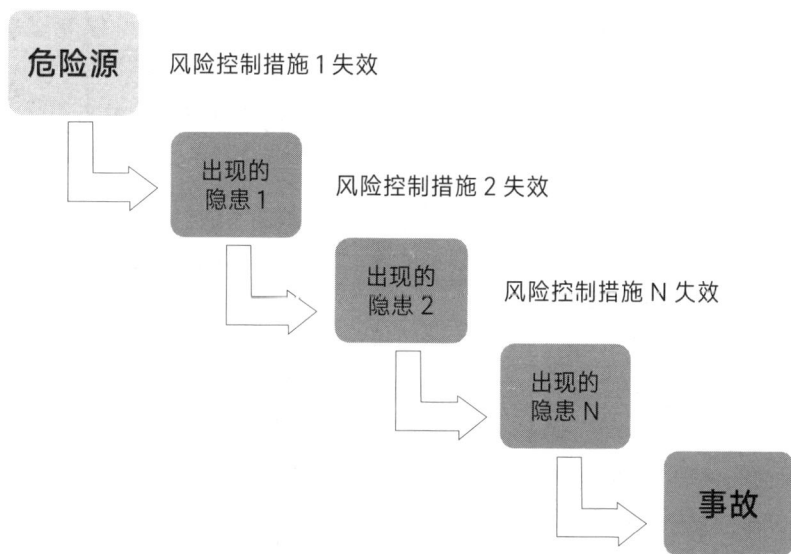

▲ 图14-2 危险源、风险隐患、事故演变

### 2. 典型安全隐患类型清单

结合授课辅导案例,整理生产型企业典型安全隐患类型清单,如表14-1所示。

## 表 14-1 常见安全隐患类型清单

| 类型 | 描述 | 主要原因分析 | 推荐措施 |
|---|---|---|---|
| 人的不安全行为 | 1. 忽视安全、忽视警告、操作错误 | 1. 意识不到：不知道安全生产 2. 认识不足：知道安全生产，但不认同安全生产 3. 技能不够：虽然知道安全生产，也认同安全生产，但不会安全生产 | 1. 对员工进行培训 2. 一线主管重点督导 |
| | 2. 忽视个人防护用品用具的使用 | | |
| | 3. 对易燃、易爆等危险物品处理错误 | | |
| | 4. 使用不安全设备、造成安全装置失效 | | |
| | 5. 不安全装束、冒险进入危险场所 | | |
| | 6. 物品未按规定存放 | | |
| | 7. 攀坐不安全位置，在起吊物下作业、停留 | | |
| | 8. 机器运转时加油、修理、检查、调整、焊接、清扫等 | | |
| | 9. 精力不集中、有分散注意力行为 | | |
| | 10. 作业前点检、确认、沟通不到位 | | |

续表

| 类型 | 描述 | 主要原因分析 | 推荐措施 |
|---|---|---|---|
| 物的不安全状态 | 1. 设备问题<br>2. 生产所需的工具、物品布局、附件有缺陷等问题<br>3. 保险、信号灯装置缺乏或有缺陷<br>4. 个人防护用品用具缺少或有缺陷 | 1. 设备故障<br>2. 物品缺陷<br>3. 装置失效<br>4. 防护失当 | 1. 隐患排查<br>2. 治理计划<br>3. 验证核销 |
| 不良环境 | 1. 照明光线不良、通风不良、地面湿滑以及环境温度、湿度不当<br>2. 作业场所杂乱、狭窄<br>3. 作业工序设计或配置不当<br>4. 贮存方法不安全、交通线路的配置不安全 | 1. 场地环境<br>2. 作业场所<br>3. 存储物流 | 1. 彻底的5S活动<br>2. 物流安全 |
| 管理缺陷 | 1. 技术和设计上有缺陷<br>2. 没有安全操作规程或不健全<br>3. 教育培训不够，未经培训，缺乏或不懂安全操作技术知识<br>4. 对现场工作缺乏检查或指导错误<br>5. 劳动组织不合理<br>6. 没有或不认真实施事故防范措施、对事故隐患整改不力 | 1. 技术工艺<br>2. 非标作业<br>3. 劳动组织<br>4. 事故处理 | 1. 工艺改善<br>2. 标准、教育、督导<br>3. 组织优化<br>4. 整改监督 |
| 注意：此表仅列出典型"安全隐患"，应结合现场予以实际应用，仅供参考。 | | | |

# 第三节　班组级安全生产管理规范

## 一、管理干部层面

### 1. 安全生产管理"四原则"

（1）管理原则。

各级管理干部应切实履行"管生产必须管安全"的法律义务。

（2）三级安全教育。

新入职员工必须进行公司厂级、部门车间级别、班组级安全教育，考试合格后方准独立上岗操作。

（3）四不放过。

对安全生产事故必须坚持：事故原因没有查清不放过，事故责任者没有严肃处理不放过，广大职工没有受到教育不放过，防范措施没有落实不放过。

（4）五同时。

企业各级领导在计划、布置、检查、总结、评比生产时，必须同步进行计划、布置、检查、总结、评比安全。

### 2. 安全生产管理"三重点"

（1）作业环境。

深入实施彻底的 5S 活动，对工作地点进行全方位的治理，打造整洁有序的作业环境，这是安全生产管理工作的必要基础。

（2）作业设备。

开展 TPM 活动，有效维护保养作业设备，杜绝计划内和计划外的设备安全事故，这是安全生产管理工作的重要支撑。

（3）作业动作。

贯彻标准化作业，首先，员工作业要有标准可循；其次，加强教育培训确保员工会操作；最后，班组长应加强督导落实员工按标准进行实际操作，杜绝非标准作业而导致的安全事故，这是现场安全生产管理的落地实务。

### 3. 安全生产管理"层级领导四必做"

（1）逢会必讲。

各级领导干部应做到逢会必须强调和宣导安全，包含办公会、计划会、调度会等一切形式的会议，以不断提升员工安全生产意识和认识。

（2）到现场必查。

各级领导干部到达现场时必须检查安全，包含生产现场、检修现场、抢修现场、施工现场等，以确保现场安全生产管理的各项内容有效落实。

（3）到基层必研究。

各级领导干部到达基层时必须研究基层作业安全，包含工艺系统安全、设备用具安全、作业环境安全、作业行为安全等，以持续改善基层岗位生产作业活动的安全性。

（4）对违章者必引领和纠偏。

各级领导干部必须当即对违章者予以纠偏、对作业者予以正确引领，包含行为纠偏、隐患查处、行为引领、方法引领等，以确保当事人达成按章作业、正确作业的要求。

### 4. 安全生产管理"四全管理"

（1）坚持"全员"。

安全生产是关系全员的管理工作，必须发动全员、提高全员、依靠全员，才能真正实现全员安全。

（2）坚持"全面"。

安全生产是覆盖全面的管理工作，其职能必须涉及全体部门、全体岗位，才能真正实现全面安全。

（3）坚持"全过程"。

安全生产是涉及全业务过程的管理工作，其内容必须涉及从内部到外部的所有业务流程，才能真正实现全过程安全。

（4）坚持"全天候"。

安全生产是涉及全时段的管理工作，其建设要求必须满足任何时刻的态势，才能真正实现全天候安全。

### 5. 作业岗位"三点控"

（1）危险点，即查找突出危险点进行控制。例如高压、高温、高速、高爆、高空、危化等典型突出危险的点位。

（2）危害点，即查找危害点进行控制。例如地面湿滑、光线不良、有限作业空间、防护失当、不规范、不标准等具有一定危害因素的点位。

（3）事故多发点，即统计历史发生的小事故（包含无伤害事故和轻微受伤的事故记录），对发生频率较大的进行针对控制。

（4）对"三点"所伴随的风险进行定性和定量评价，制定风险分级控制措施并按要求落实，开展针对控制措施的隐患排查机制，确保"三点"得到有效治理。

### 6. 杜绝"三违现象"

（1）杜绝"违反规章制度"。

责任单位应完善安全生产规章制度，同时应注重规章制度的教育引导。一线班组长需加强在线督导，确保各项规章制度的有效落实，让安全生产管理工作形成制度化。

（2）杜绝"违章操作"。

一线班组应加强在线督导，并发动全体员工积极参与相互监督，对违章操作行为及时制止、及时纠偏，杜绝违章操作。

（3）杜绝"违章指挥"。

各级领导干部、骨干员工应加强自我安全意识和安全生产技能，禁止管理活动中出现的一切违章指挥乱象。

### 7. 隐患排查活动"四同查"

（1）查现场隐患。

检查现场存在的显性隐患，消除显性安全隐患是首要任务。

（2）查员工思想。

思想不一、意识淡薄、理解不到位是人为隐患因素的前兆，隐患排查活动还应包含询问一线员工对安全生产工作的理解程度、观察员工作业时的行为意识等。

（3）查规章制度。

隐患排查活动还应同时检查安全生产管理的各项规章制度落实情况。

（4）查事故处理。

隐患排查活动还应同时检查事故的处理情况，确保事故断根。

（5）隐患排查治理程序。

首先，对上述检查的隐患进行汇总；其次，针对不同的隐患项目制定改善措施；再次，下发整改通知单由责任部门启动整改；最后，由排查检查人员进行核销，直至隐患彻底消除。

## 二、岗位员工层面

### 1. 员工不安全行为产生的"三种原因"

（1）不知道正确的操作方法。

因没有具体的安全作业标准，员工在作业中不知道何为安全操作方法，对于该类因素应及时制定安全操作规程，让员工具备正确的操作方法。

（2）有正确的操作方法，却为了快速结束而省略必要的步骤。

对于该类因素班组长应加强安全作业规程的教导培训工作，使员工建立正确的作业安全认知。

（3）按自己的习惯操作。

因没有安全作业规程或并未按规程标准作业，且长期并未受到纠正或制止，久而久之形成了自己的习惯，对于该因素班组长应加强督导，通过常态化在线纠偏使员工养成安全生产作业习惯。

### 2. 员工安全生产的"五新态势"

（1）新人。

应落实三级安全生产教育，通过考核后方准予独立上岗作业。

（2）新机。

建立设备操作规程并开展培训教育，并使员工具备按规程操作的能力。

（3）新料。

新材料应用时应区分其安全性，对具有危险性的材料在生产应用前应建立有效的安全管理措施。

（4）新工艺。

对于新工艺应用前应分析其安全性，对具有危险性的作业要求应建立有效的安全管理措施。

（5）新环境。

新环境投产前应系统性地展开安全生产管理建设工作，确保新环境的安全性达标。

### 3. 员工坚持"四不伤害"

（1）不伤害自己。

每一个人都是自身安全的直接责任人，做到严格遵守操作规章制度和作业规程，工作中按标准作业、遵规守纪就是不伤害自己的表现。

（2）不伤害他人。

生产作业是团队活动，作业活动的安全性定会涉及团队成员，只有做到了遵规守纪，才会不伤害自己的同时也不伤害他人。

（3）不被他人伤害。

在生产活动进行中，发现他人违章应立即予以制止，这是在保护自己不受他人违章伤害。

（4）保护他人不受伤害。

制止他人违章就是在保护他人不受伤害，全员应做到相互提醒、相互指正、相互促进，达到我为人人、人人为我、全员安全的目的。

### 4. 员工做到"五必须"

（1）全体人员必须遵守安全规章制度，杜绝违章。

（2）特种岗位必须经安全生产培训，合格后持证上岗。

（3）必须了解本岗位的危险危害因素，落实岗位级"三点控"安全措施。

（4）必须正确佩戴和使用劳动防护用品，确保劳动防护措施的有效性。

（5）必须掌握危险性作业的安全管理要求。

### 5. 员工遵守"五严禁"

（1）防止火灾事故发生，严禁在禁火区域吸烟、动火。

（2）确保良好的人员状态，严禁在上岗前和工作时间饮酒。

（3）严禁擅自移动或拆除安全装置和安全标志。

（4）严禁擅自触摸无关的设备、设施。

（5）确保正常的生产秩序，严禁在工作时间串岗、离岗、睡岗或嬉戏打闹。

## 三、现场防护层面

### 1. 四有四必有

（1）有台必有"栏"。

对现场存在的高台、台沿等加护栏，以防止人员不慎跌落而造成事故发生，保证安全生产。

（2）有洞必有"盖"。

对现场存在的坑、洞等加上盖子，以防止人员或物品掉入而造成事故发生，保证安全生产。

（3）有轴必有"套"。

对有存在裸露的旋转轴等具有传动危险性的部位安装防护套，以防止接触人员卷入，保证安全生产。

（4）有轮必有"罩"。

对有存在皮带轮、齿轮、链条等具有传动危险性的部位安装防护罩，以将传动部位和操作接触面进行有效的隔离保护，保证安全生产。

### 2. 劳动防护用品

（1）生产型企业的常见九种劳动防护。

表 14-2　常见劳动用品清单表

| 序号 | 防护类别 | 典型防护物品 |
|---|---|---|
| 1 | 头部防护 | 安全帽、作业帽、头套等 |
| 2 | 眼面防护 | 防护面罩、防护眼镜、护目镜、防尘防化眼罩等 |
| 3 | 听力防护 | 耳罩、耳塞、防噪声帽等 |
| 4 | 呼吸防护 | 口罩、面具、滤毒盒、空气呼吸器等 |
| 5 | 手臂防护 | 手套、防护服等 |
| 6 | 躯体防护 | 工作服、劳保服、防护服等 |
| 7 | 足腿防护 | 劳保鞋、防护服等 |
| 8 | 坠落防护 | 安全网、安全绳、安全带、防滑鞋等 |
| 9 | 皮肤防护 | 护肤膏、洗涤剂等 |

注意：此表仅列出常见"劳动防护用品"，应结合作业现场要求予以实际应用，此表仅供参考。

（2）劳动防护用品的选择。

应定义作业场所的职业危害因素选择合适的劳动保护用品，在情况不明或无法判断时应向专业安全管理人员咨询后确定。

（3）劳动防护用品的使用和维护。

按照现场作业要求正确使用和维护保养劳动防护用品，发现损坏或不能达到防护要求应予以及时更换。在处理各类安全事故时应配备必要的劳动防护用品，如危险性较大或存在未知危险因素时，须配备足够的防护用品实施处理。

（4）劳动防护用品的作用重申。

强调劳动防护用品的作用，必要时会挽救人的生命。

# PART6　融合系统

- 班组长系统能力提升之生产系统敏捷化
- 班组长系统能力提升之生产协同体系化
- 班组长系统能力提升之管理方法精细化

不谋全局者、不足谋一域。前述所有章节我们均为班组级的执行和优化，而生产管理是一项系统性工程，包含计划、协调、执行、优化等全过程，为成就金牌班组长，本部分将进入生产系统层面的课题研究，即融合系统、成就卓越"，突出了三大主要课题。

### 第十五章　班组长系统能力提升之生产系统敏捷化

章节内容包含经常生产管理的现象就是"盲、乱、白干"该如何梳理？

—— 生产型企业面临的挑战和变革、敏捷化生产系统需求、敏捷化生产系统构建等内容。

### 第十六章　班组长系统能力提升之生产协同体系化

章节内容包含整个高效生产协同工作该如何更好地优化？

—— 生产过程协同的核心理论、生产过程协同体系化：六日工作法细则等内容。

### 第十七章　班组长系统能力提升之管理方法精细化

章节内容包含管理者"忙、累、苦"该如何改善？标准、执行、机制如何更加科学化？如何成就员工？

—— 排兵布阵的"分段管理法"、管人理事的"三要素法"、精化效率的"选择限制法"等内容。

第十五章

# 班组长系统能力提升之生产系统敏捷化

**本章要点荟萃**

- 敏捷化生产系统优化需求——突出的管理问题、生产系统优化是核心。

- 敏捷化生产系统构建——三大业务流同步:订单信息流、物资供应流、工艺标准流。

- 敏捷化生产系统构建——一个目标、三大业务流和五项过程管控点。

- 敏捷化生产系统构建——系统敏捷化、团队效率化。

# 第一节　敏捷化生产系统需求

## 一、生产型企业突出管理问题

一个"混乱"的生产系统严重制约团队效率的发挥,大家都在"忙"、都很"累",可并没有产生应有的结果,最终"全白费",此情景如图 15-1 所示。

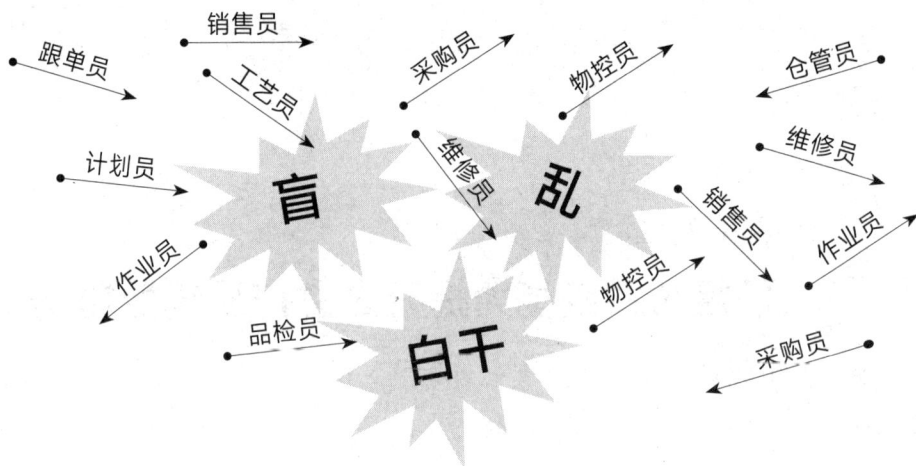

▲ 图 15-1 常见生产系统混乱现象

### 1. 方向规则缺失问题

整个生产团队目标方向不一致，甚至没有基本的生产规则，导致所有的成员都按自己的思维和规则在工作，忙得热火朝天。由此经常遇到尴尬的局面，如：

（1）这张订单明明毛利可观，为什么结果还亏损？

（2）我觉得应该这样才能满足客户，就这样来吧！

（3）我认为这样干是最好的，必须这样做！其他的都不对！

（4）你做你的，我做我的，我们互不相欠、互不干涉……

### 2. 强个体弱整体问题

"我的部门最重要""我的事最着急""我必须先做自己的事"等，大家都站在自己的角度忙自己的事，而整体生产体系所需要的"协作、行动、过程控制、结果改善"等严重缺失，导致步调不一致，久而久之发现个体很优秀、整体很"混乱"，由此经常发生一些尴尬问题。

（1）求人不如求己，自己干吧：工作不能超出岗位职责，否则难办！

（2）求你不行别求我，走着瞧：问题不能超出部门范围，否则难说！

（3）我做了事，我承担了责任：这不是我们导致的、是 ×× 部门的问题，跟我们没关系!

（4）我很优秀，是他们不行: 领导你看我们的成绩,你去看看他们的表现……

### 3. 强考核轻体系问题

长期未解决生产"方向、协调、行动"等系统性问题，且一味地强调各职能的绩效考核，导致各职能人员为了实现自身的"绩效"，只注重"行动速度和强度"，最终致使个人行动力越强却对企业破坏力越大。经常看到一系列怪现象,如：

（1）销售部门，为了量和额而不顾一切地接单!

（2）技术部门，为了出图速度而减少一线工艺支持!

（3）仓储部门，为了减少库存而冻结出入库!

（4）生产部门，为了更高的产量而不顾指令的先后……

## 二、加强生产系统优化是核心

综合上述各项挑战和生产突出问题，生产型企业管理变革活动首要的任务应是对生产系统进行优化，构建一个敏捷化生产系统是一个必备的管理工程。定位价值要点、分析管理需求如下。

### 1. 一个目标

即满足客户需求，按质、按量、按时地交付产品。

### 2. 三大业务流

一是从需求订单输入、订单管理、计划排产、生产制造到完工交付等的订单信息流；二是从用料标准定义、需求计划、采购供应、物料管理到生产实现等的物资供应流；三是从工艺标准编制、监管到使用和改善的工艺标准流。

### 3. 四项过程确保要点

确保整个生产系统按职能和规则执行；确保执行结果数据的及时和准确；确保按技术要求、质量标准实现产品；确保按现场实际进行改善。

## 4. 优化方向

围绕一个目标，细化三大业务流，确保四项过程控制点，构建敏捷化生产系统，实现生产团队全效率。

# 第二节　敏捷化生产系统构建

## 一、高效生产原理"三大业务流同步"

**1. 如图 15-2 所示，满足客户需求、交付产品或服务的全过程中必须对三大业务流展开精细管理和持续优化**

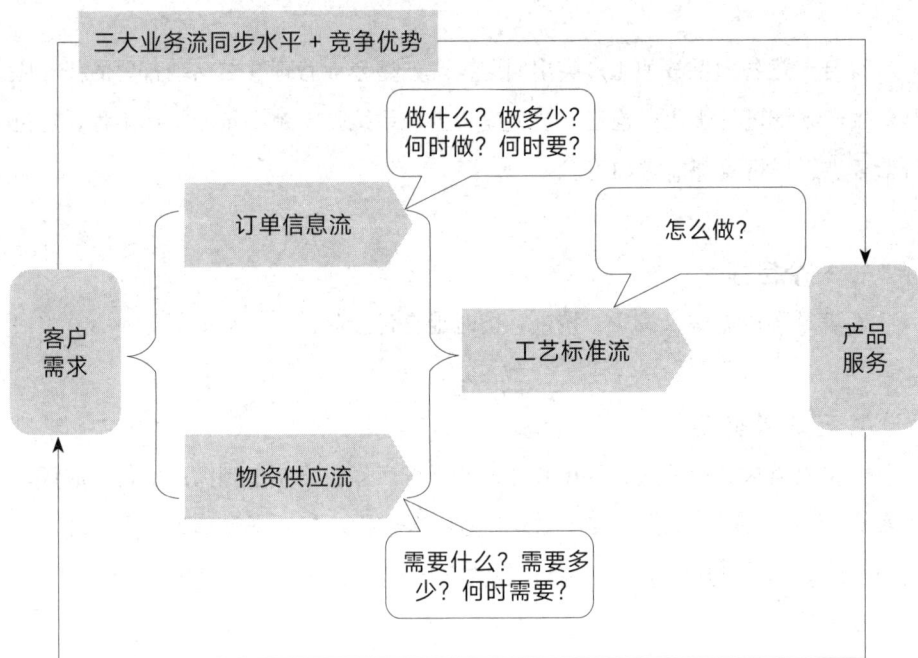

▲ 图 15-2　敏捷化生产系统三流同步

（1）订单信息流。

明确客户需求我方是否能满足、如何满足。如图 15-2 所示，做什么产品、做多少数量、客户何时要，何时计划生产、何时完工、何时交付等信息的有效识别、传达、协调。必须确保业务流的顺畅性、快速性和精准性，否则会造成客户需求不能承接、反应滞后、执行错误等问题。

（2）物资供应流。

实现交付需求该满足哪些物资、如何满足。如图 15-2 所示，需要什么材料、需要多少、何时需要，何时下达计划、何时保证到位等物资需求保证。必须确保业务流的及时性，否则会因物资不能准时到位造成停工待料，致使交期延后。

（3）工艺标准流。

按质交付才能满足客户需求。为实现客户需求该如何做，如何实现。如图 15-2 所示，需求如何实现、现场如何生产，产品要求、工艺设计、作业要求、现场执行等生产标准的设计、制定、执行管理。必须确保业务流的正确性，否则会因标准不清晰造成质量缺陷，致使返工、重工。

### 2. 三大业务流同步水平决定竞争优势

综合上述内容结合图 15-2 所示，强调按质、按量、按时交付产品或服务，这不是单纯提升某一个业务流就能满足的，而是对订单信息流、物资供应流、工艺标准流三大业务流执行同步优化。信息流不正确是"白做"、物资流不满足"无法做"、工艺流不精准是"乱做"，缺少任何一个业务流都无法有效交付产品。

## 二、构建敏捷化生产系统：一个目标、三大业务流和五项过程管控点

### 1. 敏捷化实现生产目标

（1）满足客户需求。

如图 15-3 所示，有效构建全体系，使生产系统全员围绕一个共同的方向目标，即满足客户需求，按质、按量、按时交付产品。

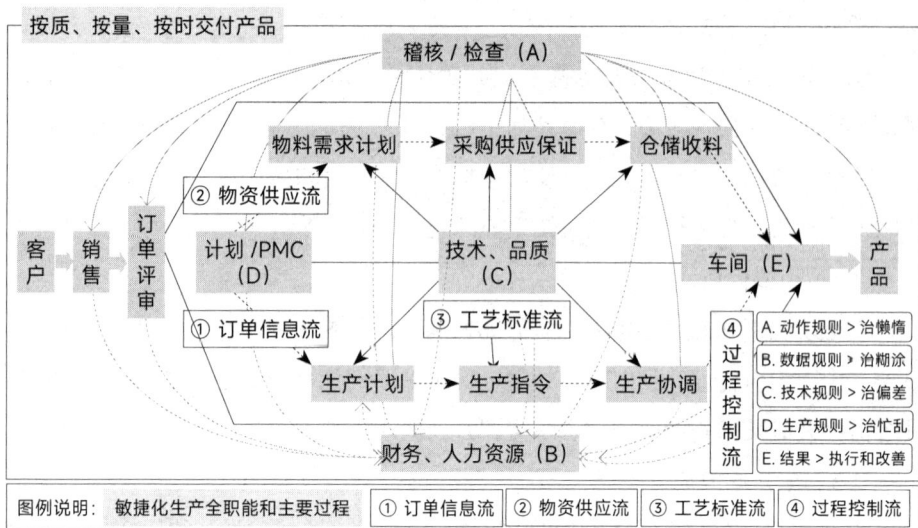

▲ 图 15-3 敏捷化生产系统架构

（2）突出系统能力。

在此目标之下，依据业务流展开过程细化、控制关键要点、发挥团队职能，敏捷化实现生产目标。

### 2. 持续优化订单信息流

确保从"客户"提出需求开始到"产品"交付的全过程精细化。基本过程如图 15-3 所示，客户需求 > 销售承接 > 订单评审 > 计划 /PMC 统筹 > 生产计划编制 > 生产指令确定 > 生产前协调 > 车间生产 > 交付客户，其中关键业务环节有以下几方面。

（1）订单评审：需求不定、计划不对。

①目的。

对客户订单负责，用以明确是否能按质、按量、按时实现需求，如何实现需求以及实现代价多少，并将评审结果与客户达成一致、确定需求。

②评审类型。

包含针对新客户、新产品的新业务订单评审和老客户、老产品的常态业务订单评审。

③新业务订单评审。

关注重点应包含能否开展商业合作、是否能实现客户需求、实现需求所付出的代价、订单业务价值吻合度等。

④常态业务订单评审。

关注重点应包含交期和产能匹配、特殊特性的代价、客户绩效和信用等级。

⑤订单评审关键信息，请参考表 15-1。

表 15-1　订单评审关键信息职能建议对照示例表

| 序号 | 关键信息 | 提出主要建议的职能 | 提出辅助建议的职能 |
|---|---|---|---|
| 1 | 客户 | 销售 | 财务、高层 |
| 2 | 工艺、特殊特性、质量 | 技术、质量 | 生产 |
| 3 | 产能、交期 | 计划 /PMC | 生产 |
| 4 | 材料满足、供应 | 计划 /PMC | 采购、仓储 |
| 5 | 生产实现 | 生产 | 计划 /PMC、技术、质量 |
| 6 | 商业价值（成本、利润） | 财务 | 销售 |

注意：

订单评审活动一般以召开会议的形式开展；

一般情况下，涉客户需求的评审由销售组织、涉内部实现的评审由计划 /PMC 组织；

应根据企业自身业务情况予以修订，本信息对照表仅供参考。

（2）生产计划编制：计划不对、指令作废。

①目的。

各项生产活动是按生产计划开展的，编制生产计划将有效保证生产需求的"物资供应流、工艺标准流"准备及时，同时也是锁定生产现场执行指令的必要过程。

②要求。

计划 /PMC 生产控制单位（Production Control，以下简称 PC 单位）应确保生产计划编制的科学性，虽然俗话说"计划赶不上变化"，计划是不会精准的（如果是精准的就是指令了），但是计划应追求可执行性。

③细则。

结合少批量、多品种的特性，采取柔性法则编制生产计划（详情见第十六章第二节 一、六日工作法之日计划细则）。

（3）生产指令确定：指令作废、努力白费。

①目的。

若生产现场接收的生产指令"朝令夕改"，经常出现临时"插单、改单、急单"，将严重制约现场生产效率，为此锁定生产指令是完成现场任务的前提条件。

②要求。

先有计划才有指令，PC 单位应通过生产计划的合理调整、确定生产指令，并且应确保生产现场执行指令的精准性。

③细则。

结合少批量、多品种的特性，采取柔性法则确定生产指令（详情见第十六章第二节 一、六日工作法之日计划细则）。

（4）前置生产协调：协调不细、交付无力。

①目的。

生产指令正式上线生产前，要做好指令生产需求的协调工作，确保生产指令顺利动工和减少过程突发异常等，达成按要求交付的目的。

②要求。

PC 单位应主导日常指令需求协调，生产系统应按现场排程周期执行前置生产准备。

③细则。

一方面，实现生产任务需要多职能协调和配合；另一方面，少批量、多品种的特性定会使生产现场态势多变，为满足交付必须进行前置协调准备（详情见第十六章第二节 二、六日工作法之日准备细则）。

### 3. 持续优化物资供应流

确保从"物料需求计划"开始到"物料上线使用"的全过程准时化。基本过程如图 15-3 所示，即生产计划 > 物料需求计划 > 采购供应保证 > 仓储收料 > 备料：仓储备料、发料或生产领料，其中关键业务环节有以下几方面。

（1）物料需求计划。

确保生产物料到位，物料需求计划（Material Requirement Planning，以下简称 MRP）是首要。

①目的。

物料需求计划是生产计划有效实施的前提，亦是精益化生产的必备。一方面，因物料供应周期不一且供应渠道多样，生产计划的物料保证不能仅靠临时紧急补充；另一方面，物料过多会增加经营风险，用料需求绝不可完全依靠库存现用现取。

②要求。

计划 /PMC 物料控制单位（Material Control，以下简称 MC 单位）应根据 PC 单位制定的生产计划进行 MRP 的核算，MRP 的满足是生产计划向生产指令转化的前提条件。

③细则。

依据生产计划和 BOM（参考本节 4. 持续优化工艺标准流内容）等汇总物料毛需求，扣减库存（可用库存、采购在途等一切能被当即使用的物料库存量）核算净需求，含需要什么物料、需要多少数量、何时需要等 MRP 物料需求计划信息。

（2）采购供应保证。

确保生产物料到位，采购供应保证很重要。

①目的。

供应链和市场同等重要、供应商与客户同等重要。构建稳定和迅速的采购供应体系将十分有利于高效交付。

②要求。

采购管理部门应基于企业交付体系要求，构建稳定和高效的供应链。

③细则。

其一，应建立开发、培育、考核、辅导的供应商管理机制，确保企业供应链的稳定性；其二，应根据 MC 单位制定的 MRP 下达采购订单、跟催物料到位，确保生产用料及时供应；其三，基于共赢互利法则，确定合理、互惠的采购策略，优化生产物料供应效率。

（2）完善生产备料制。

确保生产物料到位，完善生产备料制很关键。

①目的。

对生产计划进行前置备料有利于指令的精准性，对生产指令进行前置备料有利于现场任务的达成，对生产全过程（前、中、后）进行备料有利于减少现场突发物料短缺和实现精益物料管理。

②要求。

MC 对生产计划进行前置备料，仓库单位对生产计划按单备料，生产单位按指令备料。

③细则。

其一，MC 单位应与 PC 单位密切协作，对生产计划进行前置备料，防止出现计划用料不齐套使 PC 单位错误制定生产指令；其二，仓储单位应根据生产计划所需物料的前置性备料，对生产计划进行物料准备；其三，生产单位生产前根据生产指令，结合班组排程进行上线备料；其四，生产单位生产中应根据班组排程完成情况进行前置备料；其五，生产后生产单位应根据生产完工情况和后续生产计划安排进行余料盘点和回仓。

## 4. 持续优化工艺标准流

确保涉及"工艺标准设计、工艺标准管理、质量标准保证"等全过程技术标准的精准化。如图 15-3 所示，敏捷化生产系统以工艺标准流为中心，包含运营支持技术标准、生产管理技术支持标准、生产制造执行技术标准等，其中关键技术标准有以下几方面。

（1）BOM（Bill of Material，意为物料清单或用料清单、配方等）。

BOM 正确，物料管理才会准确。

①目的。

BOM 清单描述了具体需求对象的用料结构信息，是物料需求核算、生产用料及物料管理的基础依据。为此，必须对 BOM 管理进行优化，确保其精准性。

②要求。

BOM 属于技术标准，由技术部门按需求对象的要求予以制定。

③细则。

其一，精细化物料属性信息是制定 BOM 的源头，应确保各物料的编号、品名、规格、单位、计划参数等属性信息精细化；其二，依据需求对象的工艺和质量等要求，按隶属关系、制购属性（自制、购买、委外、虚拟件）等，指定供应商条件、损耗率、替代率等配置规则制定 BOM；其三，杜绝经验化粗放式管理，应在需求对象生产前确保具备 BOM；其四，为实现 BOM 精准化目标，应在生产中核对需求对象的 BOM 设置，生产后进行修订，循序渐进优化。

（2）工时。

具备标准工时才能对需求对象进行科学生产，才能确保其按质、按量、按时交付。

①目的。

标准工时定义了具体需求对象的生产周期，是生产计划、生产指令、班组排程等制定的依据，亦是产能改善的基础，毫不过分地讲"具备标准工时才能科学生产"。为此，必须对标准工时管理进行优化，确保其精准性。

②要求。

标准工时属于技术标准，由技术部门按需求对象的生产要求予以制定。

③细则。

其一，没有标准动作就没有标准时间，确定标准工时首先应确定需求对象的标准作业方法，包含生产工序、作业步骤、步骤要求等标准信息；其二，依据需求对象的作业标准，通过对所有工序逐一测算、宽放、计算、汇总等方式制定标准工时；其三，杜绝经验化粗放式管理，应在需求对象生产前确保具备标准工时；其四，为实现标准工时精准化目标，应在生产中对需求对象的标准工时设置进行核对、生产后进行修订，循序渐进优化。

（3）工艺文件、作业指导书等各项技术标准文件。

标准化是成功团队的象征。确保各项技术标准文件的健全、清晰、准确，有效执行是各类生产活动的技术依据，亦是一个团队实现标准化管理的首要条件。

①目的。

技术标准文件统一了团队的行动规则、实现了效率价值，规定了行动方法和要求、保证了质量价值，指引了技术要领和详尽作业指南、提升了传承价值，说明了现有能力，体现了不足，突出了提高价值。为此，必须对各项技术标准文件管理进行优化，确保其精准性。

②要求。

由技术部门主导制定各项技术标准，质量部门主导监督各项技术标准的实施，其他管理部门执行各项技术标准。

③细则。

其一，技术标准五统一管理：统一格式、统一结构、统一表述、统一发行和回收、统一管理；其二，按制定、发行、张贴、学习、点检、修订等步骤落实各项技术标准；其三，杜绝经验化粗放式管理，应在生产前确保具备各项技术标准文件；其四，为实现技术标准文件精准化目标，应在生产中对各项标准进行核对、生产后进行修订，循序渐进优化。

### 5. 构建过程控制流

确保五项控制要点，实现生产系统敏捷化。其关键控制要点有以下几方面。

（1）动作规则控制。

对图 15-3 中敏捷化生产全职能和主要过程进行规划，并对订单信息流、物资供应流、工艺标准流等关键要点进行优化，随着时间的推移在实际执行中总存在某些环节偏差，各偏差点合计在一起，造成偏差巨大。只有确保持续的精准动作才能持续体现系统效率。

①目的。

管理由"事"和"人"构成，事务（流程清晰、要求具体）定好的同时各执行人也需要做好管理。驱动各执行人围绕一个目标、发挥自身职能动作、不断优化三大业务流，使系统持续体现敏捷化。

②要求。

督检中心（或设置管理检查单位）对三大业务流开展常态化检查，以督促各执行单位按流程、按要求不断发挥职能作用，持续确保各管理动作的精准性、提高执行效率。

③细则。

其一，为追求整体效率，企业应设置管理检查部门，推荐由全职人员担任；其二，如图15-3所示，管理检查范围应覆盖从客户需求提出到产品完工交付的全过程，管理检查活动应为常态化进行；其三，管理检查应以周期为单位，以项目形式体现检查对象、合规情况、完成情况、结果情况等，并以可视化看板或报表进行统计、公开、通报，且纳入考核；其四，如图15-3所示，管理检查重在改善各执行环节责任人的自我观念、随意性、惰性、趋利避害性等，以培养执行人全局观、系统性、效率化的职业习惯。

（2）数据规则控制。

如图15-3所示，当动作规则得到发挥时必然会形成数据结果，对数据进行有效统计、分析和应用，才能科学制定改善措施、确保经营。

①目的。

杜绝没有数据，数据失真、打糊涂仗等现象，确保数据及时、准确，并凸显数据价值，实现精准经营。

②要求。

由财务单位汇总，分析各动作的财务数据，制定各单位财务改善计划；人力资源单位汇总、分析各动作的人力资源数据，制定各单位绩效改善计划；各单位按动作规则提交各类数据。

③细则。

其一，构建数据规则的前提是动作规则必须得到发挥，否则错误的动作会产生错误的数据，错误的数据不能代表真实状况，从而无法做出正确的决策，甚至造成严重的后果；其二，财务单位汇总各单位发生的财务类数据，根据数据统计分析问题所在，并制定各业务单位的财务改善计划；其三，人力资源单位汇总各单位发生的人力资源类数据，根据数据统计，分析问题所在，并制定各业务单位的绩效改善计划。

（3）技术规则控制。

如图15-3所示，只有控制各单位发生所有管理动作的各项技术要求，才能实现精准设计、精准管理、精准执行。

①目的。

杜绝摸索着干、随意干，强调职业化，确保不走样、不偏差、不做无用功，实现做正确的事、正确地做事、一次性就做好的精准结果。

②要求。

由技术单位设计、制定、优化技术规则；品质单位监督、分析技术规则；各单位执行落实、改善技术规则。

③细则。

其一，技术单位按要求设计和制定技术规则，确保技术规则的精准性；其二，品质单位监督、分析技术规则的落实情况并提出改善建议；其三，各单位执行落实技术规则并提出改善建议；其四，技术单位汇总各改善建议优化技术规则。

（4）生产规则控制。

如图15-3所示，科学合理制定生产活动的各项规则，强调目标一致、行动一致、结果一致，实现在合适的时间、用合适的资源、做合适的产品，持续达成满意的交付。

①目的。

杜绝忙时特忙、闲时特闲，旺季不旺、淡季更淡，到处忙乱杂等现象，创造一个有条不紊、柔性灵活、稳定状态的生产局面。

②要求：由计划/PMC单位主导生产规则的制定，各单位服从协调、执行规则。

③控制细则。

其一，确立以计划/PMC单位主导制定生产规则的权威且全员认同；其二，计划/PMC单位应贯彻满足客户、实现高效交付这一目标，以订单信息流、物资供应流、工艺标准流等三流同步为原则，充分挖掘生产能力，科学制定生产规则；其三，计划/PMC单位应精准掌握各项生产资源，通过有效的沟通、确认、核算、计划、调整等方式，明确各单位的协调任务和生产任务；其四，各单位应服从生产规则、听从调度安排，以确保生产规则有效。

（5）改善规则控制。

每一个时期都需要改善、每一种管理方式都有不足、每一个团队都存在问题，持续改善亦是敏捷化生产系统永恒的管理课题。

①目的。

突出重点、发掘浪费，持续改善、精益求精。

②要求。

企业中60%以上的人员、固定资产和生产活动都在生产车间。如图15-4所示，改善规则的重心是生产车间现场。

③细则。

其一，先有构成再有改善，在动作规则、数据规则、技术规则、生产规则都具备的情况下，改善规则才有实效；其二，生产型企业越往现场改善越是实效、越往基层建议权越大，构建现场改善规则的主体应为一线员工，形式为自主持续改善；其三，实行合理化建议活动，广泛开展岗位级、小团队的改善是十分必要的；其四，员工意识提升、认识提高、技能具备就能看到问题、想到办法、切实改善，为此，敏捷化生产系统还应注重人员培训工作。

## 三、实现全效率：系统敏捷化、团队效率化

围绕满足客户、交付产品的中心目标，通过对生产系统的三大业务流和五项控制要点进行横向、纵向的梳理优化，构建系统敏捷化将使生产团队效率化，如图15-4所示。

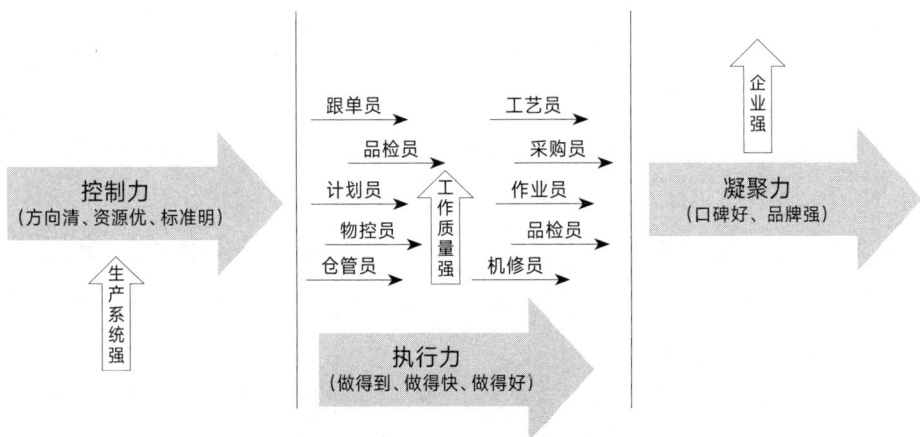

▲ 图15-4　敏捷化生产系统全效率

### 1. 构建控制力

围绕一个中心、优化三大业务流，如图 15-4 所示，构建方向清、资源优、标准明的生产系统，增强生产系统应对复杂需求形势下的控制力。

### 2. 加强执行力

强化四项过程控制要点，持续增强三大业务流的同步效率，如图 15-4 所示，确保全员做得到、做得快、做得好的执行效果，强调迅速、精准、质量，成就实效化执行力。

动作规则：重在改善执行人，改善执行人的自我观念、随意性、惰性、趋利避害性，塑造全局观、系统性、效率化的职业习惯。数据规则：构建精准经营，杜绝没有数据、数据失真、打糊涂仗等乱象，构建数据说话、数据分析和数据改善。技术规则：实现标准化管理，杜绝摸索着干、随意干、强调职业化，追求做正确的事、正确地做事、一次性就做好的精准结果。生产规则：构建柔性生产方式，杜绝忙时特忙、闲时特闲，旺季不旺、淡季更淡，到处忙乱杂等乱象，创造一个有条不紊、柔性灵活、稳定状态的生产局面。改善规则：建设自主改善的机制，本着持续改善、精益求精的原则，重点突出生产现场，强调发挥一线员工和团队的自主性。

### 3. 成就凝聚力

持续获得成功会使团队更加紧密地凝聚在一起，系统控制力、团队执行力是保证成功的前提条件。

如图 15-4 所示，控制力强、系统强：方向清、资源优、标准明才能形成强有力的生产系统；执行力强、团队强：具备强有力的生产系统，同时强调执行效率，才能实现团队"做得到、做得快、做得好"的工作质量；凝聚力强、企业强：工作质量持续好决定产品质量好，产品质量好品牌定会越来越好，团队凝聚力越来越紧密、企业定会越来越强。

第十六章
# 班组长系统能力提升之生产协同体系化

**本章要点荟萃**

- 生产过程协同理论—— 生产过程协同原理：从计划到达成的科学逻辑。生产过程协同体系：六日工作法模型。
- 生产过程协同体系化—— 六日工作法之日计划、日准备、日协调、日检查、日考核、日攻关等模型细则。

## 第一节　生产过程协同核心理论

### 一、生产过程协同原理：从计划到达成的科学逻辑

#### 1. 生产目标实现逻辑

高效实现生产目标是每一名生产管理者的职业追求。如图 16-1 所示，以一年周期为例，共分为年度、季度、月度、每周和每日等目标阶段。生产计划制定：

应按大目标、小目标、即时目标层层细化；生产任务达成：应由每日、每周、每月、每季度至全年递进完成。正所谓："计划需要层层剥，达成依靠日日清。"

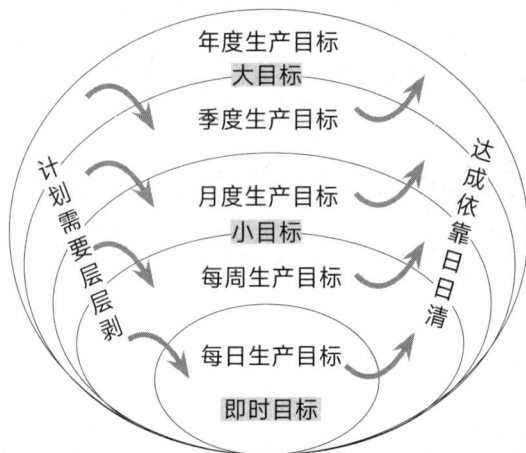

图 16-1 生产目标实现逻辑

▲ 图 16-1 生产目标实现逻辑

## 2. 生产过程协同原理

生产管理是一项以高效交付为目标、涉及企业全职能活动的体系化管理工作，厘清从计划到达成的全过程内容、建立各职能的协同规则是关键。生产过程协同的基本原理是遵循 PDCA 法则，如图 16-2 所示。

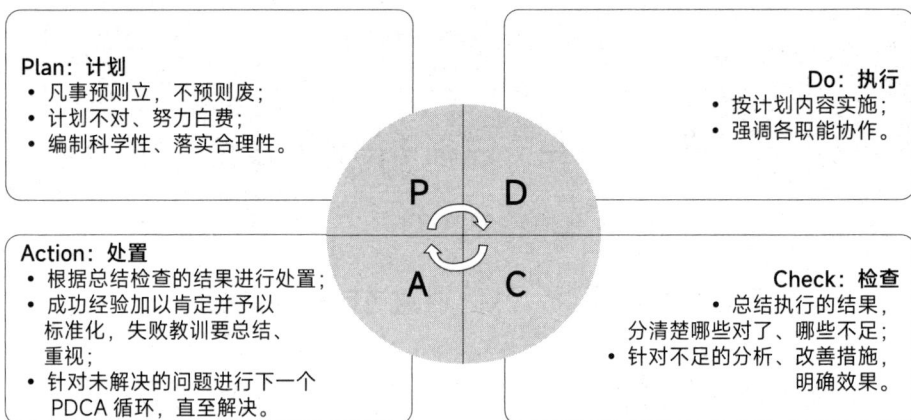

**Plan：计划**
- 凡事预则立，不预则废；
- 计划不对，努力白费；
- 编制科学性、落实合理性。

**Do：执行**
- 按计划内容实施；
- 强调各职能协作。

**Action：处置**
- 根据总结检查的结果进行处置；
- 成功经验加以肯定并予以标准化，失败教训要总结、重视；
- 针对未解决的问题进行下一个 PDCA 循环，直至解决。

**Check：检查**
- 总结执行的结果，分清楚哪些对了、哪些不足；
- 针对不足的分析、改善措施，明确效果。

▲ 图 16-2 生产过程协同原理 PDCA

## 二、生产过程协同体系：六日工作法模型

### 1. 生产过程协同体系：六日工作法

基于生产过程协同原理，经多年生产管理实践经验，整合形成一套高效生产过程协同体系，即六日工作法，如图 16-3 所示。

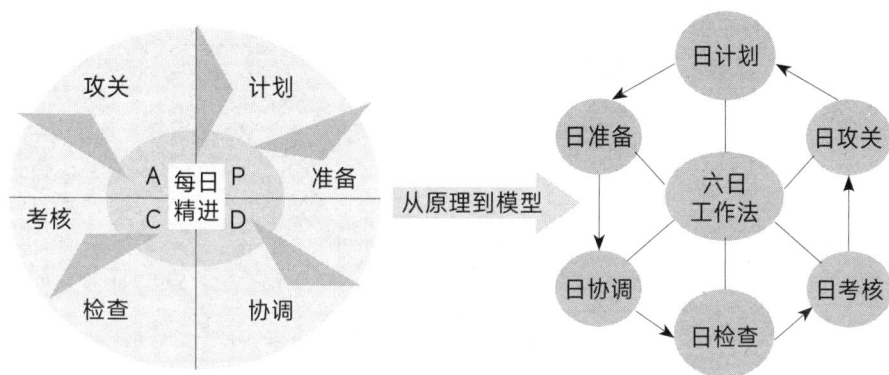

▲ 图 16-3　六日工作法模型

### 2. 六日工作法模型构成要领

（1）一个中心，即坚持每日精进。

生产目标实现的中心逻辑是计划制定须细化至每日，目标达成须依靠每日。为此，生产协同体系应以每日计划、每日达成为中心，坚持每日精进实现生产目标。

（2）一个法则，即遵循 PDCA 法则。

理清不了管理过程就无法实现管理持续。生产工作协同的基本原理是以计划、执行、检查、处置为管理闭环。

（3）一套模型，即实行六日工作法。

以每日精进为中心逻辑、以 PDCA 法则为基本原理，总结生产管理工作的计划、准备、协调、检查、考核、攻关等各项过程内容，归纳整合：日计划、日准备、日协调、日检查、日考核、日攻关等六个模块，构成生产过程协同体系"六日工作法模型"，如图 16-3 所示。

# 第二节 生产过程协同体系化：六日工作法模型细则

## 一、六日工作法之日计划细则

清晰计划管理是高效生产协同的基础，六日工作法模型以日计划为源头，该模块工作一般由计划/PMC单位主导制定计划，各责任单位执行本职能的计划任务，具体内容涵盖：生产计划制定、排程任务管理、生产问题分析和预防改善等全过程，其细则如图16-4所示。

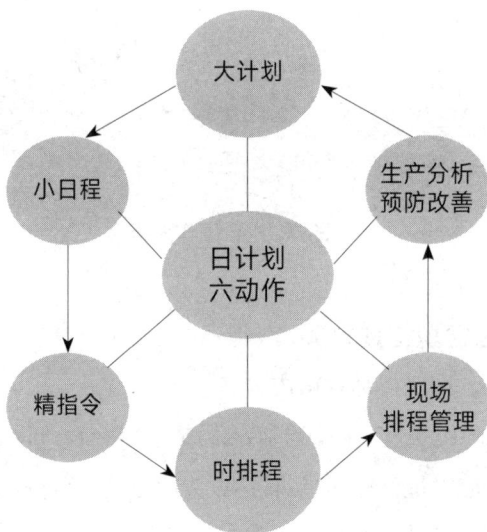

▲ 图16-4 六日工作法之日计划细则

### 1. 大计划的制定细则

大计划也称为主生产计划（一般简称为MPS）。为使生产团队统一生产目标和实现周期任务，管理者应根据周期目标、内外变化情况和协同满足程度等情况制定每周期MPS，如图16-5所示。

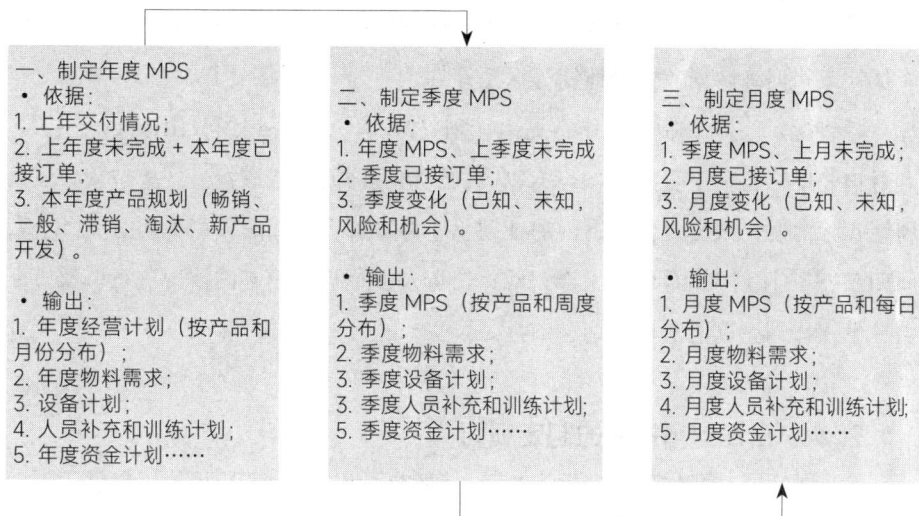

| 一、制定年度 MPS<br>• 依据：<br>1. 上年度交付情况；<br>2. 上年度未完成 + 本年度已<br>接订单；<br>3. 本年度产品规划（畅销、<br>一般、滞销、淘汰、新产品<br>开发）。<br><br>• 输出：<br>1. 年度经营计划（按产品和<br>月份分布）；<br>2. 年度物料需求；<br>3. 设备计划；<br>4. 人员补充和训练计划；<br>5. 年度资金计划…… | 二、制定季度 MPS<br>• 依据：<br>1. 年度 MPS、上季度未完成<br>2. 季度已接订单；<br>3. 季度变化（已知、未知，<br>风险和机会）。<br><br><br>• 输出：<br>1. 季度 MPS（按产品和周度<br>分布）；<br>2. 季度物料需求；<br>3. 季度设备计划；<br>3. 季度人员补充和训练计划;<br>5. 季度资金计划…… | 三、制定月度 MPS<br>• 依据：<br>1. 季度 MPS、上月未完成；<br>2. 月度已接订单；<br>3. 月度变化（已知、未知，<br>风险和机会）。<br><br><br>• 输出：<br>1. 月度 MPS（按产品和每日<br>分布）；<br>2. 月度物料需求；<br>3. 月度设备计划；<br>4. 月度人员补充和训练计划;<br>5. 月度资金计划…… |
| --- | --- | --- |

▲ 图 16-5　主生产计划制定——"以年、季、月为例"

（1）年度 MPS 制定细则。

根据图 16-1 生产目标实现逻辑，应于上年年底制定本年度主生产计划，制定说明结合图 16-5。

其一，根据本年度企业经营计划，汇总上年度交付情况和本年度已经承接的订单，结合市场单位建议，汇总本年度产品规划（一般定义为畅销品、一般品、滞销品、淘汰品、新产品）并按产品种类或名称、计划月份列出清单，形成企业年度 MPS。

其二，根据制定的年度 MPS，输出物料需求计划（MRP）、设备年度计划、人员补充和训练计划、年度资金计划等保证计划。

（2）季度、月度 MPS 制定细则。

因年度 MPS 计划周期长、变动性大，为控制风险和把握商机，管理者还应对年度 MPS 按一定周期进行细化，制定说明结合图 16-5。

其一，以年度 MPS 为蓝本，汇总上季度和上月度未完成、本季度和本月度已经承接的订单。结合市场变化，汇总季度和月度的产品规划（一般应明确属性：已知、未知的风险和机会）并按产品种类或名称，以计划周（季度）和计划日（月度）的形式列出，形成企业季度和月度 MPS。

其二，根据制定的季度和月度 MPS，输出物料需求计划（MRP）、设备计划、人员补充和训练计划、资金计划等保证计划。

特别提示：MPS 制定工作常见由计划 /PMC 单位主导组织，由涉及产供销、人财物等单位权责主管共同参与，以产供销协调会的形式进行。各单位须根据每周期实际情况，做出责任范围内的计划承诺并签署，正式形成每周期的 MPS。每周期 MPS 由计划 /PMC 单位主导跟踪、协调及根据周期面临的情况进行调整。制定主生产计划应以能实现计划为前提。

### 2. 从小日程到精指令的制定细则

"计划赶不上变化"在少批量、多品种时代尤为突出，应根据近期情况对月度 MPS 进行灵活调整以确保执行精准，该过程又称为"小日程生产计划"（或"周计划""日计划"），其制定要领结合图 16-6。

| 说明：本例仅为突出日程计划制定方式，例子中的"A、B、C、D、E、F"均为任务包（即包含了相应的"规格、数量"等生产任务信息）。 | | | |
|---|---|---|---|
| 制定规则 | 日程生产计划 | | |
| | 生产指令 | 生产计划 | |
| | 第一天 | 第二天 | 第三天 |
| 16：00 制定16：30 协同签发 | A | D | F |
| | B | E | 空余或有变化 |
| | C | 空余或有变化 | 空余或有变化 |
| 产能负荷及锁定程度 | 100%（满负荷、绝对锁定） | 80%（相对锁定） | 50%（相对锁定） |

合理插单 ⇒ **插单规则演示：**
若插单需求与计划期富余产能吻合，则相应插入；若插单需求较计划期其他任务急迫，则计划期内其他任务后置、插单需求前置；若紧急需求的需求量为计划期产能的 100%，则原计划后置，需求直接插入。
原则：指令不动、计划可以调整。

杜绝急单减少改单 ⇒ **滚动排查、跟单机制：**
排什么就查（沟通、备查）什么，查不到就开备（沟通、备查）；备到位成指令，没到位为计划（继续沟通、备查）。

▲ 图 16-6 日程生产计划制定——"三天滚动"

（1）日程生产计划和生产指令的制定规则。

①构成原则。

日程生产计划应由锁定的生产指令和近期的生产计划两部分构成，应明确生产指令不可变动、生产计划可以调整。

②时序规则。

计划/PMC单位应于特定时间制定未来日程生产计划。如图16-6案例演示：于每日16：00前制定，该日程周期为三天，于16：30每日生产协调会议发布（发布规则可参考第十六章第二节 三、六日工作法之日协调细则）。

③从日程计划到精准指令的转换规则。

其一，通过多频次的沟通，不断精确直至完全锁定客户需求和交货期；其二，基于滚动排查，直至确定计划任务完全满足生产条件的具体周期。如图16-6案例所示：A、B、C三项为锁定的指令任务，D、E、F为待沟通和排查的计划任务。

特别提示：上述规则仅以图16-6中的三天日程生产计划为例，管理者可参考案例定义本企业的日程周期，但应注意：首先，日程计划周期越长、变动越大、锁定和准备的细节越多，应斟酌定之；其次，应坚持指令期的任务是已经确定的、计划期的任务是需要确定的，生产计划工作的中心目标就是将生产任务的"不确定直至形成确定"。

（2）日程生产计划中"特殊需求单"的处理技巧。

①插单需求处理技巧。

如图16-6所示，计划期内插单：若插单需求与计划期内富余产能吻合则相应插入；若插单需求较计划期其他任务急迫，则计划期内其他任务后置、插单需求前置；若插单需求与计划期内全天产能吻合且急迫，则原计划整体后置、插单需求前置。指令期插单必须满足三个条件：一是既定的交期计划允许调整；二是插单需求应于计划制定时间前报备（图16-6案例为16：00前）；三是插单需求任务必须锁定客户需求、确定生产满足条件；其他情形下，应坚持不允许指令期插单，若强行为之则导致原指令任务无法实现，插单需求任务无法按时、按质、按量交付。

②急单、改单改善措施。

如图16-6所示，急单改善措施：一方面，应落实滚动排查机制，确定生产任务满足生产条件后才能列为指令任务；另一方面，应细化、落实指令任务的前置准备事项，确保指令生产条件得到完全满足。持续改善急单因素，逐步减少急单发生。改单改善措施：一方面，应建立跟单机制，基于日程生产计划任务与客户保持多频次的外部沟通，及时掌握客户需求变化，确保实现需求锁定后才能列为指令任务；另一方面，应落实滚动排查机制，杜绝非确定性信息，持续减少改单因素，逐步杜绝改单发生。

### 3. 时排程的制定和进度管理细则

首先，班组长接收生产指令后应于班前进行发布，并通过班前会下达任务排程。其次，依据排程任务班组长分时段进行"跟踪管控、组织排程前置准备、汇报排程完成情况"等工作，确保各排程有条不紊地执行，直至完成生产指令。最后，当排程出现生产异常时，班组长应按现场异常处理规则，快速启动生产异常处理程序、控制异常影响，并按规范填制异常记录、上交异常统计。

### 4. 生产分析预防改善细则

应保证生产现场快速反应机制的有效性，确保生产异常得到快速处理；保证异常记录的规范性、完整性和上交的及时性，于本生产周期末（可按月度或季度 MPS 周期）对所有生产异常记录进行汇总、分析，定位突出异常、制定改善措施和落实解决方案。

## 二、六日工作法之日准备细则

实现生产计划前置准备是关键，六日工作法模型的第二个模块即是针对生产计划的日准备，该模块工作一般由计划 /PMC 单位主导，由各责任单位实际落实本职能准备工作，具体准备内容涵盖：外部需求备查、内部各项生产资源和生产现场前置准备等，其详情细则如图 16-7 所示。

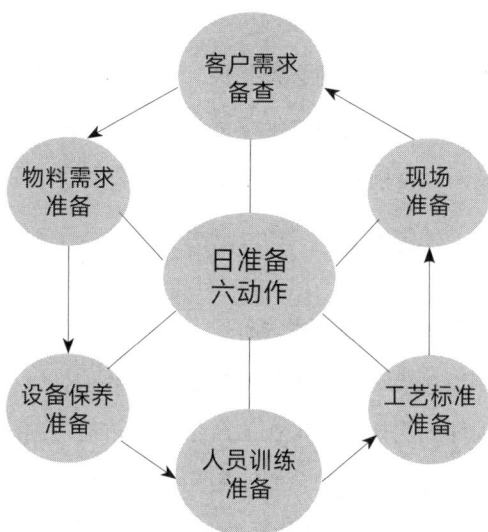

▲ 图 16-7　六日工作法之日准备细则

### 1. 客户需求备查

客户需求的精准性是确保生产计划合理制定的前提，更是生产活动展开的意义所在。跟单人员应根据生产计划的制定情况，积极主动地与客户保持需求跟进，确保实际生产活动进行前锁定客户订单需求，同时应将客户需求变更信息，包含订单量变更、工艺变更、交期变更等在生产活动展开前提交计划 /PMC 单位予以调整。

### 2. 物料需求准备

物料需求的满足情况是生产计划可执行的必备条件，各职能单位应进行详细的排查准备，确保生产前各项物料切实到位。重点包括技术单位应排查所涉及的各项 BOM，确保 BOM 清单的精准性，这是物料需求准备的根本；仓储单位应排查所涉及的物料库存数据，确保物料库存的准确性，这是物料需求准备的基础；计划 /PMC 单位应排查所涉及的物料需求计划（ MRP ）的精准性，确保 MRP 的精准，这是物料需求准备的依据；采购单位应排查所涉及物料的供应情况，确保物料供应到位，这是物料需求准备的关键。

### 3. 设备保养准备

设备正常是生产计划可执行的必备条件，为防止生产设备突发异常，应前置进行设备保养准备，保证生产活动的延续进行。生产作业单位、设备管理单位应针对生产计划所涉及的设备前置落实保全工作，确保设备在生产前得到符合要求的保养。

### 4. 人员训练准备与工艺标准准备

为防止人员意识、认识、技能等不足引发生产异常，生产管理单位应前置进行人员训练准备，确保人员技能水平在生产指令下达前得到满足。工艺标准是确保工作质量的依据，为防止生产工艺制定不精细、不精准、不及时等引发生产异常，技术工艺单位应前置进行工艺标准确认，确保各项工艺标准（包含但不限于图纸、BOM、生产工艺标准书、作业指导书等）在生产前完全相符。

### 5. 现场生产准备

为使现场生产活动正常开展、预防突发异常、达成生产目标，依据科学生产法则，必须进行班前现场准备。班组长应于前班次班中巡视总结阶段，主动获取本班次生产指令并进行前置管理；应根据科学生产法则，落实班前五查管理，并于本班正式开工前，督导员工落实任务排程的班前"材料核对、变化点核对、作业指导书检核、其他点检项目确认"等工作。

## 三、六日工作法之日协调细则

为使日计划、日准备的各项细则有效发挥，信息共享、分工协作、统一调度等是关键，六日工作法模型的第三个模块即为日协调，该模块工作一般由计划 / PMC 单位主导、各责任单位参与，为灵活应对市场的多变性，特建议以每日一次的生产协调会形式进行，包含历史生产情况汇报、库存和订单交付信息共享、生产计划和生产指令发布、协同完成情况和承诺调度等内容，其细则如图 16-8 所示。

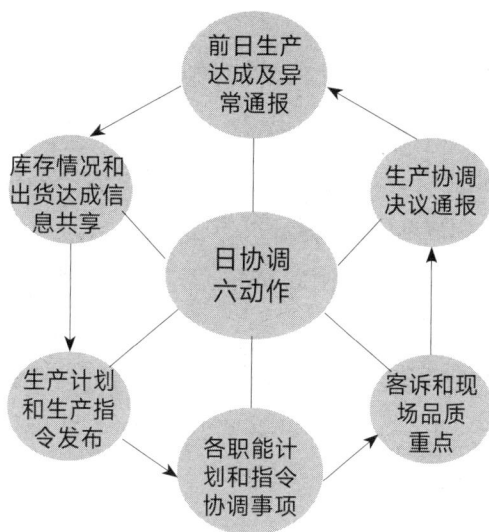

▲ 图 16-8　六日工作法之日协调细则

## 1. 前日生产达成及异常通报

日生产活动是周期生产计划的一部分，清晰每日生产成果、总结每日生产异常，是实现周期生产计划的重要管理过程。各生产责任单位分别依据本单位生产现场实际完成情况，通报前日生产达成情况，具体信息包含日生产任务的达成率、未达成生产的异常及处理结果、其他管理指标情况等信息。计划/PMC 单位应汇总全部生产单位达成数据、通报整体日生产任务达成情况，具体信息包含生产总任务达成率、未达成异常分类及统计占比等信息。

## 2. 库存情况和出货达成信息共享

库存适当和准时交付是生产管理工作的重要目标，每日共享库存情况和出货达成的动态信息，有利于使团队及时掌握产供销信息，及时做出科学调整、促进产供销平衡。计划/PMC 单应会同仓储、采购、销售等单位，汇总每日库存和出货数据，包含但不限于总库存量、库龄、超存量预警、缺料预警、出货量、出货计划达成率等，制定和发布库存调节措施，并针对发货异常情况制定和发布改善措施。

### 3. 生产计划和生产指令发布

生产计划和生产指令是所有生产活动的源头和依据，应确保生产团队在第一时间得到充分共享。计划/PMC单位应按"六日工作法之日计划细则"的操作要求，正确制定生产计划和锁定生产指令，同时，应明确、及时地发布至各承接单位，并归档签收记录。各职能单位应对发布的生产计划、生产指令于现场识别，若出现模糊、不明确的信息应当即向计划/PMC单位予以咨询，经确认一切清晰和明确后进行签收。

生产计划和生产指令信息应"高度共享"，其发布应覆盖与生产活动有关的所有单位，包含但不限于生产执行、市场销售、技术工艺、品质管控、仓储物流、采购供应、设备保全等职能单位。

### 4. 各职能计划和指令的协调性工作明确

各职能协调是实现高效生产的支撑性工作，只有圆满完成各职能协调事项才能实现生产目标和达成生产指令，围绕生产计划和生产指令所承担的协调性工作必须明确化和精细化。

计划/PMC单位应围绕生产计划和生产指令，厘清各职能所须进行的协调事项，包含但不限于协调工作项次、所属职能部门或岗位、完成时限等事项明细，并于日协调过程中提出协调事项要求，与责任单位达成一致、归档签收记录。各职能单位应以实现生产计划和达成生产指令为己任，对所属本职能的协调事项及明细公开做出承诺并签收确认，对切实无法按要求完成的项次，应说明具体原因，直至与计划/PMC单位达成一致。

### 5. 客诉通报和现场品质管控重点

任何时候品质都是效率源。品质管理单位应每日汇报客户投诉项目、公布现场品质失控点，为及时处理客户品质关切、预防品质事故再次发生，还应发布相应改善措施，与生产计划和生产指令同步下达各职能单位实施整改。各职能单位应充分认识到品质的关键性，对所属本职能的改善措施事项及明细公开做出承诺并签收确认，对切实无法按要求完成的项次，应说明具体原因，直至与品质管理单位达成一致。

### 6. 生产协调工作决议通报

生产协调工作精细度决定了团队的交期、质量、成本，为此，通过日协调产生的各项决议必须全部清晰记录在案，并于生产协调会进行通报和确认。生产计划 /PMC 单位应汇总全部日协调过程的所有协调决议，并于生产协调会末依次逐项进行通报，被通报事项的职能单位应一一进行反复确认，以示其关键性。应在完成通报确认后将决议副本交由检查职能单位，以便执行后续日检查细则。

## 四、六日工作法之日检查细则

为确保日计划、日准备、日协调的各项细则有效落实，建立过程检查是必备手段。六日工作法模型的第四个模块即为日检查，该模块工作一般由管理检查单位主导、各责任单位配合，包含对日计划、日准备、日协调等全过程执行检查，其细则如图 16-9 所示。

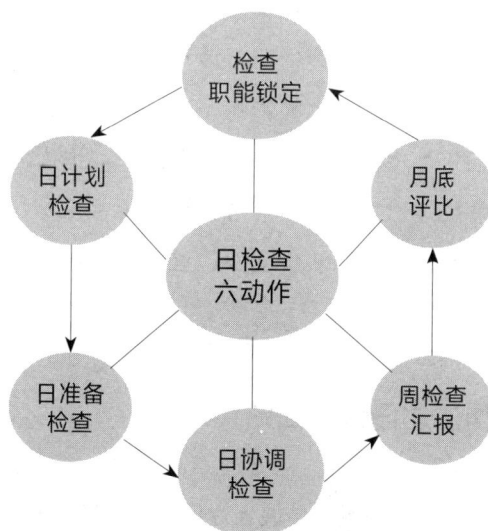

▲ 图 16-9　六日工作法之日检查细则

### 1. 检查职能锁定

生产协同的过程检查是一项常态化工作，应明确检查工作的职能人员（专职或兼职均可）并锁定清晰的职责，以切实保证全过程正确和促进团队协同效率。

### 2. 日计划检查、日准备检查、日协调检查

明确使日计划、日准备、日协调各项细则全部纳入管理检查的范畴，用以确保生产协同过程的准确性和促进团队协同效率。日计划检查重点内容包括生产计划制定规则、生产指令锁定规则、插单改单急单处置规则、现场排程落实、生产预防分析改善机制等细则落实情况；日准备检查重点内容包括外部客户需求、内部资源满足（含物料需求、设备维护、人员训练、工艺文件、班前查）等前置准备工作的落实情况；日协同检查重点内容包括库存和出货优化措施、生产计划和生产指令发布、各职能生产协调事项、品质异常改善措施等细则落实情况。

### 3. 周检查汇报、月检查评比

生产协同是一项团队配合的群众性工作，相关检查机制应彰显公平、公正、公开，努力营造一种比、赶、超的团队协作氛围，并定期予以评比和公开化。每周汇总各职能单位协同事项达标情况，针对达标优秀的案例予以鼓励，对于未达成的事项应逐一分析由此产生的影响（含直接损失数据和间接影响），督促责任单位制定措施和改善，并持续跟进直至达成。由周汇总至每月并纳入考核机制，管理检查单位应于每一个绩效考核周期（常见是每一个月），汇总生产协同检查的综合情况，交由绩效管理部门进行考核，确保管理检查机制的持续化运转。

## 五、六日工作法之日考核细则

在日计划、日准备、日协调、日检查等模块有效实施的基础上，还应建立绩效考核机制确保生产协同管理持续化，六日工作法的第五个模块即为日考核，包含考核目标设定、绩效管理、业绩兑现和评级等全内容，其细则如图16-10所示。

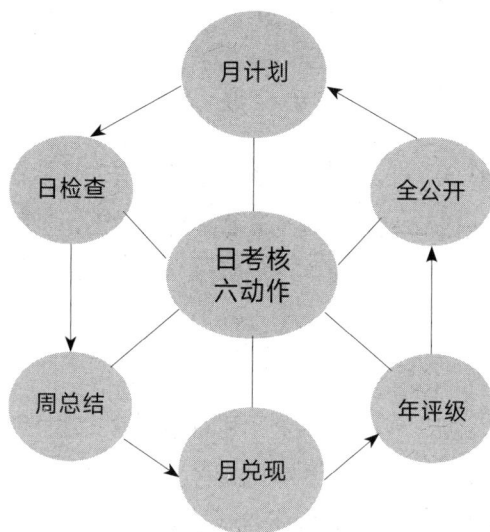

▲ 图 16-10　六日工作法之日考核细则

实践证明"过程不管结果算总账"是不利于生产绩效当即改善的，六日工作法旨在构建"过程改善式"绩效提升模式，即由"月计划、日检查、周总结、月兑现、年评级、全公开"六个环节组成。

### 1. 月计划

确定绩效计划，一般情况企业按月度制定（特殊情况请自定）。一个绩效周期开始时，由考核人、被考核人确定生产考核指标，如：生产计划达成率、生产任务完成率、一次合格率等，经考核人、被考核人双方认可并形成周期绩效计划，交由绩效管理单位存档，作为被考核人该周期绩效计划。为实现即时化绩效改善，推荐针对生产系统考核指标的设计应优先选择"每班、每日均能呈现出数据结果"的考核指标。

### 2. 日检查

基于生产指标数据每日都能呈现的事实特点，应当理清考核指标关联因素，由绩效管理单位主导于生产协调会现场进行每日汇报、每日对比、每日督促，实现被考核人每日关注、每日改善、每日提高。

### 3. 周总结

日积周累、每周总结，过程干预帮助被考核人实现目标。基于每日指标完成情况，采取周汇总，由绩效管理单位主导建立周绩效汇报机制，总结过程成功经验、优化过程资源、制定过程不足的改进措施，督促每周实现。

### 4. 月兑现

从周到月，按时兑现。通过日检查、周总结到月实现，绩效管理单位按绩效计划和机制规则准确核算绩效结果、兑现被考核人业绩。为确保公正和提高积极性，应严格执行基于目标和实际的数据兑现。

### 5. 年评级

月度绩效、年度评级。为丰富企业年度评级机制，应汇总月度绩效，于每年度末按绩效实际完成情况进行岗位年度评级，并将评级结果与岗位晋升和奖金挂钩。实现绩效竞争、能上能下、公平竞赛的团队氛围。

### 6. 全公开

全员参与、数据公开。基于公平、公正、公开的原则，绩效管理单位应将每月被考核人绩效达成数据、年度绩效评级结果等进行目视化并按时更新，实现全员参与的公平、公正、公开的绩效管理体制。

## 六、六日工作法之日攻关细则

市场需求越来越高的同时对生产管理的考验就越来越大，勇于面对难点、善于攻克难题，才能使团队能力越来越强。六日工作法的第六个模块即为日攻关，包含攻关组织建设、攻关形式和问题分析、对策制定和实施、标准固化等全部内容，其细则如图16-11所示。

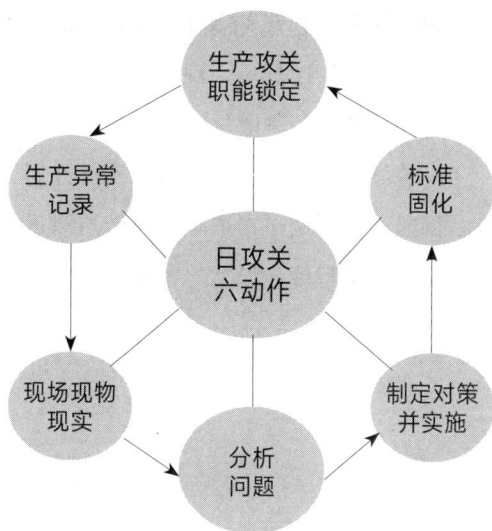

▲ 图 16-11　六日工作法之日攻关细则

### 1. 生产攻关职能锁定

基于解决问题须迅速、难题攻关须彻底的要求，必须组建一支专业能力强的队伍，必须形成及时响应、务实高效、能解决问题、能攻克难题的职能体制。生产管理单位应基于生产异常快速反应机制，组建现场异常快速反应小组并确保其功能得到充分发挥，快速应对现场突发异常和及时攻关现场难题。各职能管理单位须成立本职能应对生产活动的快速反应机制，实现及时响应一切生产需求，体现一切为了高效生产的职能导向。

### 2. 生产异常记录

生产异常记录呈现了异常发生的时间和背景、发生的地点和相关对象、异常造成的影响或损失等信息，是问题解决和攻克难题必备的素材依据。班组长必须确保生产异常得到清晰的记录和及时的反馈。各职能单位要本着基于事实的原则，切实重视生产异常记录，对于记录信息不全和不解的，应当即征询记录人员，详尽理清生产异常记录各项信息，为后续问题解决和难题攻关提供价值依据。

### 3."三现主义"、分析问题、制定对策并实施、标准固化

攻关人员应秉持"三现主义"（现场、现物、现实），善于应用统计分析工具（如排列图、直方图、相关图、控制图、因果分析图、系统图、关联图等）找到问题的真正原因。还应遵循"SMART"法则编制实施计划（如表 12-2 所示），确保对策的可执行性。同时，应强调过程追踪的督促与纠正调整，保证每一个对策过程的有效性，直至达成对策目标。最后，为防止问题再次发生，需要制定标准予以固化。

# 第十七章
# 班组长系统能力提升之管理方法精细化

## 本章要点荟萃

- 排兵布阵的"分段控制法"——划分、发动、服务、结果：划小管理单元、理清管理阶段，明确责任、发动职能、服务过程和保证结果。解决"忙、累、苦"等问题，解放管理者。

- 管人理事的"三要素法"——标准、制约、责任：工作事务精细化、过程执行及时化、结果机制持续化。解决"无标准、无执行、不主动"等问题，实现管人理事的基本功能。

- 精化效率的"选择限制法"——效率依靠方法：以结果为导向进行最精准方法的选择、限制多余的产生。解决"员工达不成要求、团队结果不一致"等效率问题，建立帮助式管理、成就员工。

# 第一节　排兵布阵的"分段管理法"

## 一、管理问题："忙、累、苦"该如何有效管理

许多管理者经常反映：随着市场要求越来越高，面临的管理压力越来越大，日常管理挑战特别多，很多时候陷入"力不从心、疲于奔命、结果一般、很忙、很累、很苦……"的困境漩涡，如图 17-1 所示。

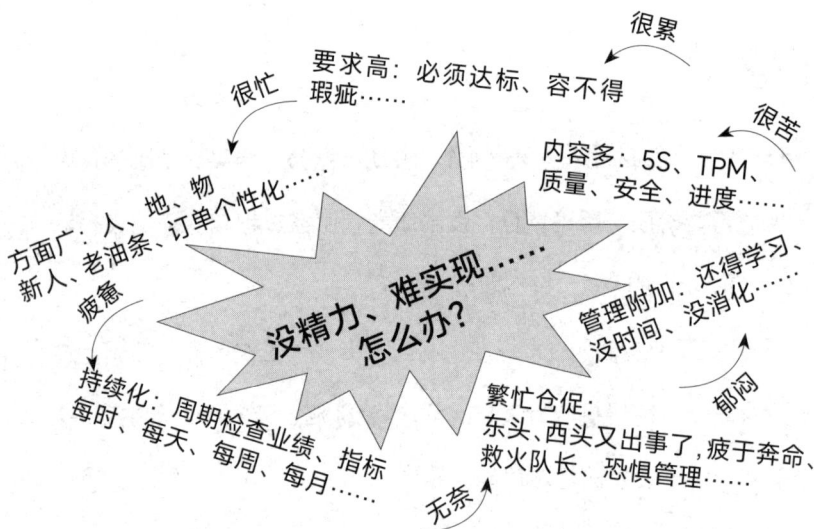

▲ 图 17-1　新时期管理者所面临的管理局面

## 二、解决方法

### 1. 排兵布阵是首要问题解决思路

为持续满足现代管理要求，如图 17-2 所示，应重塑管理者角色、着重提升团队管理能力，科学进行排兵布阵，依靠团队的力量才能实现管理工作的持续化。

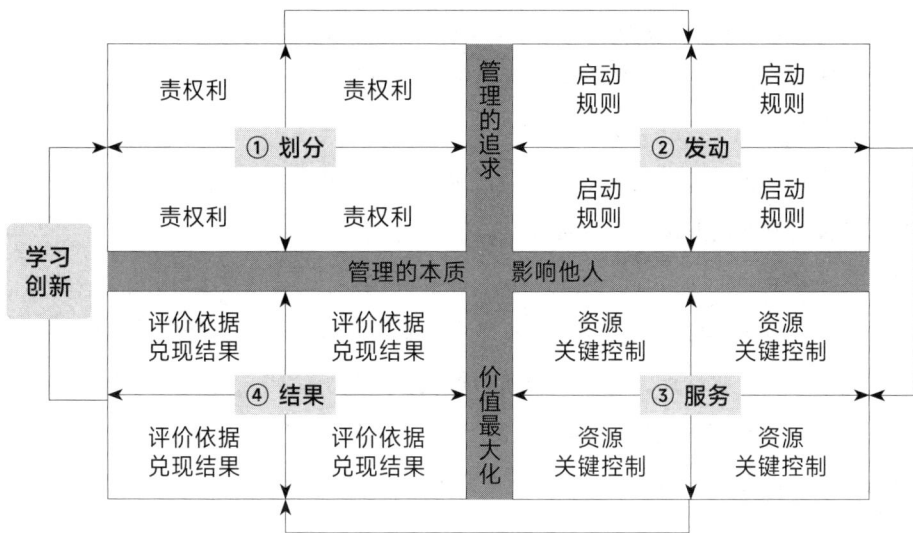

▲ 图 17-2　排兵布阵的分段管理法

### 2. 排兵布阵：应用分段管理法，成就"真金不怕火炼"的团队

分段管理法的基本原理是划小管理单元、理清管理阶段，明确责任、发动职能、服务过程和保证结果。

（1）应进行划分而不是集中。如图 17-2 所示，管理者应将众多的管理事务进行合理划分。

①针对该工作事务责任者所承担的具体职责和履职要求要明确。

②责任者完成该工作事务所需拥有的权力明确化。

③实现该工作事务所要求的成果后责任者获得的利益得失。

④将上述责、权、利等逐项细则划分清晰精准，并与相关责任者达成一致。

（2）有开始发动才有真正行动。应确保划分的各项管理事务能有效行动，如图 17-2 所示，管理者应发动组织有效的活动。

①管理者发动的常见活动形式是会议，例如：启动会、宣导会等。

②应于活动前厘清工作事务规则，包含明确工作的目标、明确如何做、做到什么程度等，并在启动活动中进行清晰的宣导，确保相关责任者正确理解。

③根据工作事务的重要程度，亦可邀请层级领导参加启动活动以示重视。

（3）有过程服务才有结果保证。服务员工是管理者的重要职能，如图17-2所示，在责任者行动过程中管理者应提供过程服务。

①资源。

应在行动前预先计划、过程中周密协调，确保责任者工作资源到位，包含人力、设备、物料、方法等各项资源。

②关键点。

应在行动前预先制定方案、过程中现场督导方案确保全过程的关键点受控，包含技术点、作业难点、系统关联点和质量、成本、交期、安全等绩效点。

（4）结果复盘，持续成功。总结点评、表彰兑现等复盘活动是团队持续成功的基石，如图17-2所示，当责任者完成所有的行动产出结果后，管理者应主持复盘。

①总结点评。

其一，应对整体情况进行总结，明确目标达成情况，凸显团队价值；其二，应对优秀者进行依据性评价。

②表彰兑现。

应按划分时承诺的"利"及时向责任者兑现。

分段管理法应用追求：以"管理本质影响他人和管理追求价值最大化"为基本导向，通过"划分、发动、服务、结果"等分段过程管理，实现无论面临何种管理要求和问题局面，团队都能游刃有余地满足、有条不紊地实现。


### 3. 发展团队、提升自我：不断学习实践、转化创新，永葆先进性

（1）解放管理者才能发展管理者。

事无巨细自己干、成天疲于奔命、到处救火队长等状态下是无法得到发展的，利用分段管理法科学解决了"特别忙、特别累、特别苦，疲惫、无奈、郁闷"等现实问题，管理者才有精力进行学习实践、转化创新、发展团队。

（2）持续创新才能使团队具备竞争力。

如图17-2所示，管理者应勤于自我学习和实践、善于转化和创新，并对学习创新的成果利用"划分、发动、服务、结果"分段输入团队内部，以此不断促进团队成功、形成良性循环。持续的学习和创新是团队获得竞争力的必备课题。

（3）确保先进性才拥有权威性。

管理者只有永葆先进性，才能持续解决新问题、持续服务好员工、持续获得团队的尊重和认可。持续地学习和创新是管理者必备的职业发展法则。

## 三、方法论应用转化

基于上述问题分析和方法论原理阐述，读者亦可参考图17-3对"分段管理法"进行应用转化。

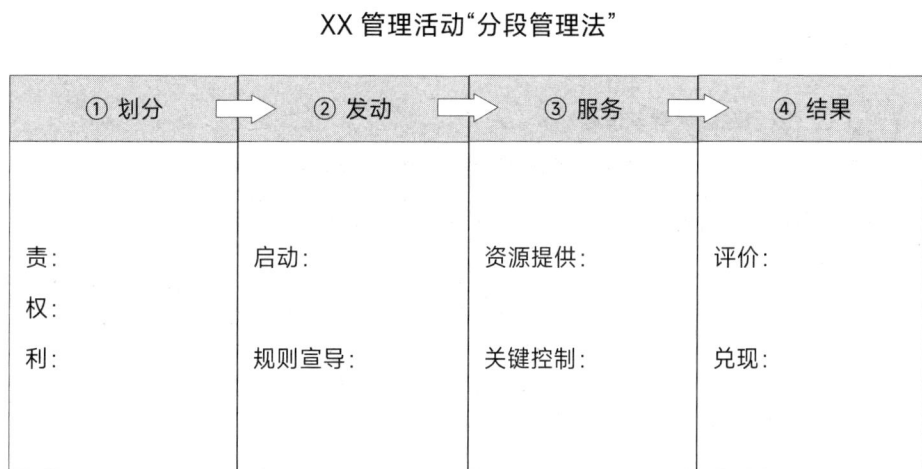

XX 管理活动"分段管理法"

| ① 划分 | ② 发动 | ③ 服务 | ④ 结果 |
|---|---|---|---|
| 责：<br>权：<br>利： | 启动：<br><br>规则宣导： | 资源提供：<br><br>关键控制： | 评价：<br><br>兑现： |

▲ 图 17-3　分段管理法

# 第二节　管人理事的"三要素法"

## 一、管理问题：如何"构建标准、确保执行、激发主动"

管人、理事构成了管理的基本概念。许多截然相反的现象：理事并不清晰、管人并没体现，导致管理形同虚设。企业在管理中经常会遇到以下三方面问题。

## 1. 如何有效构建工作标准

（1）有标准但有问题。

大部分企业都有标准，但标准制定并不清晰，导致无法起到相应的管理作用，久而久之形成了"文件一大堆、上面一层灰、工作无法推"的尴尬情形，如图 17-4 所示。

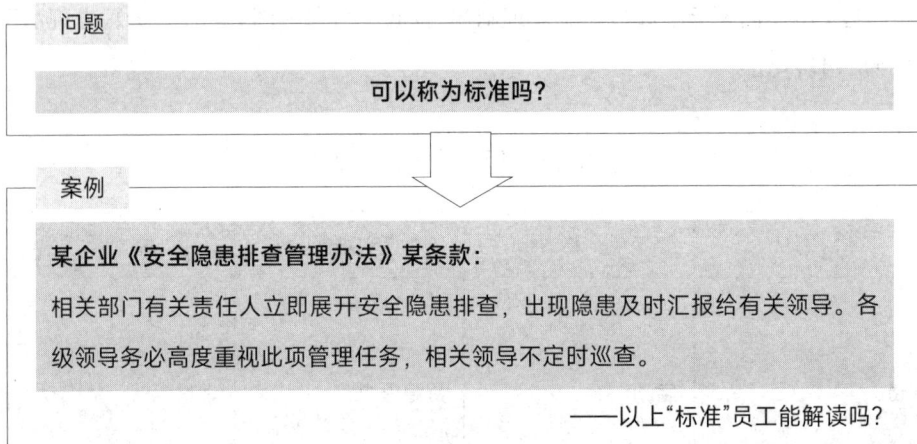

问题

**可以称为标准吗？**

案例

**某企业《安全隐患排查管理办法》某条款：**

相关部门有关责任人立即展开安全隐患排查，出现隐患及时汇报给有关领导。各级领导务必高度重视此项管理任务，相关领导不定时巡查。

——以上"标准"员工能解读吗？

▲ 图 17-4 标准制定典型问题案例

（2）管理需要依据。

标准是广大员工行动的依据，是管理活动展开的基础规范，更是管理项目长期生效、持续改善的有力保证。为此，制定标准是任何管理活动的必备要件，亦是管理者从事管理所必须研究的首要课题。

## 2. 如何确保员工执行标准

（1）有标准不代表就一定执行。

如果标准是清晰精准的就一定能得到执行吗？不一定，有时也会发生一系列不尽如人意的现象。

①前三个月热火朝天，中间三个月慢慢淡化，最后三个月不了了之—— 执行者就是"不自觉"。

②昨天就没有做，现场也没有发生事故，领导也没说……这个事可以不做了——找理由存侥幸。

③张班长没做，李班长没做，王班长也没做……我也不做了——自我比较。

④我做了，只是标准说1mm，我做的1.2mm，才差0.2mm，差不多得了——自我认为。

（2）管理尊重人性。

上述问题现象明显是"执行标准的人"有问题，这个问题追根溯源就是"惰性"。惰性乃人之天性，管理者一方面应坚持唯物主义；另一方面应研究人事结合，才能真正使管理能量得以有效驱动。


### 3. 如何使员工主动执行标准

（1）为什么员工很不主动。

许多管理者对此十分关心，但又焦头烂额，经常会出现一些涉及员工主动性的问题案例。

①很多事情问一下就动一下，一旦不问就没人动。

②部分事情一旦要检查就动起来了，一旦不检查就不动了。

③我下属90%的工作内容是被动的、被催促的、被驱动的……另外10%是与他的薪酬有关的。

（2）没有动力或不公平。

①没得没失。

主动了没得到什么、没主动也没失去什么，为何主动？

②过程不管、结果平均。

管理者对员工过程中主不主动不管，结果大家一起分，过程付出多和少、好和坏都一样，怎么主动？

（3）管理建设机制。

上述问题现象明显是"机制"问题，长此以往，极有可能激发每个人极端的"自我趋利避害特性"，形成以自我利益为中心并呈蔓延趋势，久而久之出现普遍的懒散消极、得过且过、混天度日等态势，整个团队主动性丧失，最终不可持续。为此，管理者还应建立公平、公正的机制，确保管理工作的可持续性。

## 二、解决方法：管人理事是关键

### 1. 问题解决思路

（1）理事。

应大力梳理各项管理事务使之精细化，只有明确定义各项管理要点并制定为工作标准，才能使管理的事务清晰、责任明确。

（2）管人。

应坚持唯物主义、研究人事结合，注重过程制约，以督促、结果激发至主动，确保各项管理事务动作化和可持续化。

综上所述，管理者应制定清晰的工作标准、进行及时的过程督促、建立有效的结果机制，对管人理事进行精细化，从而实现管理的实效化。

### 2. 管人理事的"三要素法"

（1）清晰制定工作标准。

工作标准构建三要点：人、时、事标准的精细化，如图 17-5 所示。

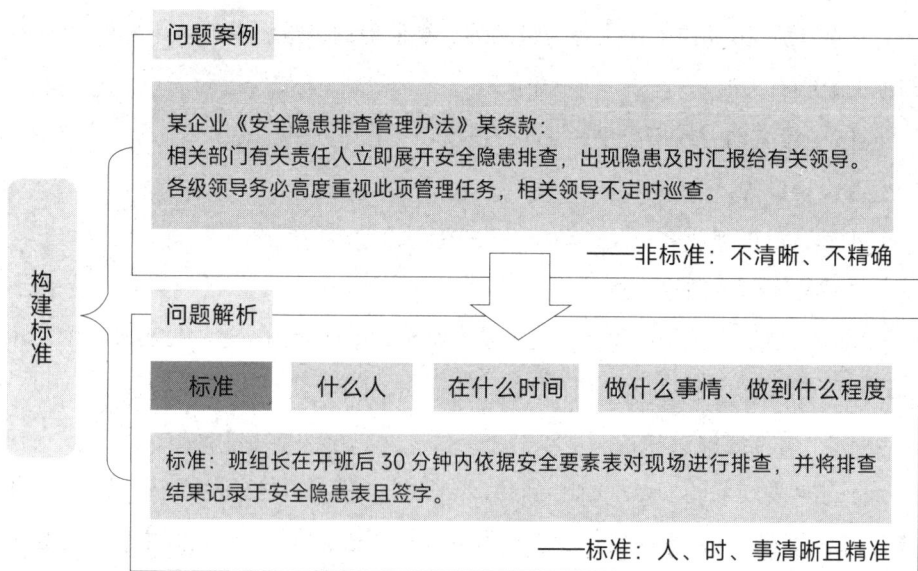

▲ 图 17-5 三要素法之"标准"

①什么人。

即标准责任者，一般为岗位或职能名称，如班组长。

②在什么时间。

即具体的执行时间，须定义为可衡量的时间概念，如开班后 30 分钟内。

③做什么事情、做到什么程度。

即以什么依据、做什么事情、做到什么程度、存留什么记录，如依据安全要素表对现场进行排查，并将排查结果记录于安全隐患表且签字。

（2）及时的过程督促。

过程督促设定三要点：人、时、事督促的精细化，如图 17-6 所示。

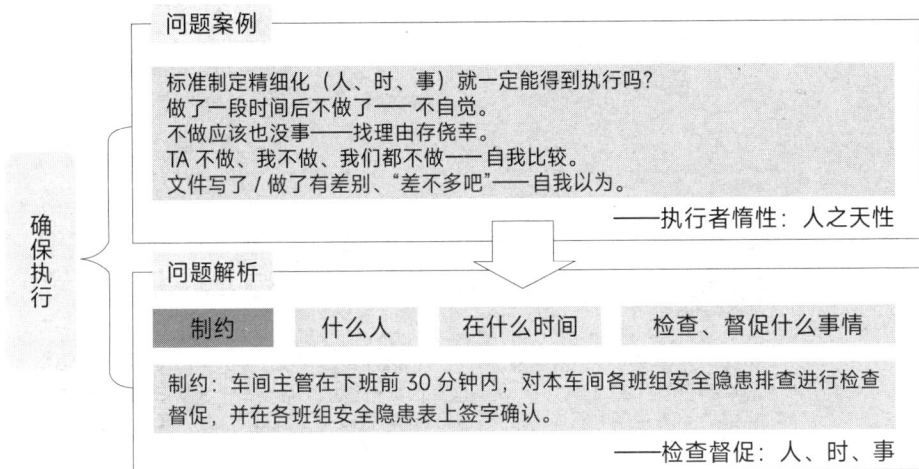

确保执行

**问题案例**

标准制定精细化（人、时、事）就一定能得到执行吗？
做了一段时间后不做了——不自觉。
不做应该也没事——找理由存侥幸。
TA 不做、我不做、我们都不做——自我比较。
文件写了／做了有差别、"差不多吧"——自我以为。

——执行者惰性：人之天性

**问题解析**

| 制约 | 什么人 | 在什么时间 | 检查、督促什么事情 |

制约：车间主管在下班前 30 分钟内，对本车间各班组安全隐患排查进行检查督促，并在各班组安全隐患表上签字确认。

——检查督促：人、时、事

▲ 图 17-6　三要素法之"制约"

①什么人。

即检查督促责任者，用以制约执行者随意产生"惰性"。常见管理制约分为：行政制约，即上级制约下级；流程制约：下流程检查上流程；职能制约：各职能相互间的检查。一般以岗位或职能名称锁定，如：采取行政制约，即由上级车间主管检查下级班组长。

②在什么时间。

即具体的检查督促时间，须定义为可衡量的时间概念，如下班前 30 分钟内。

③检查督促什么事情。

即以什么依据、检查督促什么事情到什么程度、存留什么记录。如：对本车间各班组安全隐患排查情况进行检查督促，并在各班组安全隐患表上签字确认。

（3）有效的结果机制。

公平结果源自过程中承担责任的明确化，其机制应直观清晰呈现得失，即做好了得到什么，不做或做不好怎么办，如图 17-7 所示。

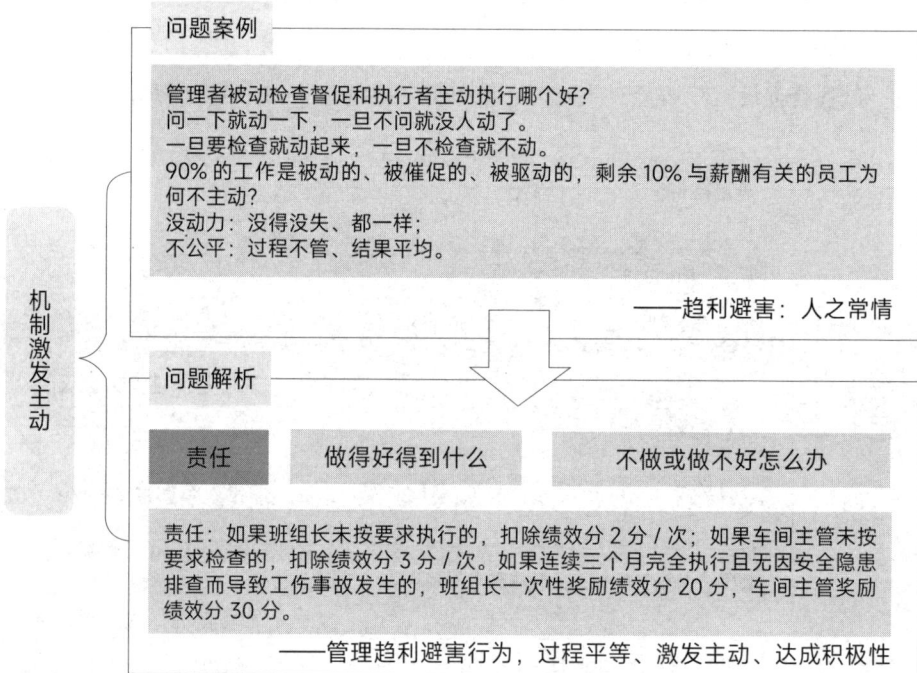

▲ 图 17-7 三要素法"责任"

①做得好得到什么，不做或做不好怎么办。

即依据产生的结果对各责任者进行评价和激励，具体激励措施可依据企业机制规则自行定义。如采取积分制激励。

②责任的含义。

应突出过程平等、结果差异，直观彰显公正、公平的竞赛机制。如采取每次过程记录、三个月汇总统计兑现。

# 三、方法论应用转化

1. 应用三要素法编制"管理制度、流程、办法、细则的事务性条款",转化参考图 17-8。

### 培训室桌椅布置细则规范

**标准**：培训专员在每次培训前 15 分钟，将公司培训室桌椅按分组布置图布置到位。

**制约**：人资部长在每次培训前 5 分钟，对桌椅布置情况进行检查，并填写检查记录表。

**责任**：

如果培训专员未按要求执行桌椅布置的，扣除绩效分 1 分 / 次；如果人资部长未按要求执行检查的，扣除绩效 2 分 / 次；如果连续六个月没有因为培训室桌椅布置而发生学员和授课老师投诉的，一次性奖励培训专员绩效分 5 分、人资部长绩效分 8 分。

注：分组布置图和检查记录表均已制定清晰，详情请参照培训室目视化看板内容。

——本例仅用于方法论举例

▲ 图 17-8 三要素法之应用转化 1

2. 应用三要素法制定"工作事务安排"，转化参考图 17-9。

### 工作事务安排卡

| 要素 \ 要点 | 步骤 | 人 | 时 | 事 | 记录 |
|---|---|---|---|---|---|
| 标准（做） | 1 | 张三 | 每月 2 日 17 点前 | 依据 XX 做 XX，做到 XX 程度 | 填制 XX1 |
| | 2 | 李四 | 每月 3 日 8 点前 | 依据 XX 做 XX，做到 XX 程度 | 填制 XX1 |
| | 3 | 王五 | 每月 3 日 17 点前 | 依据 XX 做 XX，做到 XX 程度 | 填制 XX2 |
| 制约（查） | 1 | 赵六 | 每月 4 日 8 点前 | 检查督促第 1 步、第 2 步 | 于 XX1 签字 |
| | 2 | 黄七 | 每月 4 日 17 点前 | 检查督促第 3 步 | 于 XX2 签字 |
| 责任（评） | OK | 张三：+5 分，李四：+3 分，王五：+4 分；制约责任人：+3 分。 | | | |
| | NG | 张三：-3 分，李四：-1 分，王五：-2 分；制约责任人：-2 分。 | | | |

注：制约人亦可设计为流程制约（相互检查督促）；责任评价亦可根据各事项综合权重分别计分。

——本例仅用于方法论举例

▲ 图 17-9 三要素法之应用转化 2

3. 应用三要素法制定"工作流程"，转化参考图 17-10。

## XX 管理流程

| 流程图 | 要素<br>要点 | 步骤 | 人 | 时 | 事 | 记录 |
|---|---|---|---|---|---|---|
| 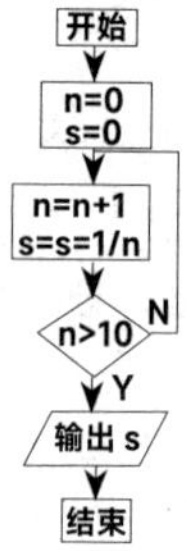 开始<br>↓<br>n=0<br>s=0<br>↓<br>n=n+1<br>s=s+1/n<br>↓<br>n>10 N<br>↓Y<br>输出 s<br>↓<br>结束 | 标准<br>（做） | 1 | 岗位 1 | 每月 2 日 17 点前 | 依据 XX 做 XX，做到 XX 程度 | 填制 XX1 |
| | | 2 | 岗位 2 | 每月 3 日 8 点前 | 依据 XX 做 XX，做到 XX 程度 | 填制 XX1 |
| | | 3 | 岗位 3 | 每月 3 日 17 点前 | 依据 XX 做 XX，做到 XX 程度 | 填制 XX2 |
| | 制约<br>（查） | 1 | 岗位 4 | 每月 4 日 8 点前 | 检查督促第 1 步、第 2 步 | 于 XX1 签字 |
| | | 2 | 岗位 5 | 每月 4 日 17 点前 | 检查督促第 3 步 | 于 XX2 签字 |
| | 责任<br>（评） | OK | 张三：+5 分，李四：+3 分，王五：+4 分；制约责任人：+3 分。 | | | |
| | | NG | 张三：-3 分，李四：-1 分，王五：-2 分；制约责任人：-2 分。 | | | |

注：制约人亦可设计为流程制约（相互检查督促）；责任评价亦可根据各事项综合权重分别计分。

——本例仅用于方法论举例

▲ 图 17-10　三要素法之应用转化 3

4. 应用三要素法制定作业指导书，转化参考图 17-11。

## XX 作业指导书

| 要素<br>要点 | 步骤 | 人 | 时 | 事 | 记录 | 图 |
|---|---|---|---|---|---|---|
| 标准<br>（做） | 1 | 岗位 1 | 开班后 30 分钟内 | 依据 XX 做 XX，做到 XX 程度<br>（按图 1 所示） | 填制 XX1 |  图 1 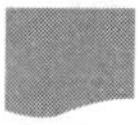 |
| | 2 | 岗位 2 | 开班后 20 分钟内 | 依据 XX 做 XX，做到 XX 程度 | 填制 XX1 | |
| | 3 | 岗位 3 | 下班前 30 分钟内 | 依据 XX 做 XX，做到 XX 程度<br>（按图 2 所示） | 填制 XX2 | 图 2 |
| 制约<br>（查） | 1 | 岗位 4 | 次日开班后 1 小时内 | 检查督促第 1 步、第 2 步 | 于 XX1 签字 | |
| | 2 | 岗位 5 | 次日开班后前 30 分钟内 | 检查督促第 3 步（按图 3 所示） | 于 XX2 签字 | 图 3 |
| 责任<br>（评） | OK | 张三：+5 分，李四：+3 分，王五：+4 分；制约责任人：+3 分。 | | | | |
| | NG | 张三：-3 分，李四：-1 分，王五：-2 分；制约责任人：-2 分。 | | | | |

注：制约人亦可设计为流程制约（相互检查督促）；责任评价亦可根据各事项综合权重分别计分。

——本例仅用于方法论举例

▲ 图 17-11　三要素法之应用转化 4

5. 应用三要素法制定"攻关方案"，转化参考图 17-12。

## XX 攻关方案

| 问题描述 | 损失影响 | 要点要素 | 步骤 | 人 | 时 | 事 | 记录 |
|---|---|---|---|---|---|---|---|
| 1月份：A001订单A3产品质量事故 | 直接损失：500万 | 标准（做） | 1 | 张三 | 2月20日17点前 | 依据XX做XX，做到XX程度 | 填制XX1 |
| | | | 2 | 李四 | 2月23日8点前 | 依据XX做XX，做到XX程度 | 填制XX1 |
| | 间接损失：100万 | | 3 | 王五 | 2月23日17点前 | 依据XX做XX，做到XX程度 | 填制XX2 |
| | | 制约（查） | 1 | 赵六 | 2月24日8点前 | 检查督促第1步、第2步 | 于XX1签字 |
| | | | 2 | 黄七 | 2月24日17点前 | 检查督促第3步 | 于XX2签字 |
| | 其他：客户投诉员工士气 | 责任（评） | OK | 在3月1日前，止损在10万元内，张三：奖励10000元，李四：奖励5000元，王五：奖励8000元；制约责任人：奖励7000元。 | | |
| | | | NG | 张三：-20分，李四：-10分，王五：-15分；制约责任人：-10分。 | | |

注：制约人亦可设计为流程制约（相互检查督促）；责任评价亦可根据各事项综合权重分别计分。

——本例仅用于方法论举例

▲ 图 17-12　三要素法之应用转化 5

# 第三节　精化效率的"选择限制法"

## 一、管理问题："成就员工"的根本过程是什么

### 1. 服务员工、成就员工

（1）管理者就是服务者。

优秀的管理者应本着服务的心态，积极向员工提供满足工作要求的各项服务，以帮助员工实现目标。

（2）成就员工就是成就自己。

管理者依靠员工实现目标，其中一项重要职能即是研究员工作业中的不足，着力采取优化，解决员工面临的各种问题困惑。成就员工就是成就管理者自己。

### 2. 成就员工的根源管理过程是"好方法"

（1）根源过程是"精方法"。

我们经常遇到：新人难以上手或转化周期太长、相同岗位不同人员结果差距很大、结果总是不尽如人意等员工不能满足管理要求的问题，如图 17-13 所示，可以从以下几方面追根溯源分析。

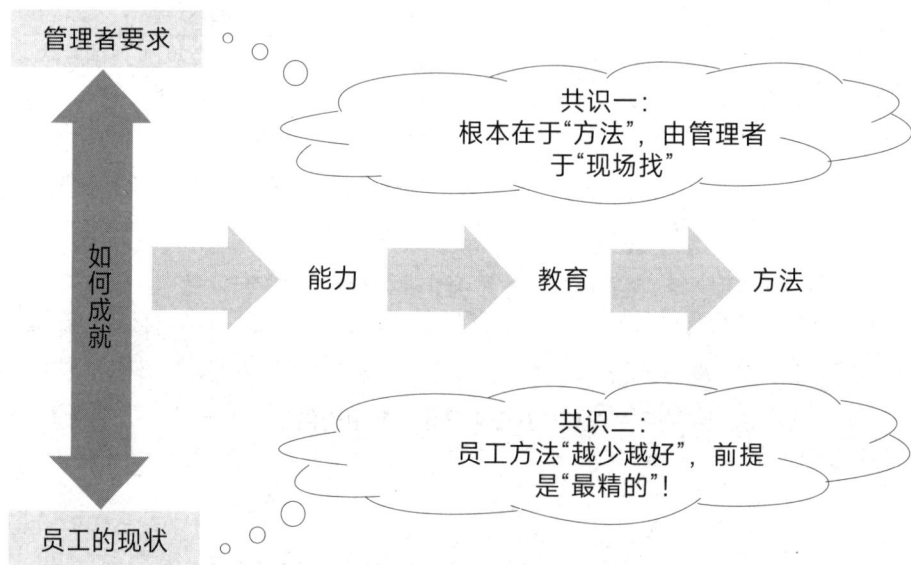

▲ 图 17-13  成就员工的根源是"方法"

①管理者的要求于上、员工的现状在下，若使员工满足要求中间相差的首要因素是"能力"。

②众所周知，能力是通过教育补充的，但开展教育之前应当首先确定合适的教育内容，该内容是能满足要求的"方法"。

③一线员工的工作方法"越少越精越好"。若一线员工方法越多，则个人选择性强、团队误差就大、结果就会越多，这典型是与生产管理相悖的。为此，根据生产管理追求"标准化、误差小、结果一致"等特性，一线员工的作业方法越少越精（越有效）越好。

（2）应由管理者于现场确定"好方法"。

经综合权衡，一线员工的"好方法"由管理者于现场确定最为合适。

①"好方法"不应由员工自行定义。

其一，因对现有的方法产生一定的依赖，员工始终会认为现在的方法是最好的；其二，员工会站在自身立场上思考"好方法"，而生产活动是多岗位相互配合的作业，并不能有效兼容于其他岗位。为此，不推荐"好方法"由员工自行定义。

②"好方法"应由管理者科学确定。

其一，管理者坚持以实现改善目标为中心，以观察、记录、统计等科学方式为指导，确定的方法具备一定的代表性；其二，确定的"好方法"应具备实用、高效、容易上手等特性，"好方法"应于员工的作业现场确定。

## 二、解决方法：精化方法出效率

### 1. 解决问题思路

（1）以结果为导向，选择最佳的。

汇总相同岗位不同员工的执行结果，并反推出多种作业方法，以"品质、成本、交期、安全"等四个维度进行综合对比，选择性能最佳的方法。

（2）限制多余的。

以最佳的方法制定岗位标准操作方法，并限制其他多余的方法或动作产生，达到"少而精"的原则。

（3）方法精化，结果一致。

以岗位标准操作方法进行针对性强的教育训练和在线督导，使员工技能快速达标，缩小人员的能力差距，实现相同岗位效率化。

### 2. 精化效率的"选择限制法及应用转化实例"

（1）一级选择限制。

该精化类型一般适用于"技术岗位"，操作详情有如下几方面。

①技术岗位。

即该岗位需要一定的技术（相对于企业大多数岗位来说），员工依靠个人因素一时难以具备。例如：新进员工即使经过了该岗位培训实习，通过了考核且获得了"合格上岗"资质，但其作业技能与该岗位的老员工仍有差距，且长周期差距明显。

②选择限制。

一级选择限制实施方式是选择以岗位结果最卓越的老员工的技能方法为标准，限制其他人员的操作方法，具体操作实例如图17-14所示。

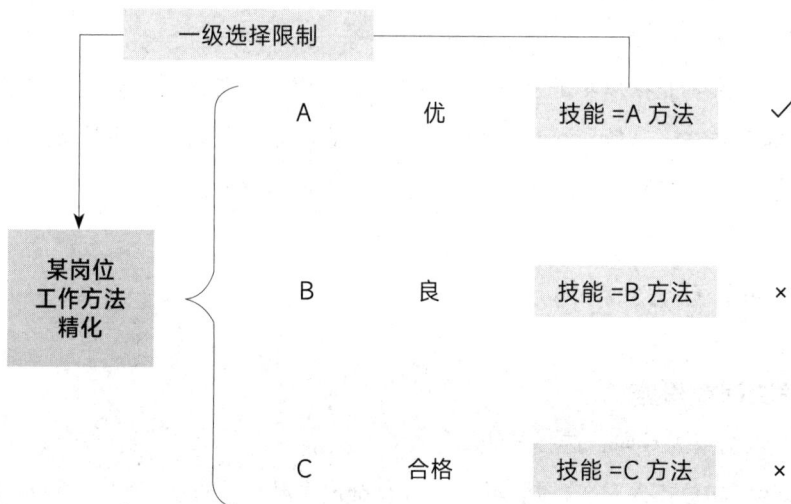

一级选择限制：以结果最优秀员工的作业方法选择为唯一方法。
一般适用岗位类型：技术岗位。

▲ 图17-14 选择限制法之"一级选择限制"

其一，案例场景：A比B优、B比C良、C为合格，长周期如此且差距明显。该岗位的最佳工作方法即为：A的技能方法，限制B和C的技能方法出现，实现岗位操作方法唯一化。

其二，将A的技能方法作为该岗位的最佳方法，对B和C有针对性地采取方法教育训练和在线督导（亦可根据实情逐步推行），缩短A、B、C三者的技能差距，实现岗位效率化。

（2）多级限制。

该精化类型一般适用于"技能岗位和通用岗位（非技术岗位）"，操作详情如下。

①技能岗位。

即该岗位需要一定的技能，但员工依靠个人因素容易具备。例如：新进员工经过了该岗位培训实习，通过了考核且获得了"合格上岗"资质，其作业技能与该岗位的老员工相比没有差距，或者尽管有差距也表现为短周期，甚至有可能超越老员工。

②通用岗位。

即该岗位所需技能普遍社会化，新员工也具备，例如：保洁等。

③选择限制。

多级选择限制的实施方式是拆解多人技能，按该岗位作业指导的步骤、次序、动作依次展开、层层对比、选择最优、重新组合，最终锁定最佳方法为标准，限制其他的操作方法。其具体操作实例，如图 17-15 所示。

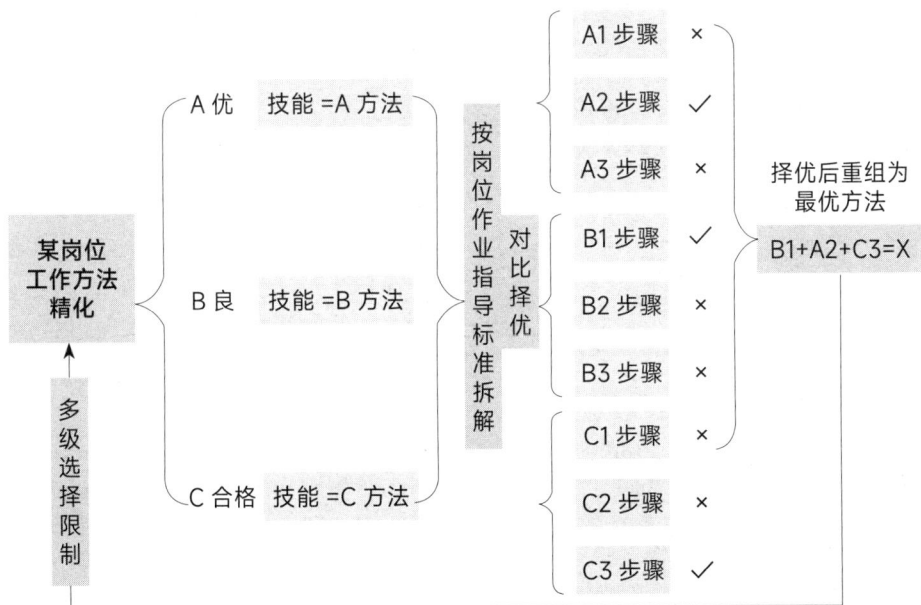

▲ 图 17-15 选择限制法之"多级选择限制"

其一，案例场景：A 比 B 优、B 比 C 良、C 为合格，短周期如此且差距不明显，甚至于下一周期 C 为优秀、B 为合格、A 为良好等情景。

其二，将 A、B、C 三者的技能方法按岗位作业指导的步骤依次展开，并以 A1、A2、A3，B1、B2、B3，C1、C2、C3 三组代号表示。

其三，综合对比三组代号的步骤，分别选择最优的步骤为：B1、A2、C3，并重组为 X，即为该岗位最佳方法。

其四，将 X 作为该岗位的最佳操作方法，对 A、B、C 有针对性地采取方法教育训练和在线督导，达成 A、B、C 技能方法统一，实现岗位效率化。

## 《金牌班组长职业化成长体系》学习路径推荐表

| 金牌班组长职业化成长体系 | | | | | | |
|---|---|---|---|---|---|---|
| 从"简单粗暴式、知识碎片化"到"科学管理式、系统体系化" | | | | | | |
| 学习纬度 | 自我管理 | 团队管理 | 工作实务 | 精益现场改善 | 全员保全安全生产 | 融合系统成就卓越 |
| 主体内容 | 价值定位 管理导向 全新转型 | 基层执行力塑造 工作教导技术 活力型班组建设 | 班前五查 班中十控 班后三清 工作口诀 | 彻底的 5S 活动 八种浪费消除 | TPM 班组级实施精要 班组级安全生产管理精要 | 生产系统敏捷化 生产协同体系化 管理方法精细化 |
| 核心要点 | 班组管理价值 班组管理导向 四大立场 四项职责 三大权力 四项本领 五项使命 九个角色 | 执行力问题分析 执行力构建精要 工作教导价值 工作教导五步法 工作教导 OPL 工具 学习型班组建设方案 创新型班组建设方案 | 班前五查：原理 班前五查：细则 班前五查：重点 班中十控：原理 班中十控：细则 班中十控：重点 班后三清：原理 班后三清：细则 班后三清：重点 沈怀金班组工作口诀（31 句） | 5S 活动价值 5S 实施实务 5S 实施方法 组织经营活动分析 八种浪费发掘与消除 班组长消除浪费做法 | TPM 体系 TPM 班组级实施精要： TPM 班组级实施精要：个别改善 TPM 班级实施精要：自主保全 TPM 体系要务：点检维护制 安全生产意识 事故致因及安全生产管理原理 班组级安全生产管理规范 | 敏捷化生产系统构建 生产过程协同理论 生产过程系统体系：六日工作法 分段控制法 三要素法 选择限制法 |
| 总体内容分布 | 案例 50% 理论 50% | 案例 10% 理论 30% 方法方案 60% | 理论 5% 方法方案 95% | 理论 10% 方法方案 90% | 理论 30% 方法方案 70% | 理论 20% 方法方案 80% |
| 成长阶段 | 固本稳基 | | | 成就卓越 | | |
| 生产管理者成长提升学习指导体系！ | | | | | | |

# 《金牌班组长职业化成长体系》现场扩展版课程清单

| 成长路径 | 学习期数 | 学习课题 | 主体内容（详情见体系方案说明） | 学时（天） |
|---|---|---|---|---|
| 自我管理 | 第一期 | 新时期班组管理与金牌班组长管理转型 | 价值定位、管理导向<br>管理要求、角色认知 | 1 |
| | 第二期 | 金牌班组长<br>高效沟通技巧训练 | 工作沟通作用、要素<br>向上沟通、水平沟通、向下沟通 | 1 |
| 团队管理 | 第三期 | 金牌班组长<br>团队执行力管理 | 班组的执行力重要性；执行力的四大"漏洞"；执行力管理提升的"目标、标准、监督、结果"；执行力管理打造的"三大方法" | 2 |
| | 第四期 | 金牌班组长<br>工作教导技术应用 | 新时期员工的需求体系<br>团队六级思维模式、工作教导"五步法"、工作教导工具"OPL" | 2 |
| | 第五期 | 金牌班组长<br>活力型班组建设 | 新时期团队的建设体系<br>学习型班组建设<br>创新型班组建设 | 2 |
| 生产工作实务 | 第六期 | 金牌班组长<br>班前、班中、班后一日工作事务标准化 | "班前五查、班中十控、班后三清"从开班生产计划到生产完工全过程管理 | 4 |
| 现场改善 | 第七期 | 金牌班组长<br>现场质量管控 | 质量意识、质量理念、质量控制架构；现场生产质量控制（程序、过程、落实） | 2 |
| | 第八期 | 金牌班组长<br>现场成本管控 | 成本意识、成本架构、班组经济核算与成本优化 | 1 |
| | 第九期 | 金牌班组长<br>5S及目视化实效化应用 | 5S的意义<br>整理、整顿、清扫、清洁；素养 | 1 |
| | 第十期 | 金牌班组长<br>现场改善与增益技术 | 精益生产体系、八大浪费溯源与治理、IE工业工程增益 | 2 |
| 全员保全 | 第十一期 | 金牌班组长<br>TPM全员生产性保全 | 设备零故障思维；<br>TPM八大支柱实务 | 2 |
| | 第十二期 | 金牌班组长<br>安全生产管理体系 | 安全意识提升；<br>安全标准化管理；双重预防机制 | 2 |
| 系统能力 | 第十三期 | 金牌班组长生产系统化思维与六大管理方法 | 生产系统架构与系统性思维；<br>六大管理方法应用 | 2 |
| | 第十四期 | 金牌班组长生产系统组织六日工作法体系 | 生产管理模块的"日事日毕、日清日高"；生产车间级、班组级六日工作法体系 | 1 |
| | 第十五期 | 金牌班组长<br>智能制造体系 | 中国制造2025/工业4.0趋势；<br>实现智能制造的最佳路径；<br>智能制造的案例分析 | 2 |
| | 第十六期 | TTT+金牌班组长<br>内化传承技能打造 | 班组长内训师 | 3 |
| 六个阶段 | 十六期课程 | 合计天数 | | 30天 |
| 温馨提示：其他扩展性版本 | | 1.《金牌班组长职业化成长体系》v3.0现场标准版：六阶段六期12天<br>2.《金牌班组长职业化成长体系》v3.6现场速成版：六阶段六期6天<br>3.《金牌班组长职业化成长体系》v3.30现场扩展版：六阶段十六期30天（本清单）<br>4.《金牌班组长职业化成长体系》v3.61线上直播速成版：六阶段六期9小时<br>5.《金牌班组长职业化成长体系》v3.62速成版全套高清视频课程：六阶段六期8小时 | | |

# 后记 | AFTERWORD

　　本书的一切知识和内容均源自这个崇尚科学管理的时代。本书的编写得益于多方的付出和支持，感谢曾经所供职的企业、感谢多年以来一直支持着我的客户，是你们给予我成长的平台、实践的机会，使我拥有了丰富的知识储备和大量的案例素材，从而成就了本书的经典篇章。同时，感谢我的朋友和家人们，是你们切实的帮助、真诚的鼓励和默默的理解，让我在编写的过程中克服了多重困境，一直坚持着，并始终充满了前进的动力，直至顺利完成了本书的撰写。

　　再次谢谢大家！

沈怀金

2023 年 9 月